Die letzten Paradiese Norddeutschlands

Der Wegweiser zu den Natur- und Nationalparks in Niedersachsen, Schleswig-Holstein und Mecklenburg-Vorpommern

Tassilo Wengel · Bernhard Pollmann · Stefan Feldhoff · Anne Christine Martin

Inhaltsverzeichnis

Einführung   9

DIE LETZTEN PARADIESE

1 Nationalpark Schleswig-Holsteinisches Wattenmeer   10
2 Naturpark Schlei   16
3 Naturpark Hüttener Berge   18
4 Naturpark Westensee   20
5 Naturpark Aukrug   24
6 Naturpark Holsteinische Schweiz   26
7 Nationalpark Vorpommersche Boddenlandschaft   32
8 Nationalpark Jasmund   38
9 Biosphärenreservat Südost-Rügen   42
10 Naturpark Insel Usedom   46
11 Nationalpark Niedersächsisches Wattenmeer   50
12 Nationalpark Hamburgisches Wattenmeer   54
13 Naturpark Bourtanger Moor-Bargerveen   56
14 Naturpark Wildeshauser Geest   58
15 Naturpark TERRA.vita   64
16 Naturpark Dümmer   70
17 Naturpark Steinhuder Meer   72
18 Naturpark Südheide   74

19	Naturpark Lüneburger Heide	76	29	Nationalpark Müritz	102
20	Naturpark Lauenburgische Seen	80	30	Naturpark Stechlin-Ruppiner Land	110
21	Biosphärenreservat Schaalsee	82	31	Naturpark Uckermärkische Seen	114
22	Naturpark Mecklenburgisches Elbetal	84	32	Naturpark Feldberger Seenlandschaft	118
23	Naturpark Elbufer-Drawehn	86	33	Naturpark Am Stettiner Haff	120
24	Biosphärenreservat Flusslandschaft Elbe	88	34	Biosphärenreservat Schorfheide-Chorin	122
25	Naturpark Drömling	92	35	Nationalpark Unteres Odertal	126
26	Naturpark Sternberger Seenland	94	36	Naturpark Westhavelland	130
27	Naturpark Nossentiner/ Schwinzer Heide	96	37	Naturpark Barnim	134
28	Naturpark Mecklenburgische Schweiz und Kummerower See	98	38	Naturpark Märkische Schweiz	138
			Register		141
			Impressum		144

Faszinierende Lagunenlandschaft: Im Vordergrund die Insel Bock – sie ist aus aufgespültem Sand entstanden. Am Horizont entsteigt vor Rügen die schmale Insel Hiddensee den blaugrünen Fluten der Ostsee.

Der Abend senkt sich am Weststrand auf Hiddensee.

Rechte Seite: Auf dem Dornbusch bei Kloster steht der Leuchtturm von Hiddensee.

Einführung

Die Vielfalt der Naturlandschaften in Deutschland ist ein wahrer Schatz, den es auch für die folgenden Generationen zu erhalten gilt. Der Bogen spannt sich von den Küsten der Nord- und der Ostsee mit ihren Inseln bis zu den majestätisch aufragenden Alpen von Berchtesgaden bis zum Allgäu. Dazwischen dehnen sich die reizvolle Norddeutsche Tiefebene und abwechslungsreiche Mittelgebirgslandschaften.

Fast 30 Prozent der Fläche Deutschlands ist von Großschutzgebieten bedeckt, die seit 2005 unter der Dachmarke »Nationale Naturlandschaften« vereint sind. Diese Dachmarke wurde von EUROPARC Deutschland und dem Verband Deutscher Naturparke mit Unterstützung der Deutschen Bundesstiftung Umwelt, Natur und Reaktorsicherheit sowie des Bundesamtes für Naturschutz und von zahlreichen Bundesländern entwickelt. Informationen über die Naturparke, Nationalparke und Biosphärenreservate sind über das Internet unter www.nationale-naturlandschaften.de zu erhalten.

Den größten Anteil haben die **Naturparks**, die zum Schutz besonders reizvoller Kulturlandschaften geschaffen wurden. Eine schonende Nutzung der Flächen ist im Naturpark erwünscht, ja sogar notwendig. Inmitten dieser reizvollen Erholungslandschaften gebührt den ebenfalls geschützten historischen Stätten und gewachsenen Ortsbildern besondere Beachtung.

Im **Nationalpark** steht der Schutz der Natur im Vordergrund, die entweder nur in geringem Maß oder überhaupt nicht durch den Eingriff des Menschen verändert wurde. Während sich in der Kernzone des Nationalparks die Lebensgemeinschaften mit ihrer Tier- und Pflanzenwelt ungestört entwickeln, greift der Mensch außerhalb der Kernzone im Nationalpark zu Schutzzwecken ein.

Die **Biosphärenreservate** dienen vor allem der Erforschung, wie sich der Eingriff des Menschen auf den Naturhaushalt auswirkt. Diese Gebiete überschneiden sich gelegentlich mit den Gebieten, die als Natur- oder Nationalpark ausgewiesen sind.

In diesem Buch werden die »Nationalen Naturlandschaften« im Norden Deutschlands vorgestellt, die von Schleswig-Holstein sowie den Küsten der Nord- und Ostsee bis in die Norddeutsche Tiefebene zwischen der Ems im Westen und der Oder im Osten reichen.

Dabei kommt es vor allem darauf an, die Schönheiten der Großschutzgebiete in Augenschein zu nehmen, ihre speziellen Charakteristika vorzustellen und Wege zu zeigen, wie man diese Naturschönheiten auf Spaziergängen, Wanderungen oder Radtouren hautnah erleben und genießen kann.

Unbedingt zu beachten sind beim Besuch dieser Großschutzgebiete die geltenden Regeln, die auf Tafeln an Rastplätzen, Wanderparkplätzen und anderen Stellen sichtbar sind. Prinzipiell gilt, nur auf den dafür ausgewiesenen Flächen zu parken, die markierten Wege nicht zu verlassen und Rücksicht auf Tier- und Pflanzenwelt zu nehmen.

Farbenfrohe Feldraine mit Margeriten, Kornblumen und Klatschmohn findet man wieder häufiger.

Einleitung **7**

Das Kap Arkona auf Rügen ist mit seiner Steilküste ein beliebtes Fotomotiv.

Die letzten Paradiese

1 Nationalpark Schleswig-Holsteinisches Wattenmeer

ANFAHRT
Auf der A 23 Hamburg–Heide und der B 5 zum Nationalparkzentrum in Tönning, dann nach Niebüll und zur Insel Sylt; die Inseln sind vom Festland aus mit Fährschiffen (meist ab Dagebüll oder Schlüttsiel), Sylt ist per Autozug von Niebüll aus zu erreichen.

LAGE
Vor der Westküste Schleswig-Holsteins, zwischen Elbmündung und dänischer Grenze; die Inseln und fünf große Halligen gehören laut Gesetz nicht zum Nationalpark.

GRÖSSE
4410 km²

HÖCHSTE ERHEBUNG
Stollberg (44 m)

GRÜNDUNG
1985 als Nationalpark, 2005 als UNESCO-Biosphärenreservat

INFORMATION
Nationalparkamt, Schlossgarten 1, 25861 Tönning

TELEFON
04861/61 60

INFOHÄUSER
Auf allen größeren Inseln und in vielen Orten auf dem Festland

INTERNET
www.wattenmeer-nationalpark.de

Eine amphibische Welt aus Sand und Schlick

Was zieht die Urlauber in Scharen an die Waterkant? Das trotz aller Vorurteile vom norddeutschen »Schmuddelwetter« angenehme Klima, die Badestrände, die Kultur der Nordfriesen und Dithmarscher, vor allem jedoch die Begegnung mit einer noch weithin ungebändigten Natur. Die Zahlen sprechen für sich: Allein 63 verschiedene Fischarten kommen im Nationalpark vor, insgesamt sind hier gut 3200 Tierarten heimisch, über zwei Millionen Vögel rasten auf der Durchreise, und wer sich das scheinbar unbelebte Sand- und Schlickwatt bei Niedrigwasser einmal genauer anschaut, entdeckt eine unglaubliche Fülle von Geschöpfen. Auf einem einzigen Quadratmeter Wattboden können z. B. 50 000 und mehr Wattschnecken und Schlickkrebse leben, und die Zahl der Mikroorganismen geht in die Millionen.

Deutschlands »Nordkap« und »Sahara« Sylt besitzt nur eine größere Bucht: den **Königshafen** ❶ nördlich von List. Er verdankt seinen Namen dem dänischen König Christian IV., der im Lister Tief 1644 eine schwedisch-niederländische Flotte besiegte. Seither hat sich die Bucht verändert. An der Nordseite ist der Ellenbogen, eine mit Dünen besetzte Landzunge, nach Osten gewachsen und bildet einen natürlichen Deich, hinter dem zahllose Seevögel sichere Brut- und Rastplätze finden. Von dem

Das Leuchtturmensemble von Westerheversand – eines der schönsten Fotomotive der deutschen Nordseeküste

Deichwanderweg, der am Südufer der Bucht entlangführt, kann man die vielfältige Vogelwelt gut beobachten. Einen herrlichen Überblick über die gesamte Bucht, die sich im Winter bei strengem Frost erstaunlich schnell mit Eisschollen bedeckt, erlaubt der Ellenbogenberg. Er ist auf dem Weg zu erreichen, der links hinter der Mautstation von der mautpflichtigen Straße zur Ellenbogenspitze abzweigt. Jenseits der Dünen, auf denen das Leuchtfeuer »List West« steht, verbirgt sich Deutschlands »Nordkap«, der nördlichste Punkt unseres Landes: 55°03′ – jenseits des Atlantiks erstrecken sich in dieser geografischen Breite schon arktische Tundren. Die Sylter nennen das Dünengebiet ihre »Sahara«, und das Bild, das sich bei der Fahrt auf der schmalen Betonpiste durch das ➠ **Listland** ❷ bietet, erinnert in der Tat an eine Sandwüste: 25 bis 30 Meter hohe, gelblich-weiße Dünen, auf denen der Wind ständig neue Wellenmuster aus Sand zeichnet, während er an anderen Stellen tiefe Kessel und Mulden in den Boden gräbt. Ein Weg führt bei Westerheide von der Stelle, an der die Betonpiste

von der L 24 zum Lister Weststrand abzweigt, auf eine Düne empor. Von oben hat man einen geradezu atemberaubenden Ausblick auf die erodierten Sandberge hinter dem Süderstrandtal.

Von einer ganz anderen Seite präsentiert sich Deutschlands größte Nordseeinsel im **Klappholttal** ❸ nördlich von Kampen. Radler und

Nationalpark Schleswig-Holsteinisches Wattenmeer

Wanderer, die vom Parkplatz »Buhne 16« aus auf der Inselbahn-Trasse nordwärts unterwegs sind, kommen nach etwa 1,5 Kilometern in ein weites Dünental mit ungewöhnlichem Pflanzenkleid. Gegen Ende des 19. Jahrhunderts wurden hier zur Dünenbefestigung Schwarzkiefern angepflanzt – mit mäßigem Erfolg. Die Kiefern östlich der Trasse sind vom Wind zu abenteuerlichen Baumgestalten verformt worden; westlich breitet sich am Grund des Dünentals ein niedriges Gehölz aus, das dem Krummholz in den mitteleuropäischen Hochgebirgen oberhalb der Waldgrenze gleicht. Häufiger starker Wind und der von ihm verfrachtete Salzstaub lassen hier keinen höheren Baumwuchs aufkommen. In dem für eine nahezu waldlose Insel exotischen »Klappholz« finden auch Waldbewohner wie der Birkenzeisig oder das Eichhörnchen einen Lebensraum. Rings um die **Kampener Vogelkoje** ❹ an der L 24 Kampen–List und am Wattenmeer kann der Sylt-Urlauber eine kleine Waldoase aus Weiden, Erlen und Moorbirken bewundern. Dieses urwaldähnliche Gelände mit dem Süßwasserteich im Kern ist einer der wertvollsten Biotope der Insel: etwa für das nur fünf Gramm schwere Wintergoldhähnchen, die stark gefährdete Zwergmaus, das seltene Meerneunauge und mindestens 170 Pflanzenarten. Die Kampener Vogelkoje erreicht man vom Klappholttal in knapp zehn Minuten auf dem Fahrweg, der beim Nordseeheim Klappholttal nach Osten abzweigt.

Insel der Dünen – Insel der Kliffs Auf Sylt gibt es das Rote Kliff, das Weiße Kliff, das Grüne Kliff ... und im äußersten Osten ein »Buntes Kliff«, das ➡ **Morsum-Kliff** ❺, ein geologisches Fenster, das Einblick in zehn Millionen Jahre Erdgeschichte gewährt. Mindestens vier verschiedene Gesteinsschichten aus dem jüngeren Tertiär und dem Eiszeitalter verleihen ihm die Farbenpracht: pechschwarzer Glimmerton, rostroter Limonitsandstein, weißer Kaolinsand und brauner Geschiebelehm. Das bemerkenswerteste Gestein ist zweifellos der stark eisenhaltige Limonitsandstein; er bildet sonderbare Formen, die die Insulaner »Hexenschüsselchen« oder »Nachtgeschirre der Unterirdischen« nennen. Das Morsum-Kliff befindet sich fünf Minuten vom gleichnamigen Hotel-Restaurant entfernt. Im Süden grenzt das Kliff an die Morsumer Heide mit dem größten zusammenhängenden Hügelgräbergelände Deutschlands und einer ganzen Reihe seltener Pflanzen wie dem Lungenenzian oder dem Sonnentau.

Über nordfriesische Traditionen informiert das Heimatmuseum in Keitum (bei ❺), geöffnet: Ostern bis Okt., Sa–Mo, Tel. 04651/328 05).

Südlich des Hindenburgdamms, der Sylt mit dem Festland verbindet, liegen etliche Eilande im Wattenmeer verstreut. **Amrum** ❻ ist eine Geestkerninsel wie aus dem Bilderbuch. Beim Blick vom Roten Leuchtturm auf der Großdüne erkennt man im Osten das meist grasgrüne, flache Geestland, nach Westen hin einen kieferngrünen Waldgürtel, dann die von dunkler Heide oder hellem Strandha-

Zehn Millionen Jahre Erdgeschichte – doch das Morsum-Kliff beeindruckt nicht nur durch sein Alter ... sondern auch durch seine Farbenpracht.

fer bedeckten Dünen und schließlich den schier endlos breiten weißen Kniepsand, eine an der Seeseite des Geestkerns gestrandete Sandbank. Von Norddorf bis fast nach Wittdün erstreckt sich das Naturschutzgebiet »Amrumer Dünen« mit botanischen Kleinoden wie der seltenen Dünenrose. Das Naturschutzgebiet »Nordspitze Amrum« ist dagegen das Revier der Seevögel, insbesondere der Heringsmöwen, die in den entlegenen Dünentälern geeignete Brutplätze finden. In der Saison werden regelmäßig Führungen durch das während der Brutzeit gesperrte Gebiet veranstaltet.

Föhr besitzt ebenfalls einen Geestkern, allerdings nur einen kleinen, der mit seinen eiszeitlichen Ablagerungen am Gotingkliff eine Viertelstunde von **Nieblum** ⑦ entfernt zutage tritt. Wer sich für die Kultur der Inselfriesen interessiert, wird in Osterlandföhr, einem der schönsten Dörfer Deutschlands, fündig: niedrige, reetgedeckte Friesenhäuser bestimmen das malerische Ortsbild; sehenswert ist auch die im Innern verschwenderisch ausgestattete St. Johanniskirche aus dem 12./13. Jahrhundert.

Königin der Halligen Die großen Inseln im Nordfriesischen Wattenmeer werden durch hohe Deiche vor schweren Sturmfluten, die hauptsächlich im Winterhalbjahr auftreten, geschützt. Bei den zehn Halligen, meist Über-

MULTIMAR WATTFORUM

Das Multimar Wattforum in Tönning, westlich von St. Peter-Ording ⑬ an der Mündung der Eider, ist das größte Infozentrum des Nationalparks. Höhepunkte der Ausstellung sind das Gezeitenbecken, in dem die Entstehung von Ebbe und Flut veranschaulicht wird, und die insgesamt rund 30 Aquarien. Sie führen den Besucher Schritt für Schritt von der Brandungszone über die Muschelbänke bis zur Hochsee, zeigen Seesterne, Krebse, Quallen und natürlich auch die verschiedensten Fische. Den größten Säugetieren der Meere ist das Walhaus gewidmet. Hier kann man u. a. das 17,5 m lange Originalskelett eines 1997 gestrandeten Pottwals bewundern. Mehr Informationen gibt's unter www.multimar-wattforum.de.

bleibsel tief gelegener, durch Sturmfluten zerrissener Marschenländer, fehlt ein solcher Schutz. Die Häuser der Halligbewohner stehen daher auf Warften (künstlich aufgeschütteten Erdhügeln).
Viel interessante Natur hat die ➡ **Hallig Hooge** ⑧ zu bieten, wo besonders in den Salzwiesen weit über 250 Tierarten des Nationalparks heimisch sind. Nach der Brutzeit ab Mitte Juli kann man die Nachbarhallig Norderoog mit ihrer reichen Vogelwelt im Rahmen einer Führung von Hooge aus besuchen.

»**Gott schuf das Meer ...** aber der Friese die Küste.« Die Bewohner der schleswig-holsteinischen Nordseeküste haben dem Meer in Jahrhunderten viele Quadratkilometer fruchtbares Marschenland abgerungen, und dieses Sprichwort drückt ihren berechtigten Stolz aus. Mittlerweile dient die Landgewinnung hauptsächlich dem Schutz vor Überschwemmungen von der See- ebenso wie von der Landseite her. Der vor gut 40 Jahren zwischen Dagebüll und Ockholm eingedeichte **Hauke-Haien-Koog** ⑨ dient zum großen Teil als Speicherraum für das Wasser, das mehrere Kanäle aus dem Binnenland heranführen. Die von Schilfdickichten gesäumten Speicherbecken sind Paradiese für Vögel; rund 240 Arten wurden hier schon beobachtet, darunter der seltene Kampfläufer, der an seiner riesigen Halskrause zu erkennen ist.
Die Geschichte der Halligen verlief turbulent: Zahlreiche sind spurlos verschwunden, manche, wie die Kleine Hallig bei Niebüll, liegen heute kilometerweit hinter der Küstenlinie, und andere ragen als Halbinseln noch ein Stück ins Wattenmeer hinein. Zu diesen gehört die **Hamburger Hallig** ⑩ vor dem Sönke-Nissen-Koog bei Bredstedt. Das Eiland hat durch die feste Landanbindung vor allem für die Zugvögel nichts an Attraktivität verloren. Im Frühjahr und Herbst sind die Watten, Salzwiesen und nicht zuletzt der Luftraum über der Küste von Zigtausenden von gefiederten Gästen bevölkert: Nonnengänse, Pfeifenten, Alpenstrandläufer und Austernfischer, um nur die häufigsten Arten zu nennen.
Lohnende Aussichtspunkte sind im Schleswig-Holsteinischen Wattenmeer naturgemäß selten. Einen prachtvollen Panoramablick bietet hingegen der nördlich von Bredstedt gelegene **Stollberg** ⑪, mit 44 Metern Höhe der markanteste Berg Nordfrieslands. Vom Parkplatz am Sendeturm an der B 5 Bredstedt–Niebüll führen aussichtsreiche Wege am Steilhang der Geest entlang. Der **Adolfskoog** ⑫ bei Simonsberg ist einer der zahlreichen Köge, die das nordfriesische Festland südwestlich von Husum mit der Halbinsel Eiderstedt verbinden. Man kann ihn am besten vom »Roten Haubarg« aus auf einer gut neun Kilometer langen Rundwanderung über Deichstraßen und -wege erkunden. Lachmöwen, Trauerseeschwalben und Rotschenkel stärken sich derweil in dem stillen Gewässer Westerspätinge an der Westseite des Koogs.
Sandstrände sind an der Festlandsküste der Deutschen Bucht rar; der Rochelsand vor ➡ **St. Peter-Ording** ⑬, eine über einen Kilo-

meter breite Sandfläche, über die die Strandsegler rasend schnell kreuzen, gehört zu den bemerkenswerten Ausnahmen. Der Sandstrand ist aber nur einer von mehreren ökologisch wertvollen Lebensräumen, die sich hier an der Westküste Eiderstedts über die Salzwiesen bis zu den Dünengürteln und landseitigen Feuchtgebieten mit Strandflieder und Strandaster, Odinshühnchen und Sumpfohreule ungewöhnlich dicht aneinanderdrängen. Auf geführten Wanderungen, beispielsweise zur »Lysdeel«, kann man sie erleben. Der »Hitzlöper«, eine Art Straßenbahn, befördert die Passagiere um die von zahlreichen Seevögeln bevölkerte Tümlauer Bucht nach Westerhever. Von dort ist es noch ein knapp einstündiger Fußmarsch zum Leuchtfeuer Westeheversand, dem vielleicht schönsten Leuchtturm an der ganzen deutschen Nordseeküste.

Volkssport »Krabbenpuhlen« Der Nationalpark Schleswig-Holsteinisches Wattenmeer ist zugleich auch ein Biosphärenreservat, in dem ökologisch sinnvolle, nachhaltige Formen der Landnutzung entwickelt und erprobt werden sollen. Und tatsächlich wird das flache Land an der Nordseeküste seit Jahrhunderten auf verschiedenste Weise intensiv genutzt; gleichzeitig zeigen jedoch immer wieder Fluten von der See her und aus dem Binnenland die Grenzen der Nutzung auf.

Mit aufwendigen Küstenschutzanlagen versucht der Mensch, sich gegen die Fluten zu schützen. Das gewaltigste Bollwerk an der schleswig-holsteinischen Nordseeküste ist das ➡ **Eidersperrwerk** ⑭, das seit 1973 die Trichtermündung der Eider abriegelt. Die technische Meisterleistung hat die Natur an der Mündung des Flusses stark verändert. Zum Ausgleich wurde gleich hinter dem Sperrwerk das Naturschutzgebiet »Katinger Watt« eingerichtet, ein buntes Mosaik von Wiesen, Teichen, Wäldern und Schilfdickichten. Die Vogelwelt – von der Großen Rohrdommel bis zum Säbelschnäbler – hat die neuen Lebensräume rasch angenommen. Im Naturzentrum Katinger Watt mit Beobachtungshütten und Aussichtsturm kann man sie bewundern.

Anlass für den Bau des Sperrwerks war die schwere Sturmflut vom 16. und 17. Februar des Jahrs 1962. Warum und wie der »Blanke Hans«, die Nordsee, alle paar Jahre wieder zuschlägt, erklärt auf anschauliche und unterhaltsame Weise das Sturmfluterlebnis »Blanker Hans« in **Büsum** ⑮. Seit Jahrhunderten laufen von hier die Kutter aus, um im Wattenmeer die leckeren Nordseekrabben zu fangen. Im malerischen Hafen kann man sie fangfrisch vom Kutter kaufen und sich dann mit dem notwendigen Fingerspitzengefühl im »Puhlen« der Garnelen versuchen.

Auf Hallig Hooge schützt der künstlich aufgeschüttete Erdhügel der Backenswarft vor Sturmflutschäden.

2 Naturpark Schlei
Fjordlandschaft mit Buchten, Steilufern und Wiesen

ANFAHRT
Auf der A 7 Hamburg–Flensburg bis Ausfahrt Schleswig/Jagel und auf der B 77 in Richtung Schleswig, nächstgelegener Bahnhof Schleswig

GRÖSSE
500 km²

HÖCHSTE ERHEBUNG
35 m (ohne Namen)

GRÜNDUNG
2008

INFORMATION
Naturpark Schlei, Reeperbahn 2, 24376 Kappeln

TELEFON
04642/183 33

INTERNET
www.schleswig-holstein.nabu.de

Der Naturpark Schlei ist der jüngste in Schleswig-Holstein und erstreckt sich von Schleswig aus beiderseits der Schlei bis zu ihrer Mündung in die Ostsee. Als sich am Ende der Weichsel-Eiszeit der Gletscher zurückzog, blieb die Schlei als Schmelzwasserrinne in einem Tal erhalten. Besonders charakteristisch sind zahlreiche Buchten, Steilufer und Salzwiesen, im Mündungsgebiet prägen Strandwälle und Strandhaken das Bild. Von Gletschervorstößen gebildete Moränenzüge sorgen im Naturpark Schlei für eine leicht kuppige Landschaft, in der sich interessante Lebensräume mit einer artenreichen Tier- und Pflanzenwelt entwickeln konnten. Einige herausragende Gebiete sind Naturschutzgebiete wie die Halbinsel Reesholm bei Schleswig mit Salzwiesen, das Esprehmer Moor bei Borgwedel mit Resten eines Hochmoores, der »Os bei Süderbarup« mit trockenen Hangflächen oder der »Schwansener See« bei Karby mit einer reichen Wasservogel-Fauna. Schließlich lohnt im Naturpark auch der Besuch der Wikingersiedlung Haithabu bei Haddeby.

Salzwiesen, Knicks und Galloway-Rinder Nicht weit entfernt von **Schleswig** ❶ mit seiner malerischen Altstadt zweigt in Füsing eine Straße zum Parkplatz Winningmay ab. Von hier gelangt man an der Schlei entlang zum Naturschutzgebiet **Reesholm** ❷, das auf einem flachen Moränenhügel liegt. Nur knapp einen halben Meter über dem Meeresspiegel (NN) gelegen, werden weite Teile der Wiesen immer wieder überflutet, sodass sich eine artenreiche Salzwiesen-Vegetation entwickelte. Vor allem Salzastern nehmen größere Flächen ein und verwandeln im Herbst weite Landstriche in ein violett-blaues Blütenmeer. Auf höheren Flächen domi-

Die Altstadt von Schleswig wird vom Dom St. Petri mit dem neogotischen Kirchturm überragt.

16   *Die letzten Paradiese Norddeutschlands*

> **WIKINGER MUSEUM HAITHABU**
>
> Vor über 1000 Jahren bildete die Wikinger-Metropole **Haithabu bei Haddeby** ❹ eine Keimzelle des Landes. Zwischen 811 und 1020 errichtet, regierten hier zeitweilig Wikingerkönige im Schutz des Danewerks, einer dänischen Grenzbefestigung. Ausführlich informieren kann man sich darüber im Wikinger Museum Haithabu, Haddebyer Chaussee, Tel. 04621/81 33 00.

Blick über die Schlei bei Kappeln mit Heringszäunen, einer ganz besonderen Sehenswürdigkeit

niert eine Trockenrasengesellschaft, wo im Frühsommer der Besenginster mit seinen leuchtend gelben Blüten hervorsticht. Auch einige Knicks (Wallhecken aus verschiedenen Gehölzen) sind hier vorhanden, die vor allem aus Weißdorn bestehen und die die Koppeln voneinander trennen. Hier grasen Galloway-Rinder, die durch Verbiss für die biologische Erhaltung der Artenvielfalt sorgen. Auch die Vogelwelt ist reich vertreten, denn die Schilfgürtel bieten Rohrsänger und Rohrammer Brutmöglichkeiten, und in Mulden am Boden bauen Kiebitz, Schafstelze, Rotschenkel und Austernfischer ihre Nester. Schließlich bietet Reesholm im Frühjahr und Herbst einen hervorragenden Rastplatz für Stare, verschiedene Gänsearten und Brachvögel.

Ein Kleinod an der Ostseeküste Zwischen der Schlei und der Ostsee liegt nur fünf Kilometer südlich von Kappeln das Kirchdorf Karby mit seiner sehenswerten Backsteinkirche, die um 1300 errichtet wurde. Von hier führt die Straße geradewegs zum Ostseebad Schönhagen. Südlich davon liegt das Naturschutzgebiet »**Schwansener See**« ❸, das durch schmale Strandwälle von der Ostsee getrennt ist. Von einem Parkplatz auf der rechten Seite hinter Schönhagen aus gelangt man zu Fuß zu einer Schutzhütte des Naturschutzbunds. Hier beginnt ein Wanderweg mit mehreren Beobachtungsmöglichkeiten. Vor allem am Morgen kann man mitunter Rotschenkel und Kiebitz beobachten, auch Grau- und Brandgänse halten sich oft in Nähe des Wegs auf. Die Strandwälle und Salzwiesen zwischen dem See und der Ostsee bieten ebenfalls eine interessante Tier- und Pflanzenwelt.

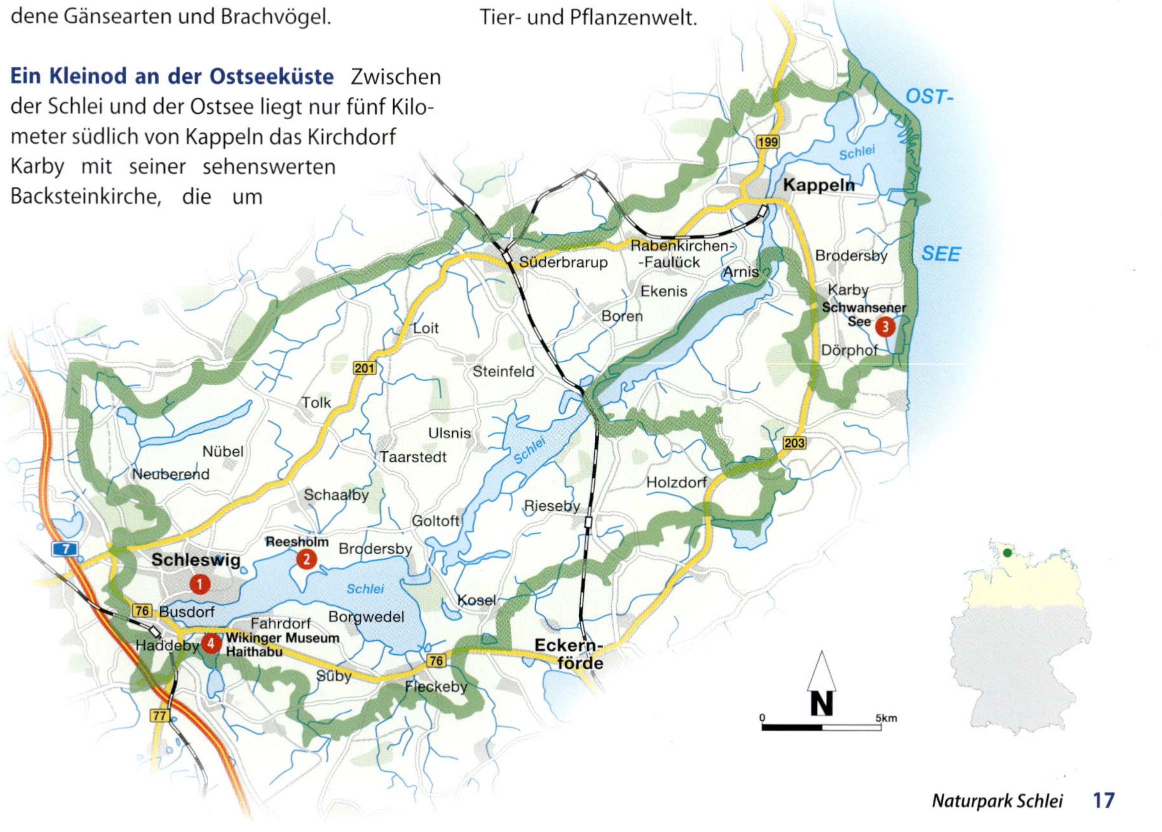

3 Naturpark Hüttener Berge
Im Reich von Seen, Hecken, Dünen und Sandheiden

ANFAHRT
Auf der A 7 in Richtung Flensburg bis zur Ausfahrt Owschlag, von dort über Owschlag zur B 77 und weiter bis Sorgbrück; nächstgelegener ICE-Bahnhof in Hamburg, von dort weiter Richtung Schleswig

LAGE
In Schleswig-Holstein zwischen Rendsburg, Eckernförde und Schleswig

GRÖSSE
219 km²

HÖCHSTE ERHEBUNG
Scheelsberg (106 m)

GRÜNDUNG
1970

INFORMATION
Naturpark Hüttener Berge, Kaiserstr. 8, 24768 Rendsburg

TELEFON
04331/202 03 33

INFOHAUS
In Holzbunge

INTERNET
www.huettener-berge.net

Die Hüttener Berge sind Kern und Namengeber von Deutschlands nördlichstem Naturpark. Zwischen dem inneren Ende der Schlei, der Eckernförder Bucht und dem Nord-Ostsee-Kanal erstreckt sich diese von der Eiszeit geformte Natur- und Kulturlandschaft mit ihren aussichtsreichen Moränenhügeln, Wäldern, Mooren, Seen und heckengesäumten Wegen sowie kleinen Dörfern mit alten Höfen, Wind- und Wassermühlen. Es ist eine Gegend vor allem für die stille Erholung, für Wanderungen und Radtouren.

Dünen, Heide und Moor Das Naturschutzgebiet ➡ **Sorgwohlder Binnendünen** ❶ ist eine Heide- und Waldlandschaft über der Niederung des Flüsschens Sorge am Westrand des Naturparks. Winde türmten hier am Ende der Eiszeit Sand zu mächtigen Dünen auf, die heute noch über zehn Meter hoch sind. Während die flachen Bereiche seit über 1000 Jahren landwirtschaftlich genutzt wurden, blieben die eigentlichen Dünen bis ins 16. Jahrhundert vegetationsfreie Weißdünen, ständig der Kraft des Windes ausgesetzt; erst dann begann die Stabilisierung durch Anpflanzung von Strandhafer. Heute präsentiert sich das Gebiet als weite Sandheide- und Waldlandschaft, die wie vor 1000 Jahren von Heidschnucken beweidet wird, damit die Heide nicht verwaldet. Für Schleswig-Holstein ist diese Heidelandschaft mit zahlreichen selten gewordenen Pflanzen und Tieren einzigartig. So stehen fast 30 Prozent der in den Binnendünen registrierten Schmetterlingsarten in Schleswig-Holstein auf der Roten Liste. Westlich des Dünengebiets quert der älteste Handels-, Pilger- und Heerweg Schleswigs die Sorge: der »Ochsenweg«, seit vorgeschichtlicher Zeit Hauptverkehrsader, heute zentraler Wander- und Radweg auf der Geest. Wikinger, Räuber, Könige, Handelsleute, Pilger – alle überqueren in Sorgbrück die Sorge. Vielleicht stand schon damals ein Krug an der Furt, ein Vorläufer des Landgasthofs: An ihm beginnen mehrere Rundwanderwege; einer führt zu den Sorgwohlder Dünen. Ein anderer lohnender Rundweg leitet durch das Owschlager Moor nordöstlich der Dünen, ein

Tief in einem Wald verborgen lädt das Naturparadies des Rammsees zur beschaulichen Rast.

INFOZENTRUM REDDERHUS

Das reetgedeckte Redderhus in Holzbunge zwischen Bistensee und Wittensee (östlich von ❺) ist das Informationszentrum zu Natur, Kultur, Umwelt und Tourismus im Naturpark. Die Gebäude des Dorfkrugs aus dem 19. Jh. beherbergen auch ein Restaurant mit Kaffeegarten. Der Name »Redderhus« verweist auf den Redder als ein für diese Landschaft charakteristisches Kulturelement: einen Weg, der beidseits von Hecken, sogenannten Knicks, gesäumt wird (s. Bild). »Knick und Redder – Lebensadern der Kulturlandschaft« lautet der Titel der spannenden Ausstellung im Obergeschoss: Hier können Kinder durch einen Knicktunnel kriechen und die dort lebenden Tiere kennenlernen.

weiterer umrundet das **Duvenstedter Moor** ❷, ein Hochmoor, wo Vogelarten wie Sumpfohreule und Brachvogel leben.

Gebirge im Kleinstformat Der Panoramaberg der Hüttener Berge ist der 98 Meter hohe ➡ **Aschberg** ❸: Er bietet einen wundervollen Ausblick über die abwechslungsreiche Knick-Landschaft und die beiden Wassersportparadiese Bistensee und Wittensee. Am Wanderweg auf den Aschberg (Wegweiser ab Ascheffel) liegt der idyllische **Rammsee** ❹ in einem von zum Teil steilen, bewaldeten Bergflanken umgebenen Talkessel. Der seerosengeschmückte, von Röhricht gesäumte See ist ein Toteissee. Er entstand, als nach der letzten Eiszeit Eisblöcke abschmolzen, die sich in Hohlräume zwischen den Moränen geschoben hatten.

Bei Neu Duvenstedt erhebt sich der **Heidberg** ❺, der als besondere »Einzelschöpfung der Natur« ein Naturdenkmal bildet und geschützt ist. Der Gipfel bietet eine prächtige Aussicht über die Umgebung, in der auch noch viele Zeugnisse der Vorzeit erhalten sind. Wie ein Zeichen aus einer versunkenen Welt thront der **Dolmen von Lehmsiek** ❻ auf einem Hügel bei Goosefeld südlich von Eckernförde, ein Bilderbuchbeispiel der gewaltigen Großsteinanlagen, die vor über 5000 Jahren errichtet wurden und als Kulturzeugnisse bis heute überdauert haben.

Die Südgrenze des Naturparks bildet der ➡ **Nord-Ostsee-Kanal bei Sehestedt** ❼. Er verbindet auf 98,7 Kilometer Länge Nord- und Ostsee und gilt als meistbefahrene künstliche Seeschifffahrtsstraße der Erde.

Naturpark Hüttener Berge 19

4 Naturpark Westensee
Eine Seenlandschaft wie aus dem Bilderbuch

ANFAHRT
Auf der A 7 Hamburg–Flensburg bis Ausfahrt Warder und über Groß-Vollstedt oder auf der A 210 Rendsburg–Kiel bis Ausfahrt Achterwehr und über Felde nach Westensee; nächstgelegener ICE-Bahnhof in Kiel

LAGE
In der Mitte von Schleswig-Holstein im Städtedreieck Kiel, Rendsburg und Neumünster

GRÖSSE
250 km²

HÖCHSTE ERHEBUNG
Kieler Berg (94 m)

GRÜNDUNG
1969

INFORMATION
Naturpark Westensee,
Kaiserstr. 8,
24768 Rendsburg
Telefon
04331/20 23 33

INFOHAUS
In Nortorf

INTERNET
www.tourismus-naturpark-westensee.de

Eingebettet in eine Hügelkulisse mit dem Kieler Berg als höchster Erhebung und dem Tüteberg als schönstem Aussichtspunkt, haben sich zahlreiche größere und kleinere Seen sowie viele Wasserläufe als Zeugen der letzten Eiszeit vor 10 000 Jahren erhalten. Im Norden präsentiert sich der Namen gebende Westensee mit seinen zahlreichen Buchten und sanft ansteigenden Ufern, im Süden blieben Wardersee, Brahmsee, Borgdorfer See und viele andere Wasserflächen zurück. Große Moorlandschaften bei Hassmoor, Katenstedt und Schülp bei Nortorf bestimmen das Bild ebenso wie Mischwälder, mächtige Eichen sowie eine prachtvolle, 250 Jahre alte Linden- und Kastanienallee, die zum Gut Emkendorf führt. Charakteristisch sind auch die Knicks: grüne Schutzwälle aus Gehölzen, die angelegt wurden, um die Felder vor der Erosionskraft des Windes zu schützen. Die vielfältige Tierwelt reicht von der Nachtigall bis zu den Wildgänsen, von brütenden Fisch- und Seeadlern bis zu scheuen Schwarzstörchen, die auf den feuchten Wiesen Nahrung suchen.

Von hoher Warte den Park im Blick Kernstück des Naturparks ist der sieben Quadratkilometer große ➠ **Westensee** ❶. An seinem westlichen Zipfel liegt der gleichnamige Ort, dessen Dorfkern unter Denkmalsschutz steht. Sehenswert ist die Kirche St. Catharina aus der Mitte des 13. Jahr-

Stimmungsvolles Licht über dem Westensee: Am Abend kann man hier reizvolle Eindrücke genießen.

hunderts, die sich in gotischen Formen mit einem flach gedeckten Feldsteinschiff entwickelte. Von der Erstausstattung stammt die romanische Granittaufe, aus dem 16. Jahrhundert das lebensgroße Grabmonument für Daniel Rantzau, einen dänischen Feldherrn unter König Friedrich II., der 1569 starb. Lohnendes Ausflugsziel von Westensee aus ist der Tüteberg. Die Wanderung beginnt bei der Kirche, wo man der Markierung »gelber Pfeil« auf den Berg folgt. Von diesem 88 Meter hohen Moränenhügel bietet sich ein reizvoller Blick auf die holsteinische Seen- und Hügellandschaft.

Herrenhäuser – Zeugen der Vergangenheit

Der Naturpark bietet dem Besucher eine Vielzahl sehenswerter Baudenkmäler, darunter Herrenhäuser wie in Emkendorf, Schierensee oder Deutsch Nienhof. Öffentlich zugänglich ist nur ➡ **Schloss Emkendorf** ②, dessen Vergangenheit bis ins Mittelalter zurückreicht. Vor allem unter Friedrich Graf Reventlov und

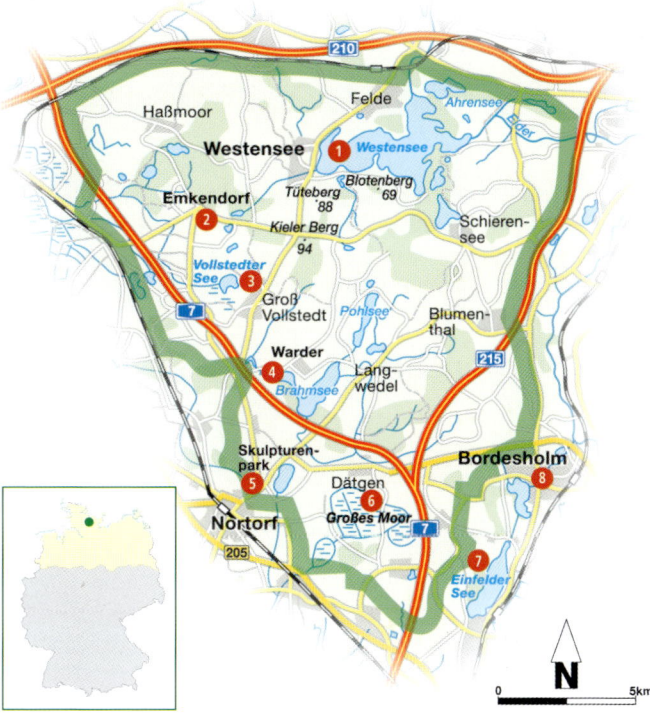

FREILICHTMUSEUM MOLFSEE

Auf einer Fläche von 60 ha präsentiert das Schleswig-Holsteinische Freilichtmuseum Molfsee bei Kiel (östlich von ①) die bäuerliche Kultur der Region. Bauernhäuser, Scheunen, Katen, verschiedene Windmühlen und eine Wassermühle gehören ebenso zu den Sehenswürdigkeiten wie Mobiliar, Hausrat und diverse Arbeitsgeräte früherer Zeiten. Lebendig wird die gesamte Anlage durch zahlreiche Tiere, die hier inmitten der historischen Höfe gehalten werden (s. Bild). Schließlich vermitteln auch die Bauerngärten bei den Häusern einen Eindruck vom Landleben vergangener Jahrhunderte (geöffnet 18.3.–31.10. täglich 9–18 Uhr, 1.11.–17.3. nur So 11–16 Uhr).

In der Arche Warder finden seltene und vom Aussterben bedrohte Tierrassen, wie dieser Poitou-Esel, Asyl.

seiner Frau Julia Gräfin Schimmelmann, die 1786 hier einzogen, erlebte Emkendorf seine Blütezeit als ein kulturelles Zentrum des Nordens. Hier gingen der Philosoph Friedrich Heinrich Jacobi, die Dichter Friedrich Gottlieb Klopstock und Matthias Claudius und andere ein und aus. Über den Umbau des barocken Herrenhauses im Louis-XVI.-Stil und die Ausmalung der Räume durch den Italiener Giuseppe Anselmo Pellicia nach etruskischen und pompejanischen Motiven kann man sich bei einer Führung informieren. Zum Abschluss bietet sich ein Spaziergang durch den schönen Landschaftspark an. Im Sommer finden auf Schloss Emkendorf Konzerte des Schleswig-Holsteinischen Musikfestivals statt. Informationen gibt es bei der Verwaltung des Herrenhauses (Tel. 04330/99 46 90) oder bei der Tourismus-Information (Tel. 04392/896 20).

Südlich von Emkendorf lädt der idyllisch zwischen eiszeitlichen Hügeln gelegene **Vollstedter See** ❸ zu einem Besuch ein. Röhricht, moorige Feuchtwiesen und sandige Ufer bilden den Lebensraum für eine interessante Pflanzenwelt, zu der Orchideen und Sumpfveilchen auf den Feuchtwiesen sowie das Kleine Filzkraut am Ufer gehören. In Groß Vollstedt gibt es eine kleine Badestelle, und der »Verein Vollstedter See und Umgebung« führt Naturwanderungen am See durch, bei denen man viel Wissenswertes über die hier heimische Flora und Fauna erfahren kann.

Bedrohte Tierrassen, skurrile Kunstobjekte
Zwischen Brahm- und Wardersee befindet sich die ➡ **Arche Warder** ❹, Europas größter Park für seltene und vom Aussterben bedrohte Nutz- und Haustiere. Mehr als 90 Nutztierrassen stehen in Deutschland auf der »Roten Liste«. Sie sollen in der Arche Warder ein sicheres Zuhause finden und vor dem Aussterben gerettet werden. Verschiedene Rundwege bieten Gelegenheit, die Tiere hautnah zu erleben, zu streicheln und zu füttern. Glöckchenschweine, Girgentana-Ziegen, französische Poitou-Esel oder englische Parkrinder sind nur einige der rund 1000 Tiere aus 100 Rassen aus aller Welt, die man in diesem Park antreffen kann.

Am südlichen Rand des Naturparks liegt die kleine Stadt Nortorf, wo sich im Nortorfer Landschaftspark ein Besuch des **Skulpturenparks** ❺ anbietet. Die ersten Skulpturen wurden 1987 aufgestellt; heute umfasst die Sammlung 23 Skulpturen und Plastiken, alle von schleswig-holsteinischen Bildhauern geschaffen.

Feuchtgebiete – die Kleinodien des Naturparks Moore gibt es in Schleswig-Holstein

WILDPARK EEKHOLT

Im Dreieck zwischen Neumünster, Bad Bramstedt und Bad Segeberg liegt südlich von ❼ im naturnah erhaltenen Osterautal abseits des Naturparks der Wildpark Eekholt. Hier leben auf

rund 67 ha etwa 700 einheimische Wildtiere, zu denen Hirsche, Wölfe, Wildkatzen und Fischotter gehören. Außerdem gibt es eine Vogelpflegestation für Greifvögel, Eulen und Störche. Anfassen, Experimentieren und Gestalten sind Teile des umweltpädagogischen Konzepts des Wildparks – was ihn zu einem Erlebnis nicht nur für Kinder macht (täglich geöffnet ab 9 Uhr, Tel. 04327/992 30).

viele – und auch im Naturpark Westensee sind solche Feuchtgebiete häufig anzutreffen. Berühmt geworden ist das **Große Moor** ❻ bei Dätgen, wo im Jahr 1959 eine männliche Moorleiche geborgen wurde. Sie stammt vermutlich aus der Mitte des 2. Jahrhunderts v. Chr. und wurde von Strafgefangenen entdeckt.

Wer ein wahres Naturparadies besuchen möchte, findet dies am **Einfelder See** ❼. Es liegt am Stadtrand von Neumünster und damit nicht mehr im Naturpark, ist aber wegen seiner interessanten Tier- und Pflanzenwelt einen Besuch wert. Allerdings ist das Naturschutzgebiet »Westufer des Einfelder Sees« nur auf einem Rundwanderweg um den See herum zu begehen; er beginnt am südwestlichen Ufer beim Parkplatz am Ende der Uferstraße. Am westlichen Seeufer hat sich ein breiter Erlenbruchwald mit Eschen, Eichen und Faulbäumen erhalten, den ein dichtes Weidendickicht flankiert. Je nach Wasserstand besiedeln zahlreiche Pflanzenarten die Schilfbereiche mit der offenen Verlandungszone davor: Blut- und Gilbweiderich, Sumpf-Helmkraut, Sumpfblutauge, Wasserminze, Sumpf-Vergissmeinnicht und andere Feuchtigkeit liebende Pflanzen. In einem Großseggenried hinter der Verlandungszone kann man Ästigen Igelkolben, Gemeinen Wasserdost, Froschlöffel und Wasserschwertlilie antreffen. Kleine Einbuchtungen im nördlichen Drittel des Sees sind von Schwimmblattpflanzen wie Weißer Seerose, Gelber Teichrose – auch Mummel genannt – und Wasserknöterich bedeckt. Zur vielfältigen Tierwelt gehören etwa 25 Brutvogelarten, wie z. B. Sperber, Rotkehlchen, Zaunkönig, Mönchsgrasmücke und Heckenbraunelle. Häufigster Brutvogel im Schilf ist die Blessralle, ein seltenerer Gast die Teichralle. Auch Haubentaucher, Graugans, Zwergtaucher und Tafelente brüten hier. Gelegentlich kann man Kormorane, Seeadler und Graureiher beobachten.

Ebenfalls schon etwas außerhalb des Naturparks liegt ➠ **Bordesholm** ❽. Hier gründeten Augustinermönche 1322 auf einer abgelegenen kleinen Insel im Bordesholmer See ein Kloster. Mit dem in zehnjähriger Bauzeit entstandenen Herrenchor gehört die Backsteinhalle der Klosterkirche aus dem späten 15. Jahrhundert zu den schönsten Sakralbauten in ganz Schleswig-Holstein. Nach der Auflösung des Klosters im Jahr 1566 blieb nur wenig von der reichen Ausstattung der Kirche erhalten. Der berühmte, von Hans Brüggemann geschaffene Bordesholmer Altar wurde 1666 in den Dom zu Schleswig gebracht; die Gebäude verfielen bzw. wurden Mitte des 19. Jahrhunderts teilweise abgerissen. Heute sind an Kirchenschätzen noch das Triumphkreuz aus dem 15. Jahrhundert, das Chorgestühl von 1509 und die spätgotische Bronzetumba (1514) des Herzogs Christian Albrecht und seiner Gemahlin zu sehen.

Die ehemalige Klosterkirche auf einem kleinen Eiland im Bordesholmer See zieht nicht nur kulturhistorisch interessierte Besucher an, sondern verzaubert auch mit ihrer landschaftlich wunderschönen Lage.

5 Naturpark Aukrug
Vielfalt pur – von Moorgebieten zu Binnendünen und Sandheiden

ANFAHRT
Auf der A 7 bis Neumünster-Mitte und weiter auf der B 430 nach Aukrug; nächstgelegener Bahnhof ist Aukrug an der Strecke Neumünster–Heide.

LAGE
Im mittleren Holstein, westlich von Neumünster

GRÖSSE
384 km²

GRÜNDUNG
1970

HÖCHSTE ERHEBUNG
Boxberg (78 m)

INFORMATION
Naturpark Aukrug, Bargfelder Str. 10, 24613 Aukrug

TELEFON
04873/999 48

INFOHAUS
In Aukrug

INTERNET
www.naturschutzring-aukrug.de

Der Naturpark ist geprägt von den Altmoränen der sandigen Geest, die vor 130 000 Jahren entstanden. Viele Geesthänge rutschten damals über dem Dauerfrostboden ab, das Gelände wurde flacher und trockener. Allerdings bestimmen auch Gesteinsmassen und Hügel das Bild im Naturpark, die zurückblieben, als die Gletscher der Saaleeiszeit vor 10 000 Jahren ihren Rückzug antraten. Entstanden sind Mischwälder auf den Hügeln, Moore und Feuchtgebiete mit Birkenbrüchen und Resten von Auwäldern in den Niederungen. Hier haben Schwarzstorch und Kranich ihr Revier. Reich an seltenen Tieren sind die Geestbäche inmitten der Sandheiden und Trockentäler, die mit Röhricht und Sümpfen umgebenen Teiche, aber auch die Quellwälder. Die Kraft der Bäche nutzten zahlreiche Wassermühlen, von denen die Bünzer Wassermühle noch am besten erhalten ist. Etliche Wanderwege führen durch den Naturpark und bieten Rundwanderungen von drei bis neun Kilometern Länge sowie vielfältige Möglichkeiten der Naturbeobachtung.

Natur und altes Kulturland mit Freude erkunden Das Zentrum im Naturpark ist die Gemeinde ➡ **Aukrug** ❶ mit ihren fünf Dörfern, die 1970 zusammengelegt wurden. Umgeben von den drei höchsten Erhebungen des Naturparks – Boxberg (78 m), Glasberg (64 m) und Tönsberg (63 m) – zeigt sich dem Besucher hier eine abwechslungsreiche Landschaft. Vor allem der Boxberg ist beliebt, denn von ihm hat man einen weiten Blick über das waldreiche Gelände. Mehrere Wanderwege führen auf die Höhe des Berges, dessen Name sich von »Booksberg« (Buchenberg) ableitet. Reine Buchenbestände gibt es nicht mehr, aber an seinen Hängen stehen Mischwälder. Ein 1,3 Kilometer langer Walderlebnispfad zieht am Boxberg große und kleine Besucher an. In den Wäldern leben Schwarzspecht und Wespenbussard, an den Wasserläufen haben Gebirgsstelze, Eisvogel und Seeadler ihre Reviere. Die Heidelerche bevorzugt neben trockenen, lichten Kiefernwäldern vor allem sandige Heiden und Trockenrasen. Das 67 Hektar große Naturschutzgebiet Tönsheider Wald liegt östlich der Fach-

Der Boxberg – die höchste Erhebung des Naturparks – lockt mit saftigen Wiesen und dunkelgrünen Wäldern.

FREILICHTMUSEUM »DAT OLE HUS«

In Aukrug-Bünzen befindet sich in einer Fachwerkkate »Dat ole Hus« (s. Bild), ein ausgesprochen originelles Heimatmuseum (bei ❷). Anschaulich wird dem Besucher ein Eindruck der bäuerlichen Wohnkultur vom 18.–20. Jh. vermittelt. Aus dieser Zeit stammen auch die Arbeitsgeräte, die im Stall, in der Remise und im Bienenstand zu sehen sind. Für das leibliche Wohl ist auch gesorgt: Spezialität sind die Waffeln mit Roter Grütze (geöffnet Sa, So, Feiertage 14–18 Uhr).

Im Hochmoor bei Viertshöhe wurde einst Torf gestochen; heute lädt es zu ausgedehnten Wanderungen ein.

klinik Aukrug und wartet mit einer reichen Tier- und Pflanzenwelt auf.

Die Gegend um Aukrug war bereits in der älteren Bronzezeit (um 1500–600 v. Chr.) besiedelt, wie drei Hünengräber in der **Bünzer Feldmark** ❷ östlich der Bredenbeksbrücke belegen. Sie haben einen Durchmesser von 30 Metern, sind drei Meter hoch und werden als Dithmarscher Berg bezeichnet. Schönstes Hügelgrab ist der mit Buchen bestandene Kluesbarg an der Itzehoer Chaussee.

Kohle und Keramik Das letzte erhaltene Hochmoor des Naturparks findet man bei ➡ **Viertshöhe** ❸. An einem Wanderweg mitten durch das Hochmoor fallen mehrere ringförmige Hügel auf, Überreste aus der Zeit der Torfverarbeitung. Artenreich sind Flora und Fauna des Moores, wo über den weißen Wattebällchen der Wollgräser zahlreiche Insekten wie Libellen und Schmetterlinge schweben.

Sehenswert ist das ganz im Süden des Naturparks gelegene **Kellinghusen** ❹. Auf einem Geesthang beherrscht die Kirche St. Cyriakus, ein einschiffiger Feldsteinbau aus dem 13. Jahrhundert, das Bild. Reiche Tonvorkommen in der Umgebung von Kellinghusen begünstigten die Entstehung von Fayence-Manufakturen, die Mitte des 18. Jahrhunderts ihre Blütezeit hatten. Die Produkte konnten mit feinem chinesischem Porzellan konkurrieren, da man die Keramik mit einer weißen Glasur überzog. Eine hervorragende Auswahl der Fayencen kann man im Museum Kellinghusen (Hauptstr. 18) bestaunen. Wer sich einen Blick über die Störniederung bis zur Elbe gönnen möchte, sollte auf den Louisenberg steigen. Den Schlüssel für den Aussichtsturm erhält man in der unterhalb der Anhöhe gelegenen Gaststätte »Louisenberg«.

6 Naturpark Holsteinische Schweiz
Im Reich von Schwentine und Trave

ANFAHRT
Auf der A 1 bis Oldenburg-Süd, weiter auf der B 202 bis Lütjenburg und der B 430 nach Dannau; nächstgelegener Bahnhof in Malente, von hier weiter mit dem Bus nach Dannau

LAGE
Im Südwesten Schleswig-Holsteins zwischen Kiel und Lübeck

GRÖSSE
753 km²

HÖCHSTE ERHEBUNG
Bungsberg (167 m)

GRÜNDUNG
1986

INFORMATION
Naturpark Holsteinische Schweiz e. V.,
Schlossgebiet 9, 24306 Plön

TELEFON
04522/74 93 80

INTERNET
www.naturpark-holsteinische-schweiz.de

Die reizvolle sanfte Hügellandschaft in der Holsteinischen Schweiz ist das Fazit der letzten Eiszeit: Endmoränen wurden als mehr oder weniger steile Erhebungen abgelagert, während die vom Eis mitgeführten Materialien nach dem Abschmelzen als Grundmoränen liegen blieben. Wo große Eisblöcke später schmolzen, entstanden die idyllischen Seen, die große Teile der Landschaft prägen. Hier kann man mit Glück Fischreiher beim Jagen beobachten oder Haubentaucher, Schell- und Reiherenten mit ihren Küken auf dem Wasser schwimmen sehen. In den Schilfgürteln haben Rohrdommeln ihr Zuhause, und Kormorane suchen im Sommer und Herbst ihre Schlafplätze an den Seen auf. Naturnahe Bäche und Teiche sind das Revier des schillernden Eisvogels, und in den feuchten Senken leben Moorfrösche und Rotbauchunken. Typisch sind die Knicks – Wallhecken aus verschiedenen Gehölzen. Mit duftenden Blüten im Frühjahr und bunten Früchten im Herbst geschmückt, umsäumen sie die Felder und schützen diese vor Sandverwehungen. Die Knicks bieten vielen Singvögeln Nistmöglichkeiten, aber auch kleine Säugetiere haben hier einen idealen Lebensraum gefunden.

Einstimmung auf eine herrliche Landschaft Ganz im Norden des Naturparks liegt der **Dannauer See** ❶ in der Nähe des Ortes Dannau. Seit 1993 ist das 40 Hektar große Naturschutzgebiet »Dannauer See« ausgewiesen. An seinem Ufer bestimmen Erlenbruchwälder, Schilfgürtel und Seggenhorste das Bild, Zeichen der fortschreitenden Verlandung bestimmter Uferbereiche. Die dichten Seerosenteppiche sind im Juni mit vielen Blüten geschmückt, und auch der Wasserhahnenfuß hat seine unzähligen kleinen weißen Blüten entfaltet. Im feuchten Uferbereich breiten sich Blutweiderich, Mädesüß und andere Feuchtigkeit liebende Pflanzenarten aus, in der Luft erklingt der Gesang der Zaunkönige. Rohrsänger brüten im Schilf, ebenso Blesshühner und Stockenten.

Nur zwei Kilometer südwestlich von Dannau steht in einer weiten Schleife der Kossau **Gut Rantzau** ❷, einst Stammsitz einer führenden holsteinischen Adelsfamilie. Ihr Name geht auf das wendische Ranzowen zurück und

Der Große Plöner See inmitten des Naturparks ist ein Paradies für Erholungsuchende und zahlreiche Brutvogelarten.

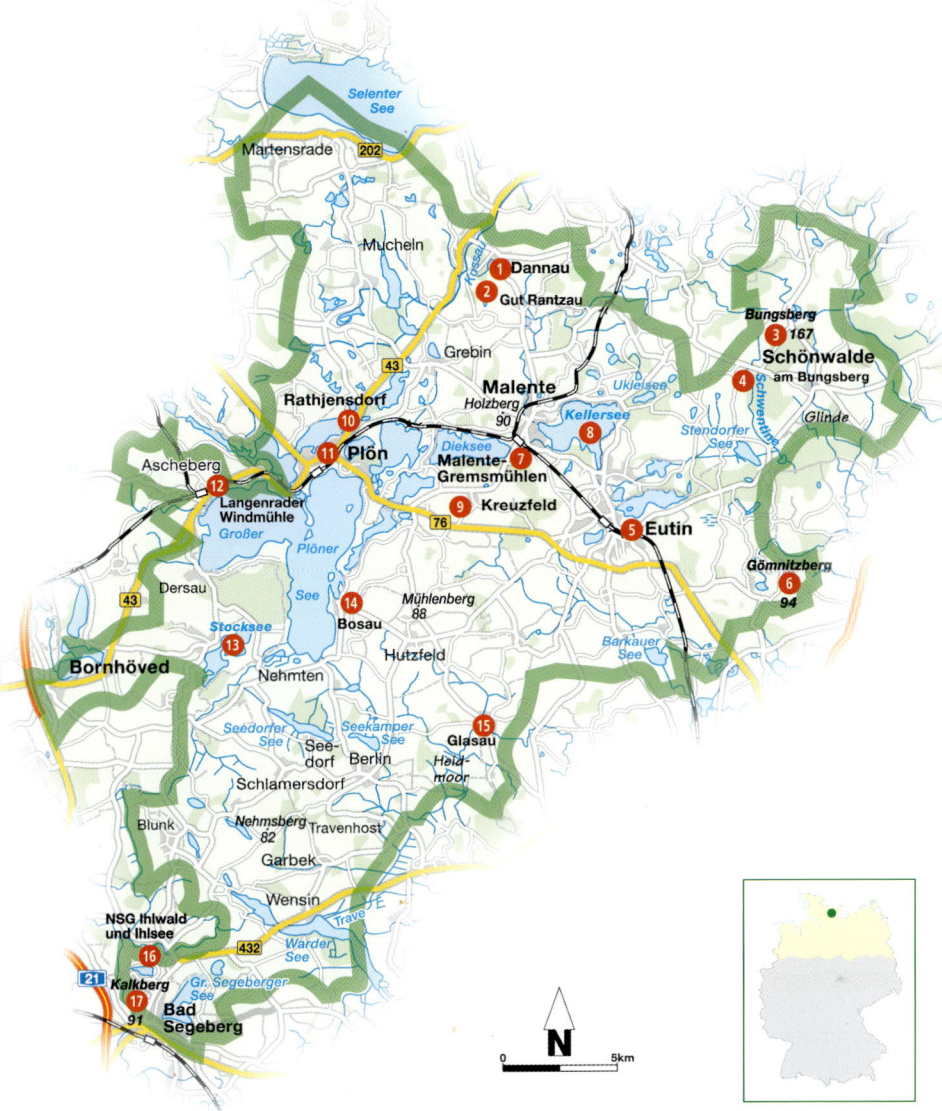

wurde zu Rantzau. Die 22 Kilometer lange Kossau fließt in einem natürlichen, gewundenen Bett und steht teilweise unter Naturschutz. Bachneunauge, Elritze und der Europäische Flusskrebs kommen hier vor, Tiere, die vielerorts bereits ausgestorben sind. Wer sich von Rantzau aus auf den Wanderweg »R 1« begibt, kann die Landschaft der Kossau genießen und kurz vor Sasel ein Hügelgrab entdecken.

Üppige Flora entlang des Heiligen Flusses

Vor rund 150 000 Jahren wurde bei Schönwalde der ➡ **Bungsberg** ❸ aufgetürmt. Die Eismassen späterer Zeiten schürften ihn nicht ab, sondern zerteilten sich an seinem Fuß. So blieb er als eisfreie Insel stehen und ist heute noch mit 167 Metern die höchste Erhebung in Schleswig-Holstein. Von Schönwalde aus lässt sich der Berg bequem erwandern. Von seiner Höhe bietet sich eine großartige Aussicht über die leicht wellige Hügellandschaft. Am Südwesthang des Bungsbergs entspringt die ➡ **Schwentine** ❹, von den Slawen Heiliger Fluss genannt. Während der letzten Eiszeit lagerten sich in ihrem heutigen Verlauf wie an einer Perlenkette aufgereiht Toteisblöcke ab, die später allmählich schmolzen. Es bildete sich eine Treppe aufgestauter Seen, an manchen Stellen entstanden Durchbrüche und damit eine Verbindung der Seen, die heute im sehr reizvollen Durchbruchstal der Schwentine ihren Ausdruck finden.

Während die Schwentine zwischen Eutin und Plön nur selten zu sehen ist, zeigt sie sich bei

Nicht nur von außen ein wahres Schmuckstück: Es lohnt sich auch ein Blick ins Innere des barocken Eutiner Schlosses.

Dörnick als breites, von Wiesen und Weiden umgebenes Gewässer. Ein kleiner Teil des Flusses sowie ein Altarm außerhalb des Naturparks bei Rastorf wurden als Naturschutzgebiet ausgewiesen. Hier gibt es noch Uferwälder mit Eschen und Schwarzerlen, und beiderseits breiten sich Hangwälder mit Bergulmen und Hainbuchen aus, in denen eine reiche Frühjahrsflora mit Buschwindröschen, Hohlem Lerchensporn und Scharbockskraut gedeiht.

Die teilweise turbulente Strömung der Schwentine ist ein idealer Lebensraum für Forellen. Stichlinge und Quappen, auch seltene Vögel wie Wasseramsel, Gebirgsstelze und Eisvogel haben hier ihr Revier.

Kletterrosen schmücken in **Eutin** ❺ jedes Jahr viele Häuser mit einem Blütenmeer, und die Stadt verwandelt sich in ein Rosarium – ein prächtiges Tableau alter und moderner Rosensorten. Schon im Stadtwappen aus dem 13. Jahrhundert sind Rosen als Symbol der Reinheit abgebildet, und die Messingknaufe der Fenster im barocken Teil des Eutiner Schlosses zeigen die Form von Rosenblüten. Das Schloss, auf einer Halbinsel im Großen Eutiner See gelegen, erhielt nach einem Brand 1689 seine heutige Gestalt. An das Schloss schließt sich der Garten mit einer prachtvollen Lindenallee an.

Südöstlich von Eutin ragt der **Gömnitzberg** ❻ auf. Mit seinen nordwestlichen Ausläufern gehört er zu einer Endmoränenkette, die hier die Eisrandlage markiert. Auf dieser 94 Meter hohen Erhebung wurde 1828 ein 13 Meter hoher Backsteinturm errichtet, ein fantastischer Aussichtspunkt mit Blick über die Landschaft Ostholsteins bis hinüber zur Lübecker Bucht.

Eine Lusttour zu zahlreichen Seen Zwischen Kellersee und Dieksee gelegen und von der Schwentine durchflossen ist ⟹ **Malente-Gremsmühlen** ❼. Seit 1925 Luftkurort und seit 1956 Kneipp-Heilbad, nennt sich der Ort seit 1996 ganz offiziell Bad Malente. Die Malenter Kirche, im 13. Jahrhundert aus Feldsteinen errichtet, erhielt 1893 einen neoromanischen Westturm. Sehenswert sind hier die Kanzel in spätromanischen Formen sowie eine spätgotische Bischofsfigur, die die Kanzeltür bewacht. Die reetgedeckte Alte Räucherkate (Sebastian-Kneipp-Straße) von 1634 hat keinen Schornstein. Dort wurden bis 1967 nach alter Tradition mit Buchenspänen Wurst und Schinken geräuchert. Inzwischen präsentiert hier das Heimatmuseum ländlichen Hausrat. Von Malente aus bietet sich ein Spaziergang den **Kellersee** 8 entlang in Richtung Ukleisee an.

In Sielbeck lädt auf einer kleinen Anhöhe zwischen Kellersee und Ukleisee ein Jagdschlösschen zur Besichtigung ein. Es wurde 1776 von Georg Greggenhofer, dem Hofbaumeister Herzog Friedrich Augusts von Oldenburg, errichtet. Interessant ist eine Führung durch das Jagdschlösschen in Verbindung mit einem geführten, 3 km langen Rundgang um den sagenumwobenen Ukleisee (1. Mai–30. Sept., Sa 14.30 Uhr). Südlich von Gremsmühlen lohnt sich ein Besuch des Findlingsgartens bei **Kreuzfeld** 9, wo ein 126 Tonnen schwerer und fünf Meter hoher Riesenfindling zu sehen ist. Er kam während der letzten Eiszeit mit den Gletschern aus dem Norden bis nach Kreuzfeld und gehört zu den größten Findlingen in Schleswig-Holstein.

Seltenen Vogelarten auf der Spur Ein sehr reizvoller Wanderweg führt von Plön aus am Trammer See entlang in Richtung **Rathjensdorf** 10 über artenreiche Feuchtwiesen, auf denen im Frühjahr Sumpfdotterblumen, Wiesenschaumkraut und Kuckuckslichtnelken blühen. Hinter Rathjensdorf ist ein herrlicher Aussichtspunkt: Unten liegen der Kleine Plöner See und der Trammer See, und bei klarem Wetter ist auch der Große Plöner See zu sehen. Mit einer Fläche von rund 30 Quadratkilometern ist dieser das größte Gewässer in Schleswig-Holstein und samt seinen Inseln – Warder genannt – eines der bedeutsamsten Vogelschutzgebiete. Im Frühjahr und Sommer brüten im Schilf Rohrweihe und Rohrsänger, auf den Inseln Enten und Gänse. Im Herbst und Winter ist der Plöner See Rast- und Überwinterungsgebiet für Tausende durchziehende Vögel, zu denen Reiher- und Schellenten, Graugänse, Zwergmöwen und Blesshühner gehören.

In der Nähe von Malente laden Ausflugsschiffe zur Fünf-Seen-Rundfahrt ins Herz der Holsteinischen Schweiz ein.

Von einem Kranz aus Seen und Hügeln umgeben, präsentiert sich ➡ **Plön** ⑪ mit seinem Schloss auf einer Anhöhe über dem Großen Plöner See. Am Westufer des Sees liegt der Ort Ascheberg, wo sich seit 25 Jahren wieder das Kreuz der **Langenrader Windmühle** ⑫ dreht. Im Mühlenraum gibt es Ausstellungen, Vorträge und Veranstaltungen, außerdem finden jedes Jahr Mühlenfeste statt. Die Mühle kann besichtigt werden, wenn sich das Flügelkreuz dreht oder nach vorheriger Anmeldung (Tel. 04526/18 73).

Von Kirschen und Heilkräutern – rund um den Stocksee Südwestlich vom Großen Plöner See breitet sich der 207 Hektar große ➡ **Stocksee** ⑬ aus, dessen Name auf die Bestockung des Ufers mit Schwarzerlen zurückgeht, die auch heute noch außerhalb der Wiesen und Felder erkennbar sind. Ein Teil des östlichen Seeufers ist als Naturschutzgebiet Mittlerer Stocksee ausgewiesen. Zu empfehlen ist eine Rundwanderung um den See von Stocksee aus, denn zwischen Hornsmühlen und Im Sande findet man ideale Aussichtspunkte, wo zahlreiche Vögel wie Kormorane, Graureiher, Haubentaucher sowie Fisch- und Seeadler, aber auch der Eisvogel anzutreffen sind. Berühmt ist auch der Fischreichtum: Aale, Brassen, Hechte Karpfen, Rotfedern, Plötzen und Schleie sind nur einige der zahlreichen Arten im See. (Angelscheine kann man in Stocksee erwerben, Tel. 04526/772). Lohnend ist ein Besuch im Gut Stockseehof, wo man sich bei Kaffee und Kuchen ausruhen kann.

Dicht am Plöner See steht in **Bosau** ⑭ eine der ältesten Feldsteinkirchen Schleswig-Holsteins: die von Vicelin 1151 gegründete Kirche St. Petri. Reste gotischer Malereien haben in der Apsis überdauert, und ein gotischer Schnitzaltar sowie ein spätgotischer Flügelaltar sind nur einige der herausragenden Ausstattungsstücke. Gleich bei der Kirche liegt der schön gestaltete Dorfplatz mit reetgedeckten Katen. Die Dunkersche Kate (Bischofsdamm) stammt aus dem Jahr 1687 und ist von einem sehenswerten bäuerlichen Garten mit allerlei Blumen und Heilkräutern umgeben (Tel. 04527/410). Ein reizvoller Wanderweg führt von Bosau zum »Kleinen Warder« im Bischofssee.

Geschützte Moore und Seen sowie ein imposanter Gipsfelsen In beeindruckender Weite breitet sich südlich von ➡ **Glasau** ⑮ das vier Kilometer lange Flusstal der Trave aus. In seinem Zentrum liegt das Naturschutzgebiet Heidmoor, das am Ende der Eiszeit vor 10 000 Jahren noch ein bis zu zwölf Meter tiefer See war. Im Laufe der Zeit verlandet, entwickelte sich ein regenabhängiges Hochmoor, auch Regenmoor genannt. Beiderseits des Flussbetts der Trave dehnen sich weite

---

EISVOGEL *(Alcedo atthis)*

Der Eisvogel, auch »fliegender Edelstein« genannt, fällt mit seinem türkisfarbenen, schillernden Gefieder auf. Er fliegt sehr schnell über das Wasser oder wartet von einem Ansitz am Uferrand auf die Gelegenheit, sich blitzschnell auf Beute zu stürzen. Kleine Fische sind seine Hauptnahrung, aber auch Kaulquappen, kleinere Frösche, Krebse und Wasserinsekten gehören dazu, insbesondere bei den im Jagen noch ungeübten Jungvögeln. Der  Eisvogel brütet von März bis September, wobei die Sterblichkeitsrate sehr hoch ist. Nur 20–30 % der jungen Eisvögel überleben, der Rest fällt natürlichen Feinden wie Sperbern, Rabenkrähen, Ratten und Wieseln zum Opfer. Interessant ist die sogenannte Schachtelbrut des Eisvogels mit drei bis vier Bruten im Jahr. Während das Männchen die Jungen versorgt, sitzt das Weibchen schon wieder auf dem Zweitgelege.

Der Katengarten von Bosau ist eine Idylle besonderer Art zum Genießen.

Wiesenflächen aus, auf denen im Frühsommer rosafarbene Kuckuckslichtnelken, gelbe Hahnenfüße sowie die zartrosa Blüten des Wiesenschaumkrauts Akzente setzen. Hier absolviert der Wiesenpieper seinen Balzflug mit Gesang, während Braunkehlchen im dichten Gras am Boden brüten. Auch Kiebitze leben im Bereich dieser Feuchtwiesen und hüten zwischen den hohen Gräsern ihr Gelege.

Am nördlichen Rand von Bad Segeberg dehnt sich das **Naturschutzgebiet Ihlwald und Ihlsee** ❶❻ aus. Der nährstoffarme Ihlsee wurde bereits 1950 unter Schutz gestellt, da er zahlreiche seltene Pflanzen beherbergt. Besonders zu erwähnen sind die Wasserlobelien, die in den Monaten Juli und August an ihren weißen Blüten mit blauer Röhre über der Wasserfläche zu erkennen sind. Der umgebende Laubmischwald und der Bruchwald südlich des Sees werden von Farnen, verschiedenen Orchideen und einer reichen Frühjahrsflora besiedelt. Hier leben außer dem kleinen Zaunkönig und anderen Vogelarten auch vier Spechtarten, die man gelegentlich hören oder sehen kann. Am häufigsten lässt sich der Buntspecht, der an seinem auffälligen schwarz-weißen Federkleid sowie dem roten Nackenfleck des Männchens zu erkennen ist, beim Trommeln beobachten. Außerdem leben hier Grün- und Schwarzspecht sowie der Kleinspecht, der kleiner als ein Sperling ist.

Als geologische Besonderheit überragt der 91 Meter hohe ➡ **Kalkberg** ❶❼ das gesamte Umland von Bad Segeberg, der vor 250 Millionen Jahren durch gewaltige Erdbewegungen an die Oberfläche gedrückt wurde. Man kann ihn auf Treppen bequem besteigen – die Aussicht ist großartig. Im Inneren des Bergs liegt Deutschlands nördlichstes Höhlensystem. Es wurde durch Sickerwasser ausgelaugt, ist ca. zwei Kilometer lang und zählt infolge einer außergewöhnlich großen Fledermauskolonie zu den bedeutendsten Quartieren dieser Tiere in Europa. Sehenswert ist die Ausstellung des Fledermauszentrums, das seit 2006 auch die Betreuung der Höhlen übernommen hat. Die grauen Gipswände des Kalkbergs bieten eine vorzügliche Kulisse für die Karl-May-Festspiele, die in einer Grube am Fuß des Bergs jedes Jahr stattfinden.

7 Nationalpark Vorpommersche Boddenlandschaft
Paradies für Naturliebhaber und Sonnenanbeter

ANFAHRT
Zum Weststrand bei Ahrenshoop fährt man über die A 19 bis zur Ausfahrt Rostock-Ost und weiter über die B 105, bei Altheide links zum Fischland; mit der Bahn gelangt man nach Barth am Bodden.

LAGE
Halbinseln und Inseln der Ostseeküste Mecklenburg-Vorpommerns zwischen Rostock und Stralsund, Westrügen und Hiddensee

GRÖSSE
805 km²

GRÜNDUNG
1990

INFORMATION
Nationalparkamt Vorpommersche Boddenlandschaft, Im Forst 5, 18375 Born/Darß

TELEFON
038234/50 20

INFOHÄUSER
In Barhöfter Kliff, Natureum Darßer Ort, Darßer Arche in Wieck, Hiddensee, Kranichzentrum Groß Mohrdorf, Schaprode, Sundische Wiese, Waase

INTERNET
www.nationalpark-vorpommersche-boddenlandschaft.de

Die Hälfte des Nationalparks besteht aus offenem Meer. Sandhaken, Nehrungen, aktive Kliffs, weiße Strände und Dünen – die erdgeschichtlich sehr junge Küstenlandschaft beeindruckt durch ihre zahlreichen Gesichter und ihre Dynamik. Die Flachwasserzonen zwischen Darß, Zingst, Hiddensee und Rügen bilden übrigens den größten Brackwasserlebensraum der Erde.

In den Röhrichten entlang der Boddengewässer tummelt sich Leben, und selbst Salzgrasland mit interessantem Bewuchs ist an der Ostseeküste zu finden. Auf trockenem Grasland, dem Magerrasen, wachsen gefährdete Pflanzenarten; auf Hiddensee sind die letzten großen Zwergstrauchheiden des mecklenburgischen Küstenraums zu finden. In den Wäldern des Nationalparks bleiben die Bäume ihrem Werden und Vergehen überlassen. Mitunter sind auch sehr alte Bäume anzutreffen. Bizarre, von Wind und Wetter zerzauste und gebeugte Formen, Windflüchter genannt, schmücken den Weststrand des Darß und die westlich gelegenen Ufergebiete der Insel Hiddensee.

Ein erhellender Leuchtturm Der Darß zeigt eine abwechslungsreiche Landschaft. Zum Baden eignet sich der weitläufige ➡ **Weststrand** ❶ des Darß nur bedingt. Eher lädt das urtümliche Gestade zu ausgedehnten Spaziergängen ein.

Eine Wanderung über den Weststrand beginnt in der ehemaligen Künstlerkolonie Ahrenshoop (am Parkplatz an der Straße nach Prerow), deren Naturschutzgebiet Ahrenshooper Holz mit seinem Stechpalmenbestand einen Besuch wert ist. Auch vom nördlich gelegenen Prerow gelangt man zu Fuß oder mit dem Fahrrad durch den Darßwald zum Weststrand. In Prerow startet zudem eine motorisierte Minibahn, die Ausflügler zum Leuchtturm am ➡ **Darßer Ort** ❷ befördert. In den Wirtschaftsgebäuden des 35 Meter hohen roten Leuchtturms informiert das Ausstellungszentrum »Natureum« über die Naturwunder am Darßer Ort.

Prerow ❸ hat sich viel von seinem alten Charme als Seebad bewahrt: die Promenade, die in einer Seebrücke endet; alte, mit Stroh gedeckte Katen mit holzgeschnitzten, bemalten Türen; alte Pensionen und Cafés; ein bis zum Strand reichender Kiefernwald. **Zingst** ❹, modern und selbstbewusst, ist ganz auf die Bedürfnisse von Urlaubern eingestellt.

Östlich des Ortes Zingst erstreckt sich die gleichnamige Halbinsel, ein 20 Kilometer langer Landstreifen, an der breitesten Stelle nur 3,5 Kilometer stark. Ein schmaler Dünensaum begrenzt Zingst seeseitig. Auf dem steinfreien Schwemmland östlich des Ortes steht der Osterwald. Auf dem moorigen Untergrund wachsen Birken, Stieleichen und Pfeifengras. Ein Netz von ausgeschilderten Wanderwegen durchzieht den urwüchsigen, wildreichen Wald; sie sind von den Parkplätzen am Wieker Weg (hinter Müggenburg), über die Sundische Wiese (Naturparkinformationsstelle) sowie vom letzten Parkplatz am Strandübergang 5 in Zingst aus leicht zu erreichen. Für Radler bietet sich ein acht Kilometer langer Asphaltweg an, der nach Pramort am östlichen Zipfel der Halbin-

Kraft und Schönheit der Natur – gestürzte Kiefern am urtümlichen Gestade des Darßer Weststrands

sel führt. Dort ermöglicht ein hölzerner Beobachtungsstand den Blick auf die Vogelwelt: Über 100 Vogelarten tummeln sich im Sand und Schlick des Großen Werders; im Herbst rasten hier Tausende Kraniche.

Land zwischen den Wassern Östlich des Osterwalds erstreckt sich zum Bodden hin die **Sundische Wiese** 5, ein flaches Land, das einst dem Vieh der Stralsunder Ackerbürger als Sommerweide diente. Die Sturmfluten der Ost-

Nationalpark Vorpommersche Boddenlandschaft **33**

see brachen sich regelmäßig Bahn bis zum Bodden, bis zu 20 Meter breit spülten sie Flutrinnen. Der Deichbau ermöglichte später die Besiedlung; heute weidet auf der zum Nationalpark gehörenden Sundischen Wiese wieder Vieh. Das östliche Ende der Insel markiert die ⇒ **Hohe Düne Pramort** ❻, ein unbewaldetes Weißdünenfeld, das größte an der deutschen Ostseeküste. Noch weiter östlich schließt sich ein sogenanntes Primärdünenfeld an, auf dem neue Dünen entstehen. Zuerst bilden sich kleine Sandhügel, die allmählich zu einem Weißdünenwall heranwachsen. Die Vegetation ist karg, aber typisch: Strandhafer, Birken und kleine Kiefern, vereinzelt und versteckt ein Knabenkraut. In den älteren Dünentälern finden sich Glockenheide und Kriechweide, und im Spätsommer leuchtet auf den Braundünen die Besenheide. Auf dem Zingst hat vielerlei Wild eine Heimat gefunden: Rehe, Wildschweine, Rot- und Damwild.

Im Barther Bodden liegen die Vogelinseln **Große Kirr** und **Oie** ❼. Sie erheben sich kaum einen halben Meter über den Normalwasserstand in der Bucht und werden mehrmals im Jahr vom Boddenwasser überspült. Durchziehende Vögel wie Graugänse, Bläss- und Saatgänse oder auch Kraniche nutzen Oie und Große Kirr als Weide-, Schlaf- oder Brutplatz. Die Inseln dürfen zum Schutz der Tiere nicht betreten werden. Zwei rohrgedeckte Hütten

HÜHNERGOTT UND DONNERKEIL

An den Stränden gibt es nicht nur Muscheln und »Hühnergötter« (Feuersteine mit einem Loch, das Wellen, Wind und Sand hineingebohrt haben) zu entdecken, sondern auch »Donnerkeile« (s. Bild). Früher glaubte man, die länglichen, spitzen Steine seien Blitze, die vom Himmel gefallen sind. Tatsächlich handelt es sich dabei um versteinerte Kopffüßler, längst ausgestorbene Belemniten (Tintenschnecken) aus der Kreidezeit.

am Boddendeich nahe der Ortschaft Zingst bieten Vogelfreunden jedoch eine sehr gute Möglichkeit, die Tiere zu beobachten.
Einen sagenhaften Blick auf die Boddenlandschaft der Inseln Bock, Kleiner und Großer Werder hat man vom alten Leuchtturm am ⇒ **Barhöfter Kliff** ❽. Den Rahmen der Szenerie bilden im Osten die Insel Ummanz vor Rügen und die Halbinsel Zingst im Westen.

Die Kraft und Weite des Meeres erlebt man besonders intensiv an der Hohen Düne bei Pramort.

Auch die Insel Hiddensee im Norden mit Gellen und Dornbusch ist gut auszumachen. Zu Füßen des Leuchtturms liegt die Fahrrinne Barther Zufahrt, die einzige schiffbare Verbindung zwischen offenem Meer und Bodden. Vom Barhöfter Hafen (Parkplätze am Ortseingang) ist der Aussichtsturm über den Uferweg rasch zu erreichen.

Nomaden der Lüfte Die Küstengewässer des Nationalparks wirken wie ein Magnet auf Zugvögel, die hier ruhige Schlafgewässer und vielfältige Nahrungsräume vorfinden. Alljährlich verweilen im Frühjahr und Herbst in der Rügen-Bock-Kirr-Region auch Tausende von Kranichen. Im **Kranichzentrum Groß Mohrdorf** ❾, 14 Kilometer nordwestlich von Stralsund, kann man sich jederzeit über die Aufenthaltsorte der Tiere und über günstige Beobachtungsplätze in der näheren Umgebung informieren. Vor allem der **Beobachtungsturm »Kranich Utkiek«** ❿ bei Hohendorf (östlich von Groß Mohrdorf an der südlichen Boddenküste) bietet einen schönen Blick auf die Nahrung suchenden Vögel.
Die Insel **Ummanz** ⓫ wird durch das Udarser Wiek und den Koselower See von Rügen getrennt. Eine Brücke verbindet beide Inseln und führt nach Waase, einem malerischen Fischerort am Koselower See.

Zur schönsten Insel der deutschen Ostsee
Zur autofreien Insel Hiddensee setzt man von **Schaprode** ⓬ auf Rügen über. Das karge Land des südlichen Inselteils, des **Gellen** ⓭, schiebt sich zur einen Seite flach in den Bodden, zur anderen drängen Kiefern mit zerzausten Wipfeln zum weißen Sandstrand am Meer; dazwischen der kleine Leuchtturm.

Nur die schmale Barther Zufahrt zwischen Bock und Barhöfter Kliff verbindet den Bodden mit dem Meer.

> **KRANICH** *(Grus grus)*
>
> Der Kranich wird 1,30 m groß, und seine Flügelspanne von 2,20 m reicht an die mancher Adler heran. Zu seinem typischen Flugbild gehören der lange, gerade vorgestreckte Hals sowie die Beine, die den Schwanz überragen. Er trägt eine rote Kopfplatte und über den kurzen Schwanz herabhängende Flügelfedern, Schleppe genannt. Die Paare – sie bleiben oft ein Leben lang zusammen – kehren ab Mitte Februar aus Spanien und Frankreich zurück. Zwei Eier brüten sie auf dem Boden in Sumpfwäldern und Erlenbrüchen aus. Nach etwa 30 Tagen schlüpfen die Jungen.

Vom Dornbusch, der höchsten Erhebung auf Hiddensee, kann man die beiden Haken der Inseln Alt- und Neubessin gut erkennen.

Hier beginnt eine streng geschützte Zone des Nationalparks, die Besucher nur mit einer Führung betreten dürfen.

Vom Hafen von Neuendorf windet sich die einzige Straße der Insel wie ein graues Band nordwärts bis zum Hochland. Sehr erlebnisreich ist der Weg durch die **Dünenheide** ❹, wo im Spätsommer das violettrote Heidekraut in voller Blüte steht. Auch verschiedene Moose, silbergraue Flechten, Kriechweiden, zarte Glockenblumen und Gräser wachsen hier. Fußbreite Pfade winden sich vorbei an knorrigen Kiefern und niedrigen Birken.

Hinter dem hohen Schilf des flachen Boddengewässers versteckt sich die **Fährinsel** ❺, ein Paradies für Lachmöwen, Graugänse, Kraniche, Kormorane und Austernfischer. Unzählige Vogelarten bauen hier ihre Nester und ziehen in Brutkolonien ihre Jungen auf.

MEERESMUSEUM STRALSUND

Ein Ausflug in die Hansestadt Stralsund (südlich von ❽) zum Deutschen Meeresmuseum zeigt, dass man im Meer nicht nur baden kann. Das Museum bietet Kindern und Erwachsenen vielfältige Einblicke in die Erforschung und Nutzung des Meeres. Besonders eindrucksvoll sind die Ausstellungsräume in einer frühgotischen Klosterkirche: Im Kirchenschiff schwebt ein gigantisches Walskelett (s. Bild). Die Ausstellungen zum Leben im Meer werden durch faszinierende heimische und tropische Meerestiere in 45 Aquarien ergänzt (Infos im Internet: www.meeresmuseum.de). Eine Außenstelle des Meeresmuseums mit drei Aquarien befindet sich im »Natureum« am Leuchtturm Darßer Ort ❷.

Abgeschiedene Idylle Unmittelbar hinter dem Deich führt die Straße von **Vitte** 16 weiter nach Norden. Zum Bodden hin finden sich Salzwiesen, wo Kühe und Schafe weiden. Kurz vor ➧ **Kloster** 17 steht der alte Rettungsschuppen des Seenotdiensts von 1888, in dem das Heimatmuseum untergebracht ist. In der Ortsmitte ist die schlichte Inselkirche ein beliebtes Ausflugsziel, und auf dem kleinen Friedhof fand der Dramatiker Gerhart Hauptmann 1946 seine letzte Ruhestätte. Das Haus »Seedorn« in Kloster ist inzwischen Gedenkstätte und gibt einen Einblick in das Leben und Schaffen des Schriftstellers.

Hinter Kloster passt sich der Weg der hügeligen Moränenlandschaft, dem Hochland, an. Uralte Weiden, karge, nach Thymian duftende Wiesen, eine Handvoll Häuser. Dann eine schier endlose Hecke von blassgrünem Sanddorn, in der auch Brombeeren ranken. Ein schmaler Pfad schlängelt sich durch das Gesträuch und bricht plötzlich ab – der Enddorn, die Nordspitze der Insel mit ihrem strahlend weißen Sand ist erreicht. Auch den **Bessin** 18, die beiden parallel liegenden Halbinseln, die fast an Rügen stoßen, überzieht Dornengeflecht. Ebenso wie die Fährinsel gehört auch der Bessin den Vögeln und darf nicht betreten werden.

Nach Westen wächst der geschwungene Strand des Enddorn zu einem immer steiler werdenden Ufer an. Schroff erhebt sich die Wand aus Geschiebemergel, Kreide und Ton über das Meer. Vom **Dornbusch** 19, dem südlichen Teil des Hochlands, reicht der Blick weit zurück. Am Horizont werden im flirrenden Licht gar die drei Türme der Stralsunder Kirchen sichtbar.

Die Natur Natur sein lassen Jahraus, jahrein verändert sich die Küstenlinie an der vorpommerschen Ostsee. Zwischen dem **Bug** 20 und den beiden Haken der Insel Hiddensee, Altbessin und Neubessin, liegt nichts weiter als eine vom Wasser kaum überspülte Sandbank. Allein in den letzten 300 Jahren dehnte sich die 8 km lange Halbinsel Bug mehr als einen halben Kilometer in südlicher Richtung aus. Der Bug kann nur im Rahmen einer Führung betreten werden (Anmeldung: Nationalparkverwaltung), doch der Besuch lohnt sich. Die ausgedehnten Waldflächen, die fast die Hälfte der Halbinsel bedecken, lassen vergessen, dass sie vor 150 Jahren nahezu baumlos war. Im Grenzsaum zu den Dünen befinden sich großflächige Sanddorndickichte, und auf den nicht von Menschen genutzten Stränden tummeln sich Sandregenpfeifer, Zwergseeschwalben und Sandlaufkäfer. Die eigentümliche Flora des Meeresspülsaums ist hier noch vollständig zu finden: Spießmelde und Salzmiere, der rosa blühende Meersenf und das stachelige Kali-Salzkraut. Auch die selten gewordene Stranddistel fühlt sich hier wohl. (Anfahrt über Dranske, Parkmöglichkeiten vor dem Tor zum Bug südlich von Dranske.)

Dünenheide auf Hiddensee

8 Nationalpark Jasmund
Grandioser Zauber weißer Kalkfelsen

ANFAHRT
Auf der A 20 bis Stralsund, dann über den Rügendamm und die B 96 via Bergen und Sassnitz zur Stubnitz; Sassnitz kann auch mit der Bahn erreicht werden.

LAGE
Steilküste im Nordosten der Ostseeinsel Rügen

GRÖSSE
30 km²

GRÜNDUNG
1990

HÖCHSTE ERHEBUNG
Piekberg (161 m)

INFORMATION
Nationalparkamt Vorpommern
Nationalpark Jasmund
Stubbenkammer 2a
18546 Sassnitz

TELEFON
038234/50 20

INFOHAUS
Nationalparkzentrum Königsstuhl, Zentrale Anlaufstelle für Besucher

INFOTELEFON
038392/66 17 66

INTERNET
www.nationalpark-jasmund.de,
www.koenigsstuhl.com

Es war mehr als eine Touristenattraktion, die in die Tiefe stürzte. Es war das Sinnbild deutscher Romantik, ja ein Symbol für Deutschland selbst. Und doch war es ein ganz natürlicher Vorgang: Am 24. Februar 2004 rutschten 50 000 Kubikmeter Kreide der berühmten Wissower Klinken hinab in die Ostsee. Ihren Ruhm verdankten die beiden fast 20 Meter hohen Kreidezinnen an der Rügener Steilküste einem Bild des romantischen Malers Caspar David Friedrich (1774–1840). Es zeigt eine Frau und zwei Männer, die vom hohen Ufer auf das Meer blicken. Das Gemälde wurde als Allegorie deutscher Geisteshaltung verstanden, und in der romantischen Kulisse vermeinte man die Wissower Klinken zu erkennen. Die Forschung jedoch stellte fest, dass zur Zeit der Entstehung des Bildes (1818) die Kreidezacken in ihrer typischen Form noch gar nicht existierten. Nur die Kunst kann die Vergänglichkeit überwinden.

Uraltes Stufenland hoch über dem Meer Auch wenn die berühmten Kreidefelsen die Hauptattraktion darstellen, sind sie nicht die einzige Besonderheit des Nationalparks. Vor allem auch wegen ihres Buchenwalds wurde die Halbinsel Jasmund zum Nationalpark erklärt. Unter dem Gesichtspunkt der Naturbewahrung zählt die ➡ **Stubnitz** ❶ zu den schützenswertesten Gebieten. Die Lage des Waldes über dem Meer ist ebenso einzigartig wie seine Ursprünglichkeit. Die früher auf Rügen siedelnden Slawen nannten das Gebiet Stubnitz (»Stufenland«). Das Atlantikum, die

Eine überwältigende Komposition aus Felsen und Meer, Himmel und Wald: die Steilküste Rügens

Wärmeperiode vor rund 6000 Jahren, begünstigte die Eiche. Erst als das Klima wieder feuchter und kühler wurde, übernahm die Buche die Herrschaft im Wald, und seit etwa 2000 Jahren bildet sie in der Stubnitz geschlossene Wälder, in der aufgrund des Lichtmangels weder Eichen noch andere Bäume eine Chance haben. Lediglich in sehr kühlen und feuchten Tälern, wie etwa dem Kieler-Bach- und dem Brißnitz-Tal, machen Esche und Bergahorn der Buche den Platz streitig. Die zahlreichen Bäche, die mäanderförmig durch den Buchenwald zum Steilufer fließen, haben tiefe Einschnitte in die Kreideküste gekerbt. Sie entspringen in den Quellmooren des Nationalparks. Schon in der Steinzeit nutzten die Menschen die Stubnitz als Siedlungsraum. Einige Großsteingräber aus dieser Zeit sind erhalten geblieben. An die slawische Besiedlung bis vor etwa 800 Jahren erinnern noch die imposanten Wälle ehemaliger Fluchtburgen. Seit über 200 Jahren wird auf Rügen Kreide abgebaut. Über die Entstehung von Kreide und ihre Nutzung durch den Menschen informiert das **Kreidemu-**

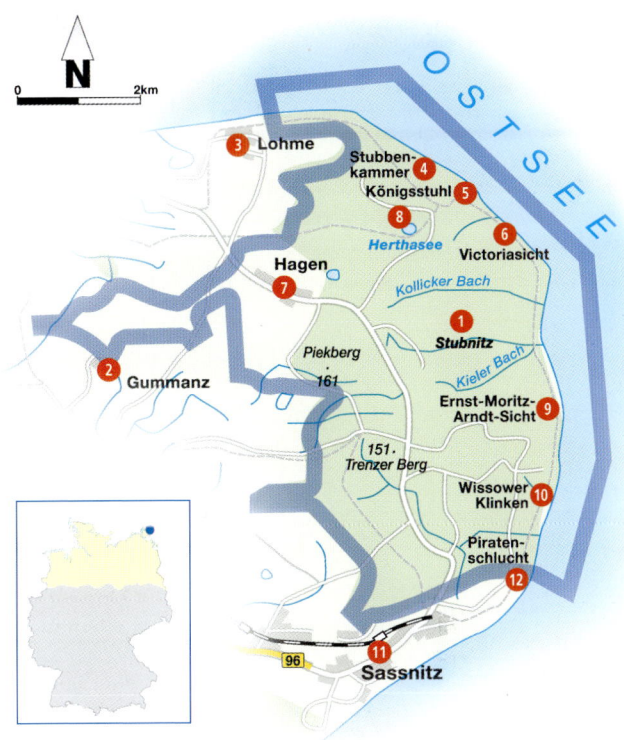

KNABENKRAUT

Selbst Naturliebhaber verblüfft es, an den Steilhängen Rügens Orchideen zu entdecken. Die Abbruchflächen der Kreidekliffs werden von Pflanzen besiedelt, die auf kalkreiche Böden, trockene Wärme und viel Licht angewiesen sind. Im Nationalpark konnten mehr als 20 einheimische Orchideen nachgewiesen werden. Dazu zählen das Stattliche Knabenkraut (Orchis mascula) und das abgebildete Gefleckte Knabenkraut (Dactylorizha maculata), die gern am Rand von Rotbuchenwäldern gedeihen. Orchideen sind wegen ihrer exotischen Blüten besonders beliebt. Sie zu pflücken oder gar auszugraben, ist jedoch strikt verboten. Die Pflanzen stehen unter strengem Naturschutz.

Nationalpark Jasmund

> ### KREIDE
>
> Sie entsteht aus winzigen kalkigen Resten von im Meer lebenden Einzellern, die sich als Sediment ablagerten. Vor etwa 69 Mio. Jahren, also lange vor der Entstehung der Ostsee, lag Rügen in einer Meeresstraße, die das englisch-französische Kreidemeer mit einem Meer im Bereich von Krim und Kaukasus verband. Innerhalb dieser Meeresstraße lagerte sich in einer ca. 100 km breiten Zone Kreide ab. Erst am Ende der Eiszeit hoben sich die mächtigen Kreideschichten. Die so entstandenen Kreidefelsen von Rügen (wie die Wissower Klinken) waren Namen gebend für eine ganze erdgeschichtliche Epoche: die Kreidezeit. Wissenswertes zur Kreide vermittelt der Lehrpfad bei Gummanz ❷.

seum Gummanz ❷, das bei Neddesitz in einem alten Kreidebruch eingerichtet wurde (geöffnet Ostern bis 31. Oktober, Di–So 10–17 Uhr und 1. November bis Ostern Di–So, 10 –16 Uhr, www. kreidemuseum.de). Zum Museum gehört ein Lehrpfad, der durch das Gelände führt.

Die Natur als Architekt – eine Kathedrale aus Buchen Besonders intensiv erlebt man die Buchenkathedrale auf der rund vier Kilometer langen Wanderung von dem an der Nordküste liegenden Fischerort **Lohme** ❸ zum Königsstuhl. Schon im Hafen von Lohme wird die Einzigartigkeit der Landschaft körperlich spürbar; nur eine steile Holztreppe führt hinab zum Hafenbecken. Von Lohme folgt der Waldweg dem Nordufer. An einigen Stellen führt er bis hinab zum Meer, wo Salzbinse, Salzmiere und Strandtausendgüldenkraut die Salzvegetation des Kieselstrands bestimmen. Die steilen Küstenhänge wurden kaum bewirtschaftet. Hin und wieder leuchtet zwischen den eindrucksvollen Buchenstämmen das Blau des Meeres hindurch. Die Kreidefelsen werden erst an der **Stubbenkammer** ❹ sichtbar, dann ist auch der sagenumwobene Königsstuhl erreicht.

Imponierende Felsen aus Kreide Am frühen Morgen hat man das weltberühmte Wahrzeichen der Insel Rügen, den fantastischen ➡ **Königsstuhl** ❺, noch ganz für sich allein. 118 Meter tief fällt der Blick von der großen Aussichtsplattform auf den Strand. Der Abstieg über die steile, hölzerne Treppe hinunter an den Naturstrand lohnt sich. Weniger mühsam ist der Weg zur benachbarten **Victoriasicht** ❻. Von der winzigen schwebenden Plattform genießt man einen schönen Blick auf den Königsstuhl selbst. Wie der Königsstuhl zu seinem Namen kam, bleibt umstritten: Der schwedische König Karl XII. soll hier im Jahr 1715 einen Stuhl aufgestellt haben, um die Seeschlacht zwischen seiner und der dänischen Flotte zu verfolgen. Nun ist die Bezeichnung aber nachweislich viel älter. Bleibt die Legende vom Kletterkönig: Wer als Schnellster vom Strand den Kreidefelsen emporkletterte, sollte König werden. Ein waghalsiges Unterfangen, das unter strengen historischen Gesichtspunkten auch niemandem geglückt ist.

Die Steilküste Jasmunds ist eine besonders exponierte Außenküste; ihre markanten, steil aufragenden Kreidekliffs sind die höchsten im südlichen Ostseeraum. Aus Rücksicht auf die Natur ist die Straße zum Königsstuhl für den öffentlichen Verkehr gesperrt. Vom Großparkplatz in **Hagen** ❼ fährt ein Shuttle-Bus zum Königsstuhl. Auch führt ein zwei Kilometer langer Wanderweg durch die ursprünglichen Buchenwälder der Stubbenkammer vorbei am

Wer von Hagen zum Königsstuhl wandert, sollte unbedingt am Herthasee rasten und die Stille genießen.

Die berühmten Wissower Klinken in ihrer ganzen Pracht

Herthasee ❽ und der Herthaburg zum Königsstuhl. Nur auf dem Hochuferweg, direkt über der Steilküste, gelangt man zur **Ernst-Moritz-Arndt-Sicht** ❾ und zu den berühmten Wissower Klinken. Der auf Rügen geborene Schriftsteller Ernst Moritz Arndt (1769–1860), Zeitgenosse Caspar David Friedrichs, schrieb die Märchen und Sagen seiner Heimat auf.

Strand unter einer Steilwand Selbst heute noch ist die Wucht des Bergsturzes an den ➥ **Wissower Klinken** ❿ deutlich nachfühlbar. Auch wenn ihre ursprüngliche Schönheit gelitten hat, sind die Felsen immer noch eindrucksvoll. Der alte Fischereihafen der zweitgrößten Stadt auf Rügen, **Sassnitz** ⓫, liegt malerisch unterhalb des alten Stadtkerns. Die Stadtpromenade lädt zu Spaziergängen ein, das Museum für Unterwasserarchäologie lockt Wissbegierige. Vom Fährhafen Mukran fahren die Schiffe nach Schweden und ins Baltikum. Auch ist Sassnitz ein idealer Ausgangspunkt für eine Wanderung über den Strand zu den Wissower Klinken. Diese beginnt am nördlichen Ende der Hafenstadt (vom Parkplatz des Nationalparks ausgeschildert). Oft ist der begehbare Saum zwischen Meer und Felsen schmal; drohend überragen die weißen Felsen den Wanderer, und immer höher türmen sie sich himmelwärts. Manche von ihnen tragen Namen wie »Hengst«; diese benutzten bereits die Germanen und Slawen als Fluchtberg.

Wer den weiten Weg bis zu den Klinken nicht mühsam am Meer entlang laufen möchte, steigt durch die **Piratenschlucht** ⓬ zum Hochufer hinauf. Der Hochuferweg zu den Wissower Klinken bietet eine Vielzahl weiterer reizvoller Ausblicke auf die Küste und das Meer.

9 Biosphärenreservat Südost-Rügen
Hohe Steilküsten und breite Sandstrände zwischen Granitz und Mönchgut

ANFAHRT
Auf der A 20 bis Stralsund und weiter auf der B 96 nach Putbus oder aus Richtung Greifswald auf der B 96 nach Reinberg und dann nach Stahlbrode, von dort mit der Autofähre nach Rügen und über Garz nach Putbus; mit der Bahn gelangt man ebenfalls nach Putbus.

LAGE
Im Südostteil der Insel Rügen zwischen Putbus, Binz und Göhren

GRÖSSE
235 km²

HÖCHSTE ERHEBUNG
Tempelberg (107 m)

GRÜNDUNG
1990

INFORMATION
Nationalparkamt Rügen, Blieschow 7a, 18586 Lancken-Granitz

TELEFON
038303/88 50

INTERNET
www.biosphaerenreservat-suedostruegen.de

Schon der Heimatforscher Johann Jakob Grümbke schwärmte vor 200 Jahren in seinen »Streifzügen durch das Rügenland« von der Schönheit der Insel und bezeichnete die Landschaft des heutigen Biosphärenreservats Südost-Rügen als das »wahre Paradies von Rügen«. Tatsächlich gehören die Granitz mit ihren herrlichen Buchenwäldern und dem Tempelberg sowie das reizvolle Mönchgut mit den rohrgedeckten Fischerhäusern, den Zickerschen Alpen und den langen Sandstränden zu den schönsten Landschaften auf Rügen. Von besonderem Reiz sind die Buchenwälder im Frühjahr, wenn dichte Teppiche von Buschwindröschen, Leberblümchen oder Schlüsselblumen blühen. Ganz anders zeigen sich die blühenden Trockenrasen, wie sie besonders schön in den Zickerschen Alpen ausgeprägt sind: Zwischen Silbergras wachsen Sandknöpfchen, Grasnelken und Heidenelken, stellenweise leuchtet der gelb blühende Besenginster. Klatschmohn und Kornblumen gehören im Juni zu den Highlights, die die Getreidefelder mit einem üppigen Farbenspiel in Rot und Blau begleiten.

In der »weißen Stadt« auf fürstlichen Spuren wandeln Wer das erste Mal in die »weiße Stadt« ➡ **Putbus** ❶ kommt, spürt noch den Hauch einer vergangenen, glanzvollen Epoche. Hier ließ im frühen 19. Jahrhundert Malte I. von Putbus seinen Fürstensitz errichten, eine auf dem Reißbrett konzipierte klassizistische Stadt- und Residenzanlage. Mittelpunkt des Ortes ist heute noch der Circus, ein von weißen Kavaliershäusern gesäumtes Rondell mit einem Obelisken in der Mitte, auf den das sternförmige Wegenetz zuläuft. An Malte I. erinnert das überlebensgroße Denkmal im gegen-

Klatschmohn und Kornblumen schmücken vielerorts die Feldränder.

Die letzten Paradiese Norddeutschlands

überliegenden Landschaftspark, das 1859 von Friedrich Drake geschaffen wurde. Die stimmungsvolle Anlage enthält zahlreiche einheimische und fremde Gehölze. Im Park lädt das Rosencafé in der ehemaligen Villa Löwenstein zum Besuch ein. Spazierwege führen am Schwanenteich entlang, zur Orangerie und dem frühgotisch inspirierten Mausoleum. Das ehemalige Affenhaus (um 1830) beim Schwanenteich beherbergt ein Puppen- und Spielzeugmuseum. Im Park befindet sich auch ein großes Gehege für Rot- und Damwild. Am Parkrand führt eine Chaussee nach **Lauterbach** ❷, wo Fürst Malte 1817/18 für Gäste vor der Kulisse des Goor-Waldes ein Badehaus mit einer 18-säuligen Vorhalle errichten ließ.

Vom Hafen in Lauterbach bietet sich ein Ausflug zur ➠ **Insel Vilm** ❸ an, die von urwüchsigen Buchen- und Eichenwäldern bedeckt ist. Diese 37 Hektar große Insel im Rügischen Bodden erhebt sich bis zu 37 Meter Höhe und steht seit 1936 unter Naturschutz. Die uralten Bäume bieten ausgezeichnete Brutmöglichkeiten für Waldkauz und Gänsesäger, Uferschwalben legen am Steilufer ihre Nisthöhlen an, und Kormorane und Graureiher fischen im

Bodden. Besonders eindrucksvoll ist ein Besuch der Insel im Herbst und Frühjahr, wenn auf den Wasserflächen rund um die Insel zahlreiche Wasservögel rasten. Hier ist der Sitz der Internationalen Naturschutzakademie und der Bundesforschungsanstalt für Naturschutz.

»RASENDER ROLAND«

Ein Erlebnis besonderer Art ist die Fahrt mit dem »Rasenden Roland«, der durch die Wälder der Granitz ❼ und der Baaber Heide ❽ schnauft. Seit über 100 Jahren verkehrt die dampfbetriebene Kleinbahn mit einer Spurbreite von 750 mm auf Rügen und verbindet im Stundentakt Putbus mit den Ostseebädern Binz, Sellin, Baabe und Göhren; von Mai bis September verkehren die Züge bis zum Hafen von Lauterbach.

Biosphärenreservat Südost-Rügen

Das Jagdschloss Granitz mit seinem markanten Aussichtsturm

Erinnerungen an das Putbuser Fürstenhaus gibt es auch in **Vilmnitz** ④, das über eine schöne Kastanienallee erreichbar ist. In der Kirche im Ort (13.–15. Jh.) befindet sich die Familiengruft des Hauses Putbus mit 27 Prunksärgen sowie zahlreichen Sandsteinepitaphen der Putbuser Fürsten.

Eine malerische Kastanienallee führt nach **Lancken-Granitz** ⑤, in dessen Umgebung sich die bedeutendsten Großsteingräber auf Rügen befinden. Im Ort stehen bei der Alten Mühle entsprechende Wegweiser. Sie führen in Richtung Stresower Bucht zu den **Stresower Tannen** ⑥, wo sich kulturhistorisch bedeutsame Grabanlagen der Jungsteinzeit befinden. Die Ruhestätten wurden zwischen 3500 und 1800 v. Chr. angelegt und sind Sippengräber von Ackerbauern und Viehzüchtern. Bei den »Ziegensteinen« fallen über zwei Meter hohe Wächtersteine am Ostende des Hünenbettes auf.

Dichte Wälder und Moore mit artenreicher Flora Den besten Überblick über das Naturschutzgebiet ➠ **Granitz** ⑦ bietet der Turm des Jagdschlosses auf dem Tempelberg auf 145 Metern Höhe. Das Panorama reicht von Jasmund bis Mönchgut zur Insel Usedom. Das Jagdschloss Granitz wurde in den Jahren 1836–46 nach Plänen von Johann Gottfried Steinmeyer für Fürst Malte I. von Putbus gebaut und erhielt 1844 den markanten Aussichtsturm nach einem Entwurf von Karl Friedrich Schinkel. Ein hervorragendes Zeugnis des Eisenkunstgusses ist die Wendeltreppe im Turm mit ihren 154 Stufen.

Das Naturschutzgebiet Granitz bildet das größte zusammenhängende Waldgebiet im Biosphärenreservat Südost-Rügen. Im vorherrschenden Buchenwald stehen im Frühjahr Buschwindröschen, Leberblümchen, Maiglöckchen und Waldmeister in voller Blüte, und zwischen den bewaldeten Hügeln breiten sich die »Große Wiese« und der »Schwarze See« aus, Kesselmoore mit einer großen Zahl seltener Pflanzenarten. Über den Torfmoosflächen schweben im Sommer die weißen Wattebällchen der Wollgräser, und im Moos versteckt wachsen Moosbeeren, Sumpfporst sowie der Rundblättrige Sonnentau, eine Fleisch fressende Pflanze, die mit ihren klebrigen Tentakeln kleine Insekten einfängt.

Zwischen Sandstränden und ganz speziellen Alpen wandern Bei Baabe beginnt das Naturschutzgebiet Mönchgut auf der gleichnamigen Halbinsel, ein Kleinod im Biosphärenreservat. Zwischen Baabe und Göhren breitet sich das Gebiet der **Baaber Heide** ❽ aus, wo Kiefernwälder das Bild bestimmen. Gut zu überblicken ist diese Landschaft vom **Nordpert** ❾ bei Göhren aus, das als Stauchendmoräne vor 10 000 bis 15 000 Jahren entstanden ist. Im Wasser liegt etwa 200 Meter vor der Küste bei Göhren der Buskam, mit 600 Kubikmetern der größte Findling an der deutschen Küste. Zwischen Nord- und Südpert breitet sich eine abwechslungsreiche Landschaft mit Salzwiesen, Trockenrasen und Gebüschformationen aus. Hier gehört eine Wanderung über die ➠ **Zickerschen Alpen** ❿ mit dem 66 Meter hohen Bakenberg zu den eindrucksvollsten Erlebnissen. Wunderschöne Ausblicke auf den Rügischen Bodden sowie auf die Zungen und Buchten des Mönchguts warten als Belohnung. Bis in die 1970er-Jahre als Acker genutzt, hat sich das Gelände innerhalb kurzer Zeit als Lebensraum eines artenreichen Magerrasens entwickelt, wo Silbergras, Grasnelke, Sandstrohblume und Habichtskraut wachsen. Auf den sonnigen Hängen fühlen sich Eidechsen, Heuschrecken und viele Käferarten wohl.

Zwischen dem Höhenzug und dem Zickersee liegt **Groß Zicker** ⓫ mit reetgedeckten Häusern und einer Backsteinkirche (14. Jh.) mit schönen Bleiglasfenstern und geschnitzter Kanzel. Hier steht auch das älteste Wohnhaus auf dem Mönchgut, das Pfarrwitwenhaus von 1723, ein echtes Rookhus ohne Schornstein.

Hauptort des Mönchgutes ist **Middelhagen** ⓬, ein kleiner Ort mit sehenswerter Kirche (Baubeginn vor 1450). Sie birgt einen kostbaren Schnitzaltar (1480), das Schiffsmodell einer Brigg mit gesetzten Segeln (1842) und einen Opferstock aus dem 17. Jahrhundert. In einem alten Küsterhaus ist das Schulmuseum (Dorfstraße 4) mit Schulstube und Wohnung des Küsters, Kantors und Dorfschullehrers untergebracht. Schulbänke, Wandrollbilder und Schiefertafeln, aber auch Tierpräparate gehören zur Ausstattung.

> **MUSEEN IN GÖHREN**
>
> Das Heimatmuseum in Göhren (Strandstr. 1, bei ❾) informiert über die Geschichte des Mönchguts; der Museumshof (Strandstr. 4) ist eine Freilicht-Hofanlage aus dem 18./19. Jh. und gibt einen Einblick in die bäuerliche Kultur und Lebensweise. Sehenswert ist auch das Rookhus (Thiessower Str. 7), ein kleines Lehmfachwerk-Hallenhaus. Es handelt sich um einen schornsteinlosen Zuckerhut-Haustyp mit tief herabgezogenem Reetdach. Des Weiteren lädt das Museumsschiff »Luise« hinter den Dünen (Südstrand 1a) zum Besuch ein. Es wurde 1906 als Motorsegler auf einer holländischen Werft gebaut und gibt einen Einblick in die Lebensweise der Fischer.

Von den Zickerschen Alpen auf der Halbinsel Mönchgut bietet sich eine fantastische Aussicht auf das tiefblaue Meer.

10 Naturpark Insel Usedom
Sandstrände, Steilküsten und Dünenlandschaften

ANFAHRT
Auf der A 20 Lübeck–Neubrandenburg bis Jarmen und weiter auf der B 110 nach Usedom; mit der Bahn bis Züssow, dann mit der Usedomer Bäderbahn auf die Insel

LAGE
An der Ostküste von Mecklenburg-Vorpommern zwischen Pommerscher Bucht und Stettiner Haff; im Osten grenzt der Naturpark an Polen.

GRÖSSE
632 km²

HÖCHSTE ERHEBUNG
Golm (71 m)

GRÜNDUNG
1999

INFORMATION
Naturpark Insel Usedom, Bäderstr. 5, 17406 Usedom

TELEFON
038372/76 30

INTERNET
www.naturpark-usedom.de

Die Vielfalt der Natur ist auf Usedom überall gegenwärtig. Vom Golm kann man sich den besten Überblick verschaffen: Weit reicht der Blick zum Achterwasser, dem Stettiner Haff und natürlich zur Ostsee mit ihren feinen Sandstränden. Typische Landschaften des Naturparks sind Salzwiesen, wie sie im Bereich des Peenestroms vorkommen, Moore an Gothen- und Wockninsee sowie das einzigartige Mümmelkenmoor. Auch schöne Buchenwälder mit Orchideen wie Rotem Waldvöglein, Zweiblättriger Waldhyazinthe, Breitblättrigem Sitter oder Bräunlicher Nestwurz sowie anderen seltenen Pflanzen gehören zum typischen Bild. Darüber wartet der Naturpark mit einer reichen Tierwelt auf, zu der u. a. Kranich, Eisvogel, Seeadler und Fischotter gehören.

Zeugnisse der Vergangenheit Wir nehmen den Weg nach Usedom über die malerische, 330 Meter lange Klappbrücke bei Zecherin. Erster Ort ist **Usedom** ❶, ein kleines Städtchen mit kopfsteingepflasterten Gassen und mittelalterlichem Kern. Wahrzeichen ist das Anklamer Tor (1450), das als Einziges von drei mittelalterlichen Stadttoren noch erhalten ist. Dominierend ist im Stadtbild die Marienkirche, eine dreischiffige Hallenkirche im spätgotischen Stil. Für Naturfreunde ist vor allem der Besuch des Naturpark-Informationszentrums in der Bäderstraße wichtig.

Über Suckow erreicht man den **Lieper Winkel** ❷, eine urwüchsige Halbinsel mit kleinen Buchten, die faustförmig in das Achterwasser hineinragt. Das Dorf Liepe wartet mit einer eindrucksvollen Kirche aus dem 12. Jahrhundert auf.

Der **Golm** ❸ bei Kamminke ist eine markante Endmoräne aus der letzten Eiszeit und mit 71 Metern Höhe einer der besten Aussichtspunkte Usedoms. Der Blick schweift von der Pommerschen Bucht bis zur Steilküste der Insel Wollin, das Mündungsgebiet der Swine und die Stadt Swinemünde. Die Besiedlung Usedoms reicht weit zurück, wovon elf Großsteingräber aus der Jungsteinzeit (4000–1800 v. Chr.) zeugen. Der Burgwall auf dem Golm sowie mehr als 90 Siedlungen stammen aus der Bronzezeit (1800–800 v. Chr.). Nach dem Abzug der Germanen um 400 siedelten um 700 Slawen auf Usedom, die ebenfalls ihre Spuren in der Gegend hinterließen: die drei Burgwälle in Mellenthin, Neppermin und Usedom.

Am Abend sind Seebrücke und Strand bei Ahlbeck vor der Kulisse des farbenprächtigen Himmels fast menschenleer.

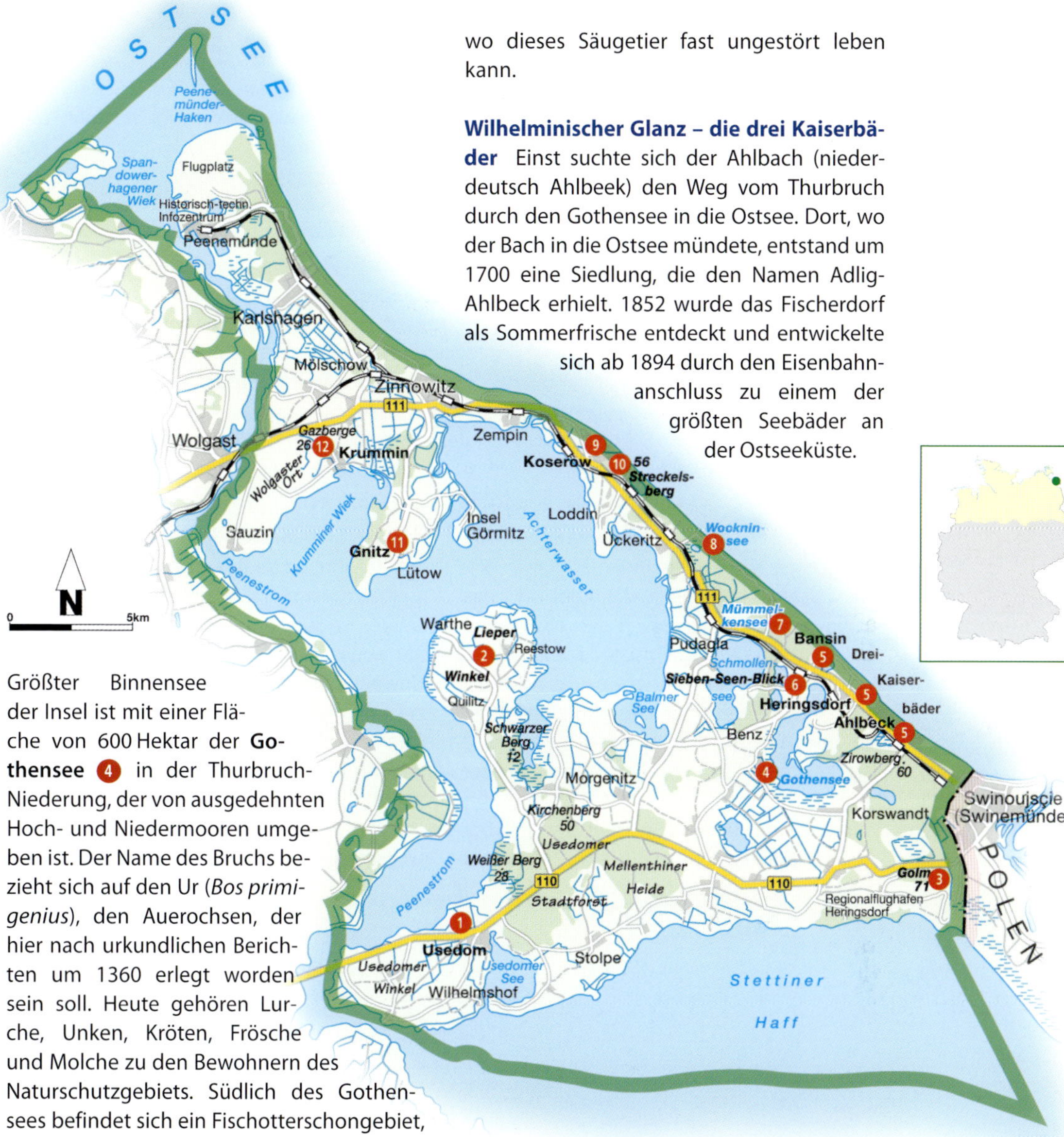

wo dieses Säugetier fast ungestört leben kann.

Wilhelminischer Glanz – die drei Kaiserbäder Einst suchte sich der Ahlbach (niederdeutsch Ahlbeek) den Weg vom Thurbruch durch den Gothensee in die Ostsee. Dort, wo der Bach in die Ostsee mündete, entstand um 1700 eine Siedlung, die den Namen Adlig-Ahlbeck erhielt. 1852 wurde das Fischerdorf als Sommerfrische entdeckt und entwickelte sich ab 1894 durch den Eisenbahnanschluss zu einem der größten Seebäder an der Ostseeküste.

Größter Binnensee der Insel ist mit einer Fläche von 600 Hektar der **Gothensee** ❹ in der Thurbruch-Niederung, der von ausgedehnten Hoch- und Niedermooren umgeben ist. Der Name des Bruchs bezieht sich auf den Ur (*Bos primigenius*), den Auerochsen, der hier nach urkundlichen Berichten um 1360 erlegt worden sein soll. Heute gehören Lurche, Unken, Kröten, Frösche und Molche zu den Bewohnern des Naturschutzgebiets. Südlich des Gothensees befindet sich ein Fischotterschongebiet,

LACHMÖWE *(Larus ridibundus)*

Wappentier Usedoms ist die etwa taubengroße Lachmöwe, ein häufiger Brutvogel und in größeren Kolonien auf der Insel verbreitet. Schnabel und Beine sind rot; der Kopf zeigt im Frühjahr eine schokoladenbraune Maske, im Hochsommer dagegen nur einen dunklen Fleck hinter dem Auge.

Naturpark Insel Usedom **47**

UM DEN SCHMOLLENSEE

Sehr reizvoll ist eine Wanderung um den Schmollensee, die am Bahnhof von Bansin ❺ beginnt. Die Rundtour ist mit einem gelben Strich markiert, 19 km lang und führt zunächst mit herrlichen Aussichten am Langeberg vorbei. In Pudagla kann man das 1575 erbaute Schloss bewundern, den Witwensitz für Herzogin Marie von Pommern; über dem Hauptportal des zweigeschossigen Wohnhauses prangt ein Wappen. In Benz ist eine der letzten mit Holzschindeln gedeckten Holländerwindmühlen (s. Bild) zu sehen; der Maler Otto Niemeyer-Holstein nutzte sie als Atelier für Nachwuchskünstler. Er ist auf dem denkmalgeschützten Teil des Benzer Friedhofs begraben, der neben der Feldsteinkirche St. Peter liegt. Über Sellin am Schmollensee führt der Weg schließlich nach Bansin zurück.

Inzwischen reihen sich die ➡ **drei Kaiserbäder** ❺ Ahlbeck, Heringsdorf und Bansin wie Perlen einer Kette aneinander. Zu Kaiser Wilhelms Zeiten trafen sich der Adel und das wohlhabende Bürgertum in den mondänen Seebädern; die wilhelminische Bäderarchitektur in Heringsdorf erinnert heute noch an jene Zeiten, ebenso wie die hübschen Villen der Insel. Schmuckstück von Ahlbeck und Wahrzeichen Usedoms ist die 280 Meter lange Seebrücke.

Vom Bahnhof Bansin aus erreicht man über die Benzer Chaussee in Richtung Süden in 20 Minuten einen herrlichen Aussichtspunkt, den ➡ **Sieben-Seen-Blick** ❻ mit grandiosem Rundblick: Im Westen liegen Großer und Kleiner Krebssee, Schmollensee und Achterwasser, im Südosten Gothensee und Wolgastsee sowie der Kachliner See im Thurbruch. Unweit vom Sieben-Seen-Blick liegt am Nordwestufer des Gothensees Bansin Dorf, ein idealer Ausgangspunkt für Radtouren und Wanderungen um den Gothensee.

Als vor Jahrtausenden zwischen Schmollensee und dem Langeberg (55 m) ein Gletscher schmolz, entstand der kleine **Mümmelkensee**

Die prächtigen Villen am Strand von Bansin – ein wunderschönes Beispiel der wilhelminischen Bäderarchitektur

❼. Sein Name geht auf die gelb blühende Mummel (auch Mümmel genannt) zurück, die im See wächst. Der See ist von einem artenreichen Hochmoor mit seltenen Pflanzen wie Sumpfporst, Moosbeere und Krähenbeere umgeben. Auch der Langblättrige Sonnentau siedelt im Torfmoos, der mit seinen klebrigen, schillernden Tropfen kleine Insekten einfängt und verdaut. Der Eisvogel stürzt sich dagegen kopfüber in das Wasser, wenn er eine Plötze im Teich entdeckt.

Der **Wockninsee** ❽ im Osten von Ückeritz liegt in einem 49 Hektar großen, nach ihm benannten Naturschutzgebiet. Ursprünglich ein Strandsee, verwandelte er sich vor etwa 10 000 Jahren durch Anschwemmungen in ein Verlandungsgebiet. Schwarzerlen wachsen am Ufer, und Jahrhunderte alte Rotbuchen und Stieleichen bilden die Kulisse dieser reizvollen Landschaft. Besonders eindrucksvoll ist der See zur Brut- und Rastzeit von Kranichen und Graugänsen, die sich dann zu Tausenden hier tummeln.

Vineta – sagenumwoben und vom Meer verschlungen Zwischen der Ostsee und dem Achterwasser erstreckt sich das kleine Seebad **Koserow** ❾, erstmals 1347 erwähnt. Einst soll sich hier am Riff vor der Küste das sagenumwobene und wegen der Sündhaftigkeit seiner Bewohner vom Meer verschlungene Vineta befunden haben. Daran erinnern auch die sehr beliebten Vineta-Spiele, die jährlich im Sommer auf der Ostseebühne in Zinnowitz veranstaltet werden. Schiffe nach Zinnowitz sowie zu den Kaiserbädern legen an der 261 Meter langen Seebrücke von Koserow ab.

Neben dem Zugang zur Seebrücke stehen sechs schön restaurierte Salzhütten. Diese niedrigen Fachwerkhäuser mit Rohrdach wurden 1820 errichtet und dienten zur Lagerung von grobem Salz, das für die Konservierung von Heringen verwendet wurde. Hausberg von Koserow ist der 56 Meter hohe ➡ **Streckelsberg** ❿, ein Kliff mit Kliffranddüne, das seit 1961 unter Naturschutz steht. Man begann bereits 1818, den unbewaldeten Berg mit Buchen aufzuforsten, um das Abtragen des Kliffs durch den Wind zu verhindern, aber auch eine später errichtete Brandungsmauer am Fuß des Berges vermag den Abtragungsprozess nicht zu stoppen. Lohnend ist ein Aufstieg vom Strand aus, denn außer der faszinierenden Rundsicht von der Aussichtsplattform wartet im Buchenwald auch eine besonders reiche Flora mit Leberblümchen und zahlreichen einheimischen Orchideen.

Malerische Plätze wie diesen Steg an der Krumminer Wiek findet man im Naturpark immer wieder.

Zwischen Achterwasser und Krumminer Wiek Verlässt man bei Zinnowitz die B 111, führt der Weg schnurstracks zur Halbinsel **Gnitz** ⓫, deren Südspitze als Naturschutzgebiet ausgewiesen ist. Zu den Lebensräumen zahlreicher seltener und vom Aussterben bedrohter Tiere und Pflanzen gehören die von Magerrasen und alten Hutebäumen bedeckten Moränenrücken, offene Dünen und Strandflächen sowie die Salzwiese am Möwenort.

Auch der Wacholder-Kiefern-Wald am 32 Meter hoch aufragenden Weißen Berg mit seinen Trockenwiesen, Schlehen und Wildrosen ist ein wahres Paradies für Naturliebhaber. Im Nordwesten fällt der Weiße Berg als Steilküste ab; dort finden sich jedes Jahr zahlreiche Paare der Uferschwalbe ein. Inmitten dieser einmaligen Landschaft befindet sich in einem Eichengehölz in der Nähe von Lütow das einzige auf Usedom erhaltene Großsteingrab.

Vor dem Verlassen der Insel Usedom über die Wolgaster Peenebrücke sollte man sich noch Zeit für ein weiteres Highlight nehmen: die herrliche ➡ **Krumminer Lindenallee** ⓬. Auf einer Länge von 1,5 Kilometern säumen über 300 Linden die von der B 111 abzweigende und nach Krummin führende Allee. Sie wurde Ende des 18. Jahrhunderts von der Familie Corswandt angelegt und steht seit 1990 unter Naturschutz.

Naturpark Insel Usedom 49

11 Nationalpark Niedersächsisches Wattenmeer
Wellen und Gezeitenströmungen verändern die Landschaft

ANFAHRT
Auf der A 31 Essen–Emden bis Ausfahrt Emden-West, dann mit der Fähre nach Borkum; nächstgelegener Bahnhof ist Emden.

LAGE
Zwischen Ems- und Elbemündung vor der niedersächsischen Nordseeküste

GRÖSSE
2800 km²

GRÜNDUNG
1986

INFORMATION
Nationalparkverwaltung Niedersächsisches Wattenmeer, Virchowstr. 1, 26382 Wilhelmshaven

TELEFON
04421/91 10

INFOHÄUSER
In vielen Orten auf dem Festland und auf den Inseln

INTERNET
www.nationalpark-wattenmeer.niedersachsen.de

Der niedersächsische Nationalpark erhält durch drei große Ströme einen Süßwasserzufluss: durch Ems, Weser und Elbe. Auch wenn viele durch Sturmfluten im Mittelalter geschaffene Buchten inzwischen verlandet und eingedeicht sind, besitzt die niedersächsische Küste doch noch zwei markante: den Dollart und den Jadebusen. Die beiden weiten Buchten gliedern die Küstenlinie und bilden innerhalb des Wattenmeers als Buchtwatten besondere Biotope.
Die zahlreichen Inseln bestehen aus einem bunten Mosaik gegensätzlichster Lebensräume – von den Stränden und Sandbänken an der Nordseite über Dünen mit eingelagerten Feuchtgebieten im Kern bis zu den Salzwiesen und von Rinnen durchzogenen Sand- und Schlickwattflächen an der Südseite der Inseln.

Insellandschaften und Naturparadiese Aus dem Blickwinkel der Seevögel sieht die westlichste der Ostfriesischen Inseln, **Borkum** ❶, in ihren Umrissen wie ein Paar von Quallen aus. Die sichelförmigen Gebilde sind Dünenketten, die die beiden Kerne der Doppelinsel – Westland und Ostland – im Nordwesten umschließen. In Westland liegt hinter den Sandhügeln das Naturschutzgebiet Greune Stee, ein urwüchsiges kleines Wäldchen und Feuchtgebiet. In Ostland ist der gleich neben dem Flugplatz gelegene Tüskendörsee für Naturfreunde ein Anziehungspunkt. Das in den 1970er-Jahren durch Sandentnahme für den Deichbau geschaffene Gewässer wird von der Vogelwelt als Brut- und Rastgebiet gern besucht. Lachmöwen, Rotschenkel und Säbelschnäbler sind hier recht häufig zu beobachten.

Juist ❷, die schmale Insel am Rand des weiten Mündungstrichters der Ems, wirkt zerbrechlich. Sie hatte unter Sturmfluten schon schwer zu leiden: So schlug die Petriflut anno 1651 eine breite Bresche durch die Insel. Seither hat sich der ursprüngliche Meerwassersee innerhalb der Bruchstelle durch den Regen in einen Süßwassersee verwandelt, den größten der Ostfriesischen Inseln.

Nur selten hinterlässt ein Krieg positive Spuren; zu diesen Ausnahmen gehören das Rantumbecken auf Sylt und der Südstrandpolder der Insel **Norderney** ❸. Beide wurden für militärische Zwecke angelegt und dann von Seevogelgeschwadern in Besitz genommen. Der von Deichen umschlossene, mit Teichen, Röhrichten und Gebüschen durchsetzte Polder an der Südküste Norderneys zieht in Scharen vor allem Lach- und Silbermöwen, Austernfischer und Brandgänse an; Wiesenpieper brüten in größerer Zahl auf der Insel. Der Polder selbst darf nicht betreten werden, die Deiche bieten jedoch einen guten Einblick.

> **SIELE**
>
> Die Namen vieler Orte an der niedersächsischen Nordseeküste enden auf »siel«, was einen Deichdurchlass oder eine -schleuse bezeichnet. Diese dienten dazu, das von einem Wasserlauf aus dem Marschenland herangeführte Wasser ins Meer abzuleiten. Im Kern besteht ein Sielbauwerk aus einer Kammer mit an der Seeseite angeordneten Toren. Bei Flut schließen sich diese Tore automatisch durch den Druck des auflaufenden Wassers und öffnen sich wieder bei steigendem Innendruck, wenn bei Ebbe der Wasserstand im Meer unter den im Binnenland fällt.

Im Süden liegt die Marschenlandschaft Krummhörn, wo Dörfer auf aufgeschütteten Erdhügeln stehen, im Norden die teilweise eingedeichte Leybucht mit der größten Brutkolonie des Säbelschnäblers in Mitteleuropa. Genau dazwischen liegt ➡ **Greetsiel** ❹, ein malerischer, über 600 Jahre alter Sielort mit den berühmten Zwillingswindmühlen am Alten Sieltief und einem der schönsten Wohnhäuser des Klassizismus in Norddeutschland in der Mühlenstraße.

»Buten un binnen« Draußen (»buten«) die schlickgrauen Watten und die Inseln mit ihren sandgelben Stränden, hinter (»binnen«) den hohen Seedeichen die meist grasgrünen Marschen – sie grenzen an der ostfriesischen Küste auf wenige Meter aneinander. **Dornumersiel** ❺, eines der Zentren des Nationalparks, liegt an der vordersten Front der Marschen. Bis in das hohe Mittelalter reicht die Geschichte von Dornum zurück. Von ehemals drei Wasserburgen sind noch zwei erhalten: die kleine, aber sorgfältig restaurierte Osterburg sowie die Norderburg, ein prachtvoller, von einem weitläufigen Park umschlossener Barockbau, vielleicht das schönste Wasserschloss Ostfrieslands.

Auf Gastvögel übt die »Lange Insel« **Langeoog** ❻ offenbar eine große Anziehungskraft aus: Knutt, Alpenstrandläufer, Sanderling und ver-

Eine Wattwanderung gehört zu den Highlights an der Nordseeküste; hier kann man die Natur hautnah erleben.

Nationalpark Niedersächsisches Wattenmeer **51**

Die Zwillingsmühlen am Alten Sieltief sind das Wahrzeichen des malerischen Fischerdorfs Greetsiel.

schiedene Möwenarten steuern das Eiland in dichten Schwärmen an.

Bei fast allen Inseln vor der ostfriesischen Küste wird die Westseite verstärkt angenagt und der abgetragene Sand im Osten an einer mehr oder weniger großen Sandplate wieder abgelagert. Auf diese Weise »wandern« die Inseln langsam ostwärts. ➡ **Spiekeroog** ❼, die Insel vor dem Harlingerland, besitzt die größte Sandplate von allen. Rund acht Kilometer weit erstreckt sich die Spiekerooger Ostplate vom Badestrand bis über die Ostbake hinaus: Flugsandfelder und niedrige Dünen – ein in Deutschland einmaliges Landschaftsbild. Für Silber-, Lach- und Heringsmöwen ist die Plate ein begehrtes Nistgebiet. Daher darf sie in der Brutsaison auch nicht betreten werden.

Vom Watt der Insel **Wangerooge** ❽ ist ein Teil eingedeicht, ein Teil liegt noch im Einflussbereich höherer Fluten und wird von den Prielen aus überschwemmt. Die Eindeichung bedeutet immer einen tiefen Eingriff in die Natur: Während vor den Deichen Salzwiesenarten wie der Strandflieder oder die Strandaster die Flora beherrschen, kommen auf dem nun weitgehend salzfreien Boden des Wangerooger Westgrodens Landgewächse vor, darunter auch seltene Orchideen. Die Fähren nach Wangerooge laufen von **Harlesiel** ❾ aus, und die B 461 ist gewissermaßen der rote Faden, an dem sich die Eindeichung und Verlandung der früheren Harlebucht ablesen lässt.

Der ➡ **Elisabeth-Außengroden** ❿ ist seit 1970 Naturschutzgebiet. Bei Führungen von der Deichtreppe Küstersmatt/Minsen aus entlang dem Lehrpfad in der Schutzzone 1 des Nationalparks kann man die Flora und Fauna dieses einmaligen Lebensraums kennenlernen: von den Wiesen am Deichfuß mit salzempfindlichen Landpflanzen wie Löwenzahn bis zum regelmäßig überfluteten Andelrasen am Watt, vom seltenen Teichrohrsänger bis zu Enten, Gänsen und anderen Gastvögeln.

Ein schwimmendes Moor und Galopp auf dem Meeresgrund Vermutlich wäre der **Jadebusen** ⓫ schon längst von der Landkarte verschwunden, wenn die 200 Quadratkilometer große Bucht zwischen Ostfriesland und der Halbinsel Butjadingen als natürliches Spülbecken nicht die Fahrrinnen vor Wilhelmshaven, Deutschlands einzigem Tiefwasserhafen, freihalten müsste. Bei Ebbe wird der Jadebusen mindestens von einer Million Vögeln jährlich angeflogen, insbesondere von der Brandgans, dem Kiebitz und dem Alpenstrandläufer. Für den Rotschenkel bildet er eines der wichtigsten Brutgebiete an der Nordseeküste. Die Vogelwelt ist am besten vom Südostufer des Ja-

SEEHUND *(Phoca vitulina)*

Neben der Kegelrobbe ist der Seehund die einzige Robbenart, die in den Nationalparks an der deutschen Nordseeküste regelmäßig vorkommt. Heute dürften im Wattenmeergürtel am Rand der Deutschen Bucht mindestens 15 000 dieser bis 1,8 m langen und 115 kg schweren Tiere leben, in den vergangen Jahrhunderten sollen es über 40 000 gewesen sein. Im Nationalpark kann man sie z. B. beim Ausflug mit dem historischen Segelkutter »Gebrüder« von Carolinensiel (bei ❿) zu den Sandbänken aus gebührender Entfernung beobachten. Dort bringen sie auch zwischen Ende Mai und Mitte Juli ihre Jungen zur Welt.

Eine einzigartige Landschaft, geschaffen von Wind und Wellen: das Watt der Nordseeinsel Juist

debusens aus zu beobachten, z. B. vom Aussichtspunkt bei der Badestelle vor Sehestedt, wo die Wat- und Wasservögel besonders nahe an das Ufer herankommen.

Gleich in der Nähe befindet sich eines der größten Naturwunder des Nationalparks: das ➡ **Sehestedter Außendeichsmoor** ⑫, ein vor dem Deich in den Salzwiesen gelegenes Moor, dessen leichtere Torfschichten bei schweren Sturmfluten vom Untergrund abheben und dann in der aufgewühlten See schwimmen. Man kann es von der Deichkrone vor Sehestedt aus bewundern.

Am östlichen Ufer der Weser säumt das ➡ **Land Wursten** ⑬ die Trichtermündung des Stroms. Der Name kommt von den Wurten, den künstlich aufgehäuften Erdhügeln, auf denen hier die alten Dörfer erbaut wurden. Die Mulsumer Wurt, auf der eine wuchtige Feldsteinkirche steht, ist mit sieben Metern eine der höchsten des Landes. Im benachbarten Dorum informiert das Niedersächsische Deichbaumuseum über Deichbau und Küstenschutz an der Wattenmeerküste, und das Museum für Wattenfischerei im drei Kilometer entfernten Wremen gewährt Einblick in die Geschichte der Fischerei an der Nordseeküste.

Der Nationalpark endet im Osten mit dem **Duhner Watt** ⑭. Den größten Teil des Jahres stampfen dort kräftige Rösser gemächlich durch Schlick und Sand und ziehen die Wattwagen zur Insel Neuwerk. Einmal im Hochsommer beherrschen Traber, Galopper und Ponys die Szene am Seedeich: beim Duhner Wattrennen (www.duhner-_wattrennen.de), dem weltweit einzigen Pferderennen auf dem Meeresgrund – aber erst nachdem Neptun den Rundkurs für die vierbeinigen Landbewohner freigegeben hat.

12 Nationalpark Hamburgisches Wattenmeer
Endlose Sand- und Schlickflächen mit drei kleinen Inseln

ANFAHRT
Von Süden und Westen mit dem Auto auf der A 27 Bremen–Cuxhaven; von Norden und Osten über die Elbfähre Glückstadt–Wischhafen und die B 495/B 73 nach Cuxhaven; weiter mit dem Schiff, mit dem Wattwagen oder zu Fuß von Cuxhaven-Sahlenburg nach Neuwerk; nächstgelegener Bahnhof in Cuxhaven

LAGE
Rund 100 km von Hamburg entfernt im Wattenmeer der westlichen Elbmündung bei Cuxhaven, angrenzend an den Nationalpark Niedersächsisches Wattenmeer

GRÖSSE
138 km²

GRÜNDUNG
1990

INFORMATION
Nationalparkstation Neuwerk, Turmwurt, 27499 Insel Neuwerk

TELEFON
04721/692 71

INTERNET
www.nationalpark-hamburgisches-wattenmeer.de

Knapp zehn Kilometer vor der niedersächsischen Küste ragt über einer flachen Insel »Dat Nige Werk« auf, ein nicht zu übersehender Turmkoloss mit fast drei Meter dicken Backsteinmauern. Keineswegs ein »neues Bauwerk«, steht er seit rund 700 Jahren auf dem Eiland, dem er den Namen »Neuwerk« gegeben hat. Er diente den Hamburger Kaufleuten und Reedern als Seezeichen, Wehr- und Leuchtturm. Der strategisch wichtige Vorposten an der Elbmündung ist bis heute (mit Unterbrechungen) im Besitz der Hanseaten geblieben und bildet das Wahrzeichen des kleinen Nationalparks.

Von dem etwa 450 Kilometer langen und bis zu 20 Kilometer breiten Wattengürtel, der sich von Den Helder in den Niederlanden bis hinauf nach Esbjerg in Dänemark erstreckt, nimmt der Nationalpark Hamburgisches Wattenmeer einen winzigen, jedoch besonders interessanten und ökologisch wertvollen Abschnitt ein. Im Unterschied zu den meisten anderen Watten an der deutschen Nordseeküste, die als Rückseitenwatten im Schutz von Inseln liegen, sind die Watten rings um Neuwerk offene Watten und damit dem Angriff der Strömungen und Wellen stark ausgesetzt.

Vom Wald zum Watt Das Wattenmeer grenzt an der deutschen Festlandküste nur an sehr wenigen Stellen unmittelbar an die Geest. Und ebenso selten begegnen sich dort Meer und Wald. Die **Hohe Lieth** ❶, ein bis über 30 Meter hoher Geestrücken südwestlich von Cuxhaven, gehört zu den wenigen Berührungspunkten. Hier trifft am Sahlenburger Strand das Gebiet des Nationalparks in einem spitzen Keil auf die Küste.

Die etwas andere Erkundungstour durch den Nationalpark: ein Kutschenausflug bei Neuwerk

Bei Hochwasser ist die Insel mit dem Schiff zu erreichen, zünftiger sind jedoch Fahrten mit dem Wattwagen oder Wanderungen durch das **Sahlenburger Watt** ❷. Für die meisten Wattwanderer endet die Tour auf der einzigen Hallig an der südlichen Nordseeküste. Nur etwa ein Drittel (rund 100 ha) von ➡ **Neuwerk** ❸ ist eingedeicht; vor dem Deich erstrecken sich die von Prielen durchzogenen und bei höheren Fluten überschwemmten Salzwiesen, in denen im Sommer Strandastern, Strandnelken und andere Gewächse der Küstenflora blühen. Für die Vogelwelt ist der Neuwerker Außengroden ein wertvolles Brutgebiet, vor allem für Seeschwalben; in den Zugzeiten fallen hier Möwen, Enten und Gänse in riesigen Geschwadern ein. Informationen über Flora und Fauna sind im Nationalparkhaus Neuwerk und im Infozentrum des Vereins Jordsand am Fuß des Wehrturms zu erhalten.

An der heutigen Düneninsel ➡ **Scharhörn** ❹ nagt das Meer kräftig; sie ist nur noch etwa 20 Hektar groß und verliert kostbare Brutgebiete für die Brandgans oder den Seeregenpfeifer, aber auch für Singvögel wie Feldlerche und Star. Um die Flächenverluste auszugleichen, wurde ab 1989 in einem beispiellosen Naturschutz-Großprojekt die Vogelschutzinsel Nigehörn auf derselben Sandbank aufgespült. Die Vogelwelt, darunter Lachmöwen, Silbermöwen und Küstenseeschwalben, hat sie dankbar angenommen. Für Nigehörn besteht ein absolutes Betretungsverbot; Scharhörn darf nur bei offiziellen Führungen betreten werden.

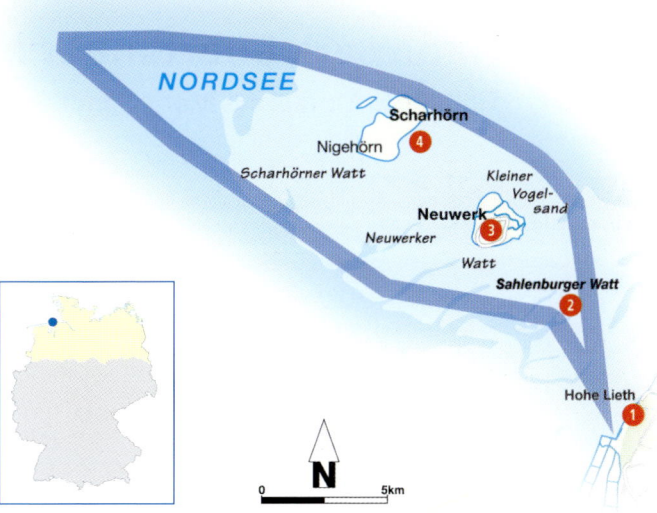

AUSTERNFISCHER
(Haematopus ostralegus)

Das Wappentier des Nationalparks ist mit seinem langen, roten Schnabel nicht zu übersehen und erst recht nicht zu überhören. Die großen, schwarz-weißen Strandvögel machen viel Lärm, geben laute »pik-pik-pik«-Rufe und ein schrilles »kliep, kliep« von sich. Als ein typischer Bewohner des Wattenmeers sucht sich der Austernfischer seine Nahrung hauptsächlich im Wattboden, verschmäht aber auch die Kost nicht, die er auf Landgängen findet. Austern stehen nur selten auf seinem Speiseplan, häufiger dafür Borstenwürmer, Krebse und vor allem Herz- und Miesmuscheln.

Nationalpark Hamburgisches Wattenmeer **55**

13 Naturpark Bourtanger Moor-Bargerveen
Ein buntes Mosaik aus Moor, Sandflächen und Heide

ANFAHRT
Auf der A 31 in Richtung Emden (aus südlicher Richtung) bzw. Oberhausen (aus nördlicher Richtung) bis Geeste bzw. Twist; nächstgelegener ICE-Bahnhof in Osnabrück

LAGE
Im Nordwesten Niedersachsens zwischen dem Emsland, der Grafschaft Bentheim und der niederländischen Provinz Drenthe

GRÖSSE
140 km²

HÖCHSTE ERHEBUNG
Aussichtshügel im Bargerveen (26 m)

GRÜNDUNG
2006

INFORMATION
Internationaler Naturpark, Bourtanger Moor-Bargerveen e. V., Ordeniederung 1, 49716 Meppen

TELEFON
05931/44 22 77

INTERNET
www.naturpark-moor.eu

Der noch junge Park in der deutsch-niederländischen Grenzregion besteht seit 2006. Er umfasst Hochmoorbereiche des südlichen Bourtanger Moors auf deutscher und das Naturschutzgebiet Bargerveen auf niederländischer Seite. Seit Mitte des 19. Jahrhunderts baute man hier im großen Stil Torf ab. Ein dichtes Kanalnetz im Gebiet wurde zur Entwässerung der Moore angelegt, um den Torfabbau zu ermöglichen. Später nutzte man es zum Abtransport der Torfsoden auf Kähnen. Typischer Blickfang in der Region sind auch die vielen »Ölnicker«, mächtige Pumpen, die die nicht unbedeutenden Erdölvorkommen fördern.
Erst Ende der 1970er-Jahre erkannte man die Bedeutung des einzigartigen Lebensraums Moor. Seither finden zahlreiche Schutz- und Renaturierungsmaßnahmen statt. In einigen der abgetorften Gebiete werden die Entwässerungsgräben geschlossen und die Flächen wieder vernässt. Zahlreiche Wanderwege führen nun durch eine Moorlandschaft, die reich an seltenen Pflanzen und Tieren ist; hier findet man u. a. den Sonnentau, den Goldregenpfeifer und das Blaukehlchen.

Geschichte einer Landschaft Wer mehr über das Moor erfahren möchte, sollte das erst kürzlich modernisierte ➡ **Emsland Moormuseum** ❶ mit vielen Ausstellungsstücken in Geeste-Groß Hesepe besuchen (geöffnet April–Nov. täglich außer Mo 10–18 Uhr, www.moormuseum.de). Ein Schwerpunkt liegt dabei auf der Geschichte der Region Emsland. Einblicke in das Leben im Moor vermittelt eine nachgebaute Siedlerstelle aus den 1930er-Jahren.

Ein Ausflug über die Grenze führt ins holländische **Emmen** ❷, eine sehr grüne Stadt. Nicht versäumen sollte man einen Besuch im Zoo, der sein Publikum vor allem mit einem faszinierenden tropischen Schmetterlingsgarten begeistert (ganzjährig geöffnet).

Feuchter Farbreigen: Wie ein Spiegel reflektieren die dunklen Wasser des Moores den Himmel und die Heide.

Die letzten Paradiese Norddeutschlands

Das ⮕ **Bargerveen** ❸, der niederländische Teil des Naturparks, setzt sich aus dem Meerstalblok, dem Amsterdamsche Veld und dem Schoonebeeker Veld zusammen.

Die Moorlandschaft mit ihrer Vielfalt an Insekten ist ein wahres Paradies für den seltenen Neuntöter. Dieser »vorratsbewusste« Vogel spießt seine Beute, meist große Insekten wie Libellen und Schmetterlinge, an dornigen Sträuchern auf und sorgt so für magere Zeiten vor. Als Besonderheiten unter den Tagschmetterlingen kommen hier Kaisermantel und Erdbeerbaumfalter recht häufig vor. Am Himmel ziehen Baumfalke, Rohr- und Kornweihe ihre Kreise.

Ein Großteil des Naturschutzgebiets kann auf markierten Wanderwegen erkundet werden, einzig den mittleren Teil des Meerstalbloks darf man nur mit einer Führung besuchen, die die niederländische staatliche Forstverwaltung (Staats_bosbeheer) anbietet (Tel. 0031/591/31 35 72).

Das 1999 eröffnete ⮕ **Erdöl-Erdgas-Museum** ❹ in Twist liegt inmitten der flächenmäßig größten Erdölfelder Deutschlands und beantwortet zahlreiche Fragen zu den Themen Erdgas und Erdöl (geöffnet Juni–Okt., Di–Sa 14–18/So 14–17.30 Uhr, www.erdoel-erdgas-museum-twist.de).

Schon von Weitem ist die große Kuppel der katholischen St.-Martinus-Kirche in **Haren** ❺

> ### DAS MUSEUM AUF DEM KANAL
> Die Harener Geschichte ist seit Jahrhunderten eng mit der Ems-, Küsten- und Seeschifffahrt verbunden. Im Haren-Rütenbrock-Kanal liegen gleich fünf Schiffe für immer vor Anker – ein lohnenswertes Schifffahrtmuseum mit Ausstellungsräumen, in denen sich Besucher über Themen wie Nautik, Schiffsbau, Emsschifffahrt und die Harener Geschichte informieren können (geöffnet Mai–Okt., Di–Sa 14.30–17/Mi auch 10–12 Uhr, So 14.30–17.30 Uhr).

zu erkennen, im Volksmund »Emsland-Dom« genannt. Das Hauptschiff bietet bei einer Länge von 58 Metern rund 1200 Menschen Platz, die Kuppel ragt 55 Meter empor. Vom mit Backsteingebäuden gesäumten Marktplatz spaziert man die Lange Straße entlang etwa 500 Meter bis zur Kirche.

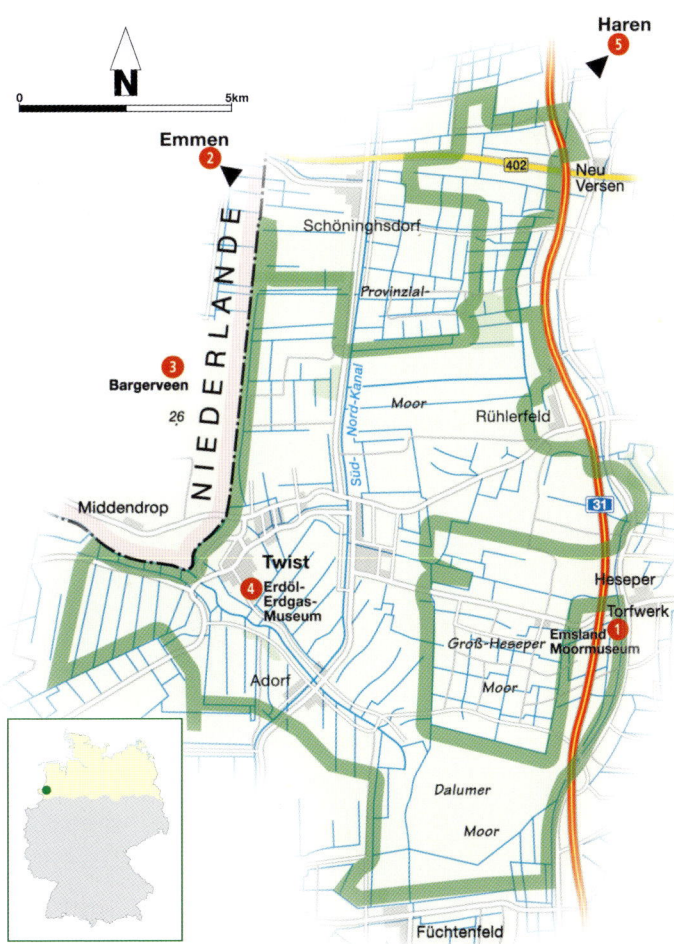

Naturpark Bourtanger Moor-Bargerveen

14 Naturpark Wildeshauser Geest
Urwald, Moore und tausendjährige Eichen

ANFAHRT
Auf der A 28 Bremen–Oldenburg bis zur Ausfahrt Hude; nächstgelegener Bahnhof in Hude

LAGE
Im Oldenburger Land in Niedersachsen südwestlich von Bremen und Oldenburg

GRÖSSE
1532 km²

HÖCHSTE ERHEBUNG
Hoher Berg in Syke-Ristedt (58 m)

GRÜNDUNG
1984

INFORMATION
Naturpark Wildeshauser Geest, Delmenhorster Str. 6, 27793 Wildeshausen

TELEFON
04431/853 51

INFOHAUS
In Goldenstedt

INTERNET
www.naturparkwildeshausergeest.de, www.steinzeitreise.de

Die Wildeshauser Geest ist die von Laubwäldern und tausendjährigen Eichen geschmückte Krone des Oldenburger Lands, die auf dem 120 Kilometer langen Oldenburger Wanderweg erlebbar ist. Die außergewöhnliche Dichte jungsteinzeitlicher Steinsetzungen macht die Wildeshauser Geest zu einer wichtigen Stätte der Megalithkultur-Archäologie in Europa. Beispiele sind Visbeker Brautzug, Glaner Braut, Hohe Steine, andere Großsteinanlagen sowie bronzezeitliche Kultsteine. Einer der Rad- und Wanderwege durch die Geest heißt deshalb »Steingräberweg«, und zahlreiche Radwanderwege führen unter dem Motto »Erlebnisroute Faszination Archäologie« zu Relikten aus der Steinzeit.

Namengeber des Naturparks ist der Luftkurort Wildeshausen an der Hunte. Das nicht schiffbare Flüsschen windet sich in unzähligen Mäandern in einer eiszeitlichen Schmelzwasserrinne quer durch die Geesthochfläche – ein Naturparadies, dessen Glanzpunkte auf dem »Huntepadd« (Huntepfad) bei Dötlingen und auf dem Wanderweg durch die Buchen-Stechpalmen-Wälder am Fuß der Osenberge zu entdecken sind.

»Hünenbrücke«, Backsteingotik und uralte Baumgiganten Vor den alten Laubwäldern am Nordrand des Naturparks weiten sich die einsamen Moorregionen am Übergang zur Wesermarsch: Das Naturschutzgebiet Wittemoor und Holler Moor ist ein verwunschen wirkendes Ensemble aus Hochmooren, aufgelassenen Torfstichen, Wollgräsern, Birkenbruchwäldern, kleinen Heideflächen und grasig-torfigen Wegen.

Am Reetdachgasthof »To'n Drögen Schinken« (Zum trockenen Schinken) bei Hude beginnt der Weg in die Einsamkeit des Wittemoors, wo vor rund

Zeugnis alter Baukunst: Der Tabkenhof in Dötlingen ist einer der schönsten Fachwerkhöfe des Dorfs.

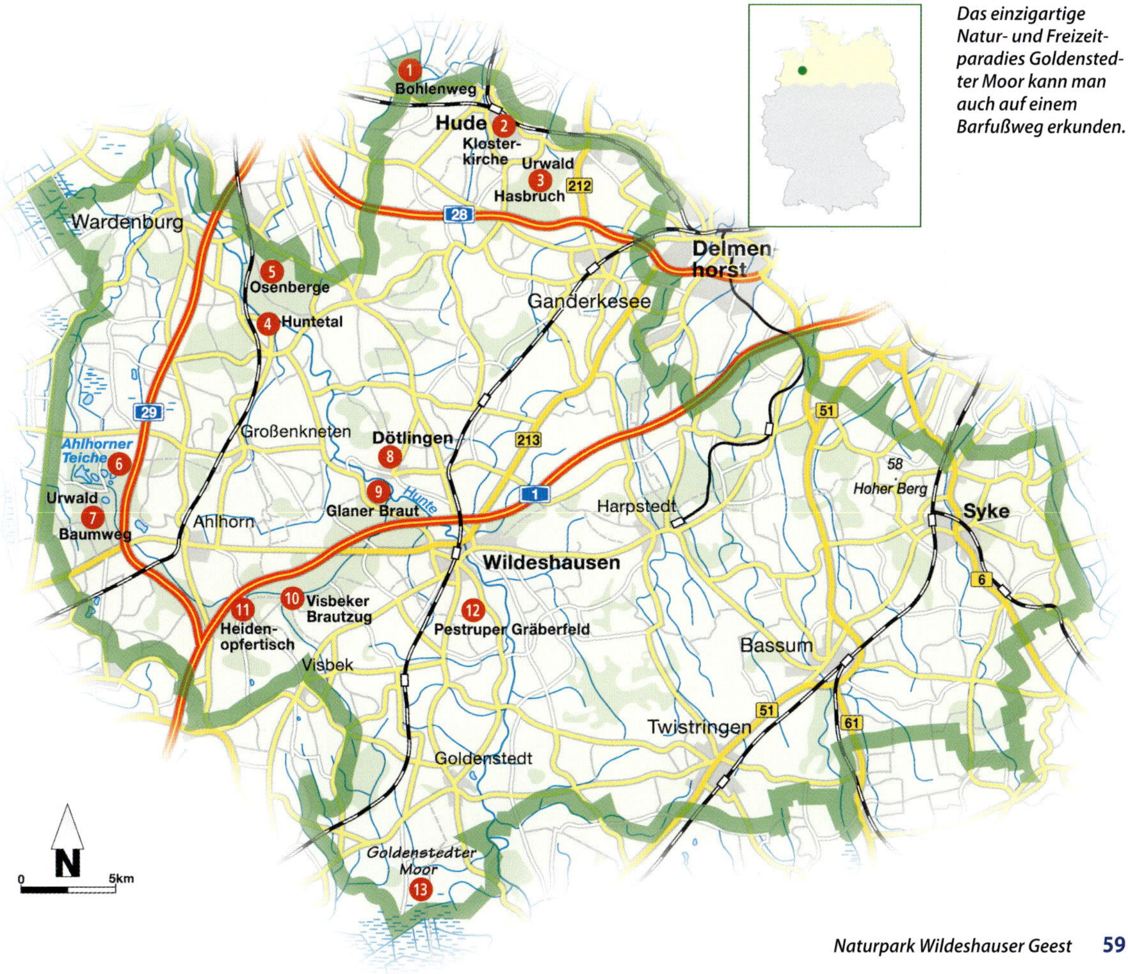

Das einzigartige Natur- und Freizeitparadies Goldenstedter Moor kann man auch auf einem Barfußweg erkunden.

Naturpark Wildeshauser Geest

2800 Jahren geniale Baumeister der Vorzeit einen **Bohlenweg** ❶ (6,5 km) anlegten, um von der Geest durch die Moore in die Marsch zu gelangen. Neben den Bohlen wurden auch die Nachbildungen zweier vorgeschichtlicher »Verkehrszeichen« aufgestellt: die hölzernen Statuetten einer männlichen und einer weiblichen Figur, die als schützende Gottheiten gedeutet werden.

Die monumentale Ruine der Klosterkirche in ⇒ **Hude** ❷ (Von-Witzleben-Allee, 27798 Hude) auf einem parkähnlichen Gutsgelände mit uralten Bäumen zählt zu den herausragenden Denkmälern der Backsteingotik in Norddeutschland. 1232 gründeten Zisterzienser im Auftrag der Grafen von Oldenburg das Kloster Marienbusch am Rand des Urwalds Hasbruch an der Berne, dessen Kirche als Grablege der Grafen von Oldenburg fungierte. Nach der Reformation wurde das Kloster zerstört, die Kirche verkam zur Ruine. 1693 erwarb die Familie von Witzleben das Klostergut. Nach umfangreichen Restaurierungen 1983–94 ist das eindrucksvolle Ruinengelände nun wieder öffentlich zugänglich. Schlemmen unter hohen, alten Bäumen kann man in der »Klosterschänke« gleich neben der Ruine. In der frühgotischen Backstein-Saalkirche am Beginn der Zufahrt finden sich reiche Wandmalereien sowie ein gotischer Schnitzaltar.

Der ⇒ **Urwald Hasbruch** ❸ ist eines der ältesten Naturwaldgebiete Norddeutschlands. Mehrere hundert Jahre alte Eichen und Buchen in oft bizarren Wuchsformen sowie Tausende von Stechpalmen prägen das 630 Hektar große Gebiet, das zu den schönsten Wanderrevieren der Wildeshauser Geest zählt. Der älteste Baum ist die Friederikeneiche, deren Alter auf über 1000 Jahre geschätzt wird. Als »Asebroc« (Asenbruch) wird der Hasbruch Mitte des 13. Jahrhunderts im Besitz des Klosters Hude erstmals erwähnt; der Name »Ase« wird auf die Asen zurückgeführt, die germanischen Götter, die hier möglicherweise in einem heiligen Hain verehrt wurden. Die Bezeichnung »Bruch« verweist auf die Feuchtigkeit des Geländes, in dem Stieleichen, Hainbuchen, Erlen, Eschen und Stechpalmen wachsen.

Vom »Wunderhorn« zu den »Zwölf Aposteln« Das **Huntetal** ❹ bei den Hattener Dörfern Sandkrug und Sandhatten sowie die sagenumwobenen **Osenberge** ❺ mit dem »Wunderhorn« sind weitere herausragende Naturparadiese der Wildeshauser Geest. Schon der von alten Eichen, Buchen und Stechpalmen gesäumte Pfad entlang der Hunte am Rand des Barneführer Holzes ist ein Hochgenuss für Wanderer. Auch trifft man allenthalben auf Sagen und Legenden: Daran erinnert der Flurname »Wunderhorn« am Kistenberg, ebenso wie der Titel der 1808 von Clemens von Brentano und Achim von Arnim herausgegebenen Volksliedsammlung »Des Knaben Wunderhorn«.

Fischadler, Baumfalken und Fischreiher kreisen über den ⇒ **Ahlhorner Teichen** ❻ mit ihren rund 50 seenartigen Gewässern, ihren Wäldern und bizarren Eichen im Lethetal. Ab Anfang des 20. Jahrhunderts wurde die Teichlandschaft als staatliches Fischzuchtgebiet des damaligen Großherzogtums Oldenburg angelegt. Heute erinnern sie an einen romantischen, von Spazier- und Wanderwegen durchzogenen Landschaftspark mit 100 Jahre alten Bäumen. Die Teiche und ihre Umgebung beherbergen eines der größten Amphibienvorkommen im Nordwesten Deutschlands und stehen mit einer Fläche von 485 Hektar seit 1993 unter Naturschutz. Am Wanderparkplatz beginnen zwei ausgeschilderte, farbig markierte Rundwege, die durch die Bruchwälder des Lethetals und zu den Ahlhorner Teichen führen.

Der als Naturschutzgebiet ausgewiesene **Urwald Baumweg** ❼ ist zwar kein »richtiger« Urwald, aber ein sehenswertes Waldgebiet.

Mit über 50 kleineren und größeren Gewässern bieten die Ahlhorner Teiche zahlreichen Wasservögeln Lebensraum.

GROSSER BRACHVOGEL *(Numenius arquata)*

Mit einer Körperlänge von bis zu 55 cm ist der Große Brachvogel der größte Vertreter aus der Familie der Schnepfenvögel. Sein Federkleid ist unscheinbar grau-braun gefleckt, auffällig hingegen sind sein langer, nach unten gebogener Schnabel und die langen Watbeine. Auf der Suche nach Nahrung stochert er mit seinem langen Schnabel im feuchten Boden nach Würmern, Schnecken und Fröschen und frisst auch Insekten, Samen und Beeren. Als Bodenbrüter baut er sein Nest in flachen Mulden, wo er im März und April vier olivgrüne, braun gefleckte Eier ausbrütet. Auffällig ist zur Brutzeit sein Singflug mit hohem, melodischem Trillern. Der Große Brachvogel ist stark bedroht und steht in Deutschland auf der Roten Liste; im Goldenstedter Moor ⑬ hat er ein Rückzugsgebiet gefunden.

Bis zur Säkularisation 1803 befand sich der Baumweg wie das gesamte heutige Oldenburger Münsterland im Besitz der Fürstbischöfe von Münster. Als der Baumweg nach der Aufhebung des Fürstbistums in den Besitz von Oldenburg kam, wurde er durch einen Wall mit einer Hecke umgeben, um die Bauern am Vieheintrieb zu hindern – dieser Wall ist am Waldrand neben dem Steingräberweg noch gut erhalten. So klein der erhaltene »Urwald« heute auch ist, so lässt er doch ahnen, welch artenreiches Paradies er bis vor 150 Jahren noch gewesen sein mag. Am besten durchwandert man ihn ebenso wie die Ahlhorner Teiche zu Fuß: An seinem Südrand ist ein Waldparkplatz an der Bundesstraße ausgeschildert; dort durchschreitet man ein Holzportal mit der Aufschrift »Zum Urwald«. Für den schnurgeraden Weg, der von den Ahlhorner Teichen durch die Wirtschaftswälder des Baumwegs zum Urwald führt, ist dagegen das Fahrrad als Fortbewegungsmittel sehr gut geeignet.

Ein Bilderbuchdorf an der Hunte Dötlingen ⑧ am Hang über dem Huntetal ist das malerischste Dorf der Wildeshauser Geest. Schon um die prachtvollen Fachwerkhöfe und -häuser mit ihren Reetdächern zwischen alten Eichen zu bewundern, lohnt der Besuch dieses Bilderbuchdorfs. Eine tausendjährige Eiche steht vor dem schönsten Hof: Der »Tabkenhof« ist mit 58 Metern Länge und 18 Metern Breite eines der größten Niedersachsenhäuser überhaupt. Ein Schmuckstück ist auch die mittelalterliche Feldsteinkirche, deren älteste Teile aus dem 12. Jahrhundert stammen. Vom Gierenberg (35 m) hat man eine wunderbare Aussicht über das Huntetal bis nach Ahlhorn und Wildeshausen. Der naturnahe »Huntepadd« (Huntepfad; 5 km) erschließt die kulturellen und natürlichen Glanzpunkte von Dötlingen und seiner Umgebung jenseits der Hunte. Und auch für die Kleinen ist gesorgt: Der 17 Hektar große Wild- und Freizeitpark Ostrittrum in der gleichnamigen Ortschaft der Gemeinde Dötlingen wartet mit einer Fülle heimischer und exotischer Tiere und einem Streichelzoo auf (ganzjährig von 9 Uhr bis Sonnenuntergang geöffnet).

Imposant und rätselhaft – Kultplätze der Vorgeschichte In der reizvollen Naturland-

Im Streichelzoo des Wild- und Freizeitparks Ostrittrum

Das Wittemoor mit dem Bohlenweg ist eine der Attraktionen auf dem Oldenburger Wanderweg.

schaft über dem Huntetal befindet sich auf Wildeshauser Gebiet die Steinsetzung ➠ **Glaner Braut** ❾, ein Ensemble von Megalithanlagen. Es handelt sich um den atmosphärisch schönsten und naturnahesten vorgeschichtlichen Kultplatz der Wildeshauser Geest. Die Sagen sehen in den Glaner Steinsetzungen aus der Zeit des Megalithikums (um 3000 v. Chr.) einen versteinerten Brautzug vergleichbar der Visbeker Braut. Wissenschaftler nennen die beiden größeren Anlagen Glaner Braut I und II. Ähnlich den Anlagen bei Visbek handelt es sich bei beiden Steinsetzungen um »Hünenbetten« (etwa 6 m lang und 1,5–2 m breit), die von beeindruckend weitläufigen Umfassungen umgeben sind; die leicht schlangenförmige Umfassung der Glaner Braut I hat eine Länge von gut 60 Metern, die Umfassung der Glaner Braut II misst rund 30 Meter. Um die Glaner Braut mit dem Auto zu erreichen, fährt man von Wildeshausen Richtung Huntlosen und biegt nach dem Überqueren des Flüsschens Aue rechts Richtung »Glaner Braut« ab; der Weg endet an einem Parkplatz. Von hier aus ist die Glaner Braut in knapp zehn Gehminuten erreichbar.

Eine der größten Megalithanlagen Europas ist der ➠ **Visbeker Brautzug** ❿ auf der Ahlhorner Heide, errichtet während der Jungsteinzeit ab 3000 v. Chr. Das Ensemble erhebt sich in einem malerischen Laubwaldgebiet, durch das die Wanderwege »Brautweg« und »Steingräberweg« verlaufen. Die Visbeker Braut ist die am weitesten östlich gelegene Setzung dieser Anlage. Wie auch beim Visbeker Bräutigam handelt es sich um den Typ des »Hünenbetts«, bei dem eine Steinkammer von einer Einfriedung umgeben ist. In unmittelbarer Nähe des Visbeker Bräutigams wurden in der Jungsteinzeit weitere Megalithanlagen errichtet, beispielsweise der Visbeker Brautwagen (etwa 50 m südlich des Ostendes) mit ebenfalls vollständig erhaltener Grabkammer.

MEGALITHKULTUR

Während der Jungsteinzeit wurden in Europa ab etwa 5000 v. Chr. Bauwerke aus meist unbehauenen Findlingen von oft kolossaler Größe errichtet. Die griechische Übersetzung mega lithos für »großer Stein« hat zur übergeordneten Bezeichnung »Megalithkultur« für alle Kulturgruppen ge-

führt, für die solche Großsteinbauten charakteristisch sind. Mit großen regionalen Unterschieden reicht der Zeitraum, in dem diese Bauten entstanden, bis etwa ins Jahr 500. Während die Großsteinbauten in der Bretagne, die vielfach als Heimat der Megalithkultur angesehen wird, bereits ab 5000 v. Chr. errichtet wurden, setzte der Megalithbau in der Norddeutschen Tiefebene erst zwischen 4000 und 3000 v. Chr. ein. Die Megalithanlage der Glaner Braut ❾ (s. Bild) entstand um 3000 v. Chr.

Sagenumwobene Megalithanlage auf der Ahlhorner Heide: der Visbeker Brautzug

Über den anderen Wanderweg, den »Steingräberweg«, erreicht man beim Waldgasthof »Engelmannsbäke« den mehrere Tonnen schweren **Heidenopfertisch** ⓫, eine der mächtigsten Megalithanlagen-Deckplatten in Norddeutschland; er ist etwa fünf Meter lang, bis zu sieben Meter breit und bis zu 1,2 Meter dick. Die Großsteinanlage, zu der er ursprünglich gehörte, ist nach Osten und Westen ausgerichtet. Die Menschen der Vorzeit sollen hier der Sage nach ihren Gottheiten Butter, Milch und Honig geopfert haben.

Alte Grabhügel und ein Moor für Entdecker Das **Pestruper Gräberfeld** ⓬ ist einerseits der größte vorgeschichtliche Friedhof Nordeuropas und andererseits die schönste Heidelandschaft der Wildeshauser Geest. Auf einer Fläche von 39 Hektar wurden während der Bronze- und der frühen Eisenzeit etwa 580 Grabhügel aufgeschüttet. Sie dienten von 900 bis 400 v. Chr. der Bestattung von Urnen und Knochen; die größeren Hügel werden auch als »Königsgräber« bezeichnet. Bei den Bestattungen wurden den Toten Schmuckstücke und Waffen aus Bronze oder Eisen mitgegeben. 1908 erwarb das Großherzogtum Oldenburg dieses einmalige Denkmal und stellte es unter Schutz; Funde sind im Oldenburger Landesmuseum ausgestellt.

Bei der Ortschaft Kleinenkneten südlich des Pestruper Gräberfeldes schließlich stehen weitere jungsteinzeitliche »Hünenbetten«, die Kleinenknetener Steine. Das Hünenbett I ist 49 Meter lang und sieben Meter breit; 85 Findlinge umgeben die Anlage, in deren Mitte sich eine 8 x 3 Meter große Grabkammer befindet. Die als Hünenbett II bezeichnete Anlage ist das einzige Ganggrab in Niedersachsen mit drei Kammern.

Wer sich etwas von dieser archäologischen Fülle erholen möchte, findet im **Goldenstedter Moor** ⓭, dem »Freizeitmoor« des Naturparks Wildeshauser Geest, zahlreiche Möglichkeiten. Zentrum der Aktivitäten ist das Naturschutz- und Informationszentrum »Haus im Moor« (Arkeburger Str. 20, 49424 Goldenstedt, www.goldenstedter-moor.de) am Rand des 640 Hektar großen Naturschutzgebiets. Ein Barfußpfad und ein Bohlensteg führen durch das Moor, und im August wird der »Moormarathon« veranstaltet. Auch Fahrten mit der »Moorbahn«, die von März bis Oktober jeden Samstag und Sonntag fährt, sind beliebt; Startpunkt ist ein eigens errichteter Ökobahnhof aus Holz.

15 Naturpark TERRA.vita
In einer vielseitigen Landschaft von Wald, Felsen und Heilbädern

ANFAHRT
Auf der A 1 Münster–Bremen bis Holdorf und weiter auf der B 214 über Ankum in Richtung Fürstenau; in Schwagstorf kurz vor Fürstenau auf die Landstraße zur Maiburg und nach Bippen; nächstgelegener Bahnhof in Bersenbrück an der Linie Osnabrück–Oldenburg

LAGE
In Nordrhein-Westfalen und Niedersachsen zwischen Bielefeld, Minden und Rheine; der Park umfasst den nordwestlichen Teutoburger Wald, den Wiehen-Kamm, die Ankumer Höhe und das Osnabrücker Land; im Zentrum liegt die Domstadt Osnabrück.

GRÖSSE
1140 km²

HÖCHSTE ERHEBUNG
Dörenberg (331 m)

GRÜNDUNG
1962

INFORMATION
Naturpark TERRA.vita, Am Schölerberg 1, 49082 Osnabrück

TELEFON
0541/501 42 17

INTERNET
www.naturpark-terravita.de

Als erster Naturpark in Deutschland wurde TERRA.vita 2004 in das UNESCO-Geopark-Netz aufgenommen. Damit würdigte die Weltkulturorganisation das reiche geologische Erbe der Region als eines der bedeutsamsten weltweit. Der Bogen der Glanzpunkte aus 300 Millionen Jahren Erdgeschichte spannt sich von den Felstürmen der Dörenther Klippen auf dem Osning bis zu den Dinosaurierspuren bei Barkhausen im Wiehengebirge, von jungsteinzeitlichen Großsteingräbern auf der Ankumer Höhe bis zum Steinernen Meer auf dem Gattberg; der Museumspark am Grabungsgelände der Schlacht im Teutoburger Wald gehört zu den wichtigsten archäologischen Stätten in Deutschland. In zwei schmalen grünen Bändern umfasst der Naturpark die Kämme von Osning (Teutoburger Wald) und Wiehen im Grenzgebiet von Nordrhein-Westfalen und Niedersachsen; zwischen den bewaldeten Kämmen liegen im Hasetal die Domstadt Osnabrück und der Grönegau mit dem Wildschweinpark am aussichtsreichen Meller Berg. Vom Weserdurchbruch an der Porta Westfalica reicht das nördliche Band über den Wiehen-Kamm bis zum Varus-Schlachtfeld, ins Artland und zur Ankumer Höhe, während sich der Osning von Bielefeld bis zum Nassen Dreieck, der Mündung des Mittellandkanals in den Dortmund-Ems-Kanal, im nördlichen Münsterland erstreckt. Die »Osning-Route«, Hauptferienstraße im Naturpark verbindet auf 187 km Burgen, Naturattraktionen, Heilbäder, Saurierfährten und andere Höhepunkte.

Zwei Namen werden für den Besucher zu ständigen Begleitern: Widukind (oder Wittekind), der westfälische Freiheitskämpfer, und Hermann der Cherusker. Hunderte von Sagen und Legenden ranken sich im Naturpark TERRA.vita um diese beiden historischen Gestalten. Ob Wittekindsburg oder Hermannsweg – alles erinnert noch heute auf Schritt und Tritt an die Geschichte.

Opferrituale und Teufelstreiben – sagenumwobene Findlinge
Das bewaldete Moränengelände südlich des Kirchdorfs Bippen, die ➡ **Bippener Maiburg** ❶, beherbergt in einzigartiger Vielfalt Steindenkmäler, die von der Jungsteinzeit bis zur Christianisierung als Kultstätten genutzt wurden: die 86 Meter langen Großsteingräber von Hekese, den 66-Näpfchen-Stein von Restrup, den Teufelsstein am Hofdienerweg, die Steinallee von »Teufels Brotschrank« zum Hexentanzplatz auf dem Qualenberg und viele andere. Der beste Ausgangspunkt zur Erkundung des Gebiets ist das Hotel-Restaurant »Forsthaus Maiburg« im Herzen der Maiburg (Maiburgstr. 26, 49626 Bippen). Auf dem Wanderweg »Friesenweg« finden sich Informationstafeln zu den Sagen, die sich um die Steine ranken.

Der Granitfindling Phaohlenstein (Phaohl ist eine Namensvariante des germanischen Sonnen- und Lichtgotts Balder) hat eine wannenförmige Vertiefung in der tischartig flachen Oberfläche; die Sagen deuten diese Vertiefung, in der sich Regenwasser sammelt, als »Opferwanne«. Der bis zu 1,60 Meter aus der Erde ragende, 30 Tonnen schwere Granitblock »Deu-

Das Kaiser-Wilhelm-Denkmal krönt die Ostseite des Weserdurchbruchs Porta Westfalica.

vels Brotschapp« weist eine ähnliche wannenförmige Vertiefung auf der Oberfläche auf; er markiert den Beginn einer heute zerstörten Steinallee.

Erhalten geblieben ist das in der Jungsteinzeit vor etwa 4500 Jahren errichtete Großsteingrab von Hekese, das mit einer Länge von 86 Metern, der Ausrichtung auf den mittsommerlichen Sonnenuntergang und der Gestaltung als Doppelgrab eine für Westdeutschland einzigartige Anlage darstellt.

Arminius – der »Befreier Germaniens« Der Aussichtsturm auf dem Venner Berg (155 m) bietet den besten Blick über das Gelände der als »Schlacht im Teutoburger Wald« in die Geschichte eingegangenen Ereignisse beim heutigen ➡ **Museumspark Varusschlacht** ❷ (Venner Str. 69, 49565 Bramsche). Der Museumspark stellt die Szenerie der Varusschlacht von vor 2000 Jahren nach. Entlang der Wege durch den Museumspark stehen Informationstafeln mit Texten antiker Autoren, die die drei Tage dauernden Kämpfe schildern; andere Tafeln weisen auf archäologische Funde hin, die im Museumsgebäude ausgestellt sind.

Der als »Steinernes Meer« bekannte ➡ **Gattberg** ❸ im Osnabrücker Land ist eine von rund 1000 Findlingen übersäte flache

Naturpark TERRA.vita 65

Der Butterstein auf dem Gattberg ist nur einer – allerdings der größte – von rund 1000 Findlingen in der Gegend.

Waldkuppe zwischen dem Kirchdorf Belm und dem oberen Nettetal. Der größte Felsblock hier ist der Butterstein: Sein Gewicht wird auf 1400 Zentner geschätzt, er ragt 1,40 Meter aus dem Boden und hat eine Seitenlänge von 3,40 Meter. Gletscher der Saale-Eiszeit haben die Granitblöcke vor 200 000 bis 120 000 Jahren von Skandinavien an ihre heutigen Lagerstätten verfrachtet. Seinen Namen verdankt der Butterstein vermutlich seinen weichen, fließenden Formen, die ihm seine Reise über Tausende von Kilometern hinweg eingebracht hat. Im Volksglauben wird der Name auf eine Legende zurückgeführt: Als der Teufel an dieser Stelle Mahlzeit halten wollte, begegnete ihm eine Bäuerin mit einem Korb Butter; er geriet in Streit mit ihr und verwandelte sie und ihre Butter in den »Butterstein«. Am Wanderparkplatz »Gattberg« an der Straße Belm–Venne beginnen zwei Rundwege mit Lehrtafeln durch das Steinerne Meer.

Den längsten aller Steine, den **Süntelstein** ❹ bei Vehrte, soll der Teufel vom Gattberg zum Wiehengebirge geschleppt haben – in der Absicht, den Eingang der Walburgiskirche in Venne zu versperren.

Auf den Spuren der Riesenechsen Faszinierend sind die versteinerten **Saurierfährten** ❺ in einem Steinbruch im Wiehengebirge bei Barkhausen, die elf der teilweise riesigen Echsen vor rund 140 Millionen Jahren hier hinterließen, als das Gebiet noch in Küstennähe lag. Was damals flaches Flaniergelände für Saurier war, wurde im Lauf der Jahrmillio-

HOHLER LERCHENSPORN *(Corydalis cava)*

Von März bis April blüht an feuchten und schattigen Standorten in Laubmischwäldern der Hohle Lerchensporn (s. Bild). Das bis zu 30 cm hohe Erdrauchgewächs hat doppelt dreizählig eingeschnittene Blätter, violette bis weiße, gespornte Blüten in dichten Trauben und eine kugelige, später hohl werdende Knolle. Die Samen tragen nährstoffreiche Anhängsel, Elaiosome genannt, die Ameisen anlocken. Der Lerchensporn, vor allem die Knolle, ist giftig.

nen von den Erdkräften wandartig aufgerichtet. 1921 wurden die Saurierfährten entdeckt, und heute befindet sich hier ein kleines Freilichtmuseum an der Kreuzung von Wittekindsweg, Wiehengebirgs-Kammweg und der Straße Barkhausen–Buer.

Der Parkplatz an den Saurierspuren ist auch ein empfehlenswerter Ausgangspunkt, um auf dem Wittekindsweg zum Grünen See und zum Aussichtsturm auf dem **Nonnenstein** ❻ zu wandern. Der Nonnenstein auf einer Felshöhe des Wiehengebirges bietet einen traumhaften Blick über den Grönegau mit dem Meller Berg, auf den Teutoburger Wald sowie in das Norddeutsche Tiefland mit dem Dümmer. Der von einer Burgruine überragte **Limberg** ❼ auf dem Kamm der Egge in der Oldendorfer Schweiz bietet wundervolle Ausblicke über das Eggetal hinüber zum Wiehen mit dem Nonnenstein und nordwärts weit ins Tiefland. Wohnturm, Mauerreste, Wälle und Gräben sowie die Femelinde erinnern noch an Burg Limberg, die in den 1290er-Jahren in den Besitz der Grafen von Ravensberg und 1325 in den Besitz des Bischofs von Minden kam.

Die Egge ist ein Nordausreißer des Wiehen, seine Ostbastion. Der aus Jurakalk aufgebaute, quellenreiche Limberg-Kegel mit seinen alten Linden und Buchen steht dank seiner botanischen Kostbarkeiten unter Naturschutz; die Sagen sprechen seinen Quellen Heilkraft zu. In der Nähe der Quellen, die am Nordwesthang des Limbergs entspringen, findet sich eine Ringwallanlage, die als »Schwedenschanze« bezeichnet wird, obwohl sie nicht aus der Zeit des Dreißigjährigen Krieges stammt, sondern während der Sachsenkriege Karls des Großen in den 770er-Jahren als Festung der Sachsen neu angelegt wurde.

Die Linden neben dem Forsthaus, heute Ausflugsrestaurant, sind mehr als 300 Jahre alt, die Femelinde (Gerichtslinde) vor den Mauern der Burgruine wird im 14. Jahrhundert erstmals erwähnt. Einen großen Teil des Limbergs bedecken natürliche Buchenwälder, wo südwestlich der Ruine als Kostbarkeit der Hohle Lerchensporn wächst, der im April den Waldboden in ein Meer aus weißen und violetten Blüten verwandelt.

Spektakulärer Durchbruch – die Porta Westfalica In der ➡ **Porta Westfalica** ❽ (»Westfälische Pforte«) durchbricht die Weser den Bergkamm, der das Weserbergland wie ein Wall nördlich begrenzt, und tritt in das Norddeutsche Tiefland aus. Der Bergkamm links des Durchbruchs heißt Wiehengebirge, der Kamm rechts des Stromes Wesergebirge. Das Kaiser-Wilhelm-Denkmal (1892–96) auf dem »Ostpfeiler« der Westfälischen Pforte bietet einen eindrucksvollen Blick hinab auf den Weserdurchbruch sowie zum Weserge-

Im Varusschlacht-Museum am Kalkrieser Berg kann man sich über das historische Ereignis informieren.

birge im Naturpark Weserbergland. Bei der oberen Denkmalterrasse führt der Wittekindsweg – ein 90 Kilometer langer Fernwanderweg zwischen Osnabrück und der Porta Westfalica – zur nahen **Wittekindsburg** ❾. Buchenhochwald, Klippen, Kammpfade und Aussichtspunkte machen die Wanderung auf dem Ostkamm des Wiehengebirges zu einer der schönsten im Naturpark. Nach Passieren des Aussichtsturms Moltketurm erreicht der Weg das »Berghotel Wittekindsburg« mit prächtigem Weserblick von der Terrasse. Hier erstreckt sich die Wittekindsburg, eine Ringwallanlage aus der Zeit der Sachsenkriege: Während Nord-, West- und Ostseite der 650 x 110 Meter großen Anlage durch Wälle gesichert sind, bilden im Süden Felsabstürze die natürliche Begrenzung. Die Wittekindsquelle in der Wallanlage ist der angebliche Ort von Wittekinds Bekehrung. Die romanische Kirche, die neben der (versiegten) Quelle steht, wurde im Jahr 1224 erstmals erwähnt.

Der ➡ **Hermannsweg** ❿, Kammweg des Teutoburger Walds und Fernwanderweg, ist nach Hermann dem Cherusker benannt und in den letzten Jahren zu einer der beliebtesten Hiking-Routen der deutschen Mittelgebirge avanciert. Von der Fachwerkstadt Rheine an der Ems führt über 154 Kilometer durch das nördliche Münsterland auf den Kamm des Teutoburger Walds zu, den er am »Nassen Dreieck« bei Hörstel erreicht. Hier tritt er in den Naturpark TERRA.vita ein und folgt dem Kamm zu den ➡ **Dörenther Klippen** ⓫, ehe er bei Bielefeld in den Naturpark Eggegebirge und südlicher Teutoburger Wald wechselt, wo er auf der Velmerstot endet. Die Dörenther Klippen sind das spektakulärste Felsgebiet des nördlichen Teutoburger Walds und das Kletterrevier des Münsterlands. Zu den bedeutendsten Einzelfelsen und Felsgruppen gehören das Hockende Weib, die Klippen über dem Plisseetal, der Dreikaiserstuhl und der Königstein. Der Hermannsweg verbindet all diese Felsen miteinander. Die Sandsteinfelsen sind zudem berühmt wegen ihres artenreichen Moos- und Flechtenbewuchses: Bryologen (Mooswissenschaftler) haben über 150 Moos- und Flechtenarten gezählt. Im Jahr 2005 wurden die Dörenther Klippen als Naturschutzgebiet ausgewiesen und dabei auch einige Pfade an den Klippen gesperrt. Der auffälligste der bis zu 40 Meter hohen Sandsteinfelsen ist das sogenannte Hockende Weib: Als bizarr verwitterter Turm erhebt er sich aus einem Absatz in der Süd-

Der Name des »Berghotels Wittekindsburg« erinnert an Herzog Widukind, den Widersacher Karls des Großen.

Das Hockende Weib an den Dörenther Klippen bietet Wanderern Rastplätze in luftiger Höhe.

flanke des Osning. Sein Gipfel weist einen kopfartigen Überhang auf, den die Sage als zu Stein erstarrte Gestalt einer riesenhaften Frau deutet. Passend zur Sage führen auf den Gipfel des Felsens in den Sandstein eingetiefte »Spuren«, die wie Abdrücke nackter Fußsohlen aussehen. Vom Gipfel bietet sich ein einzigartiger Blick auf das Münsterland. Ausgangspunkt für den Ausflug zu den Dörenther Klippen ist der gleichnamige Parkplatz südlich von Ibbenbüren an der B 219 Richtung Greven; den beliebten Kletterfelsen erreicht man über den Hermannsweg in einer knappen Viertelstunde.

Wo sich der Hauptkamm in Parallel- oder Einzelkämme auffächert, lässt sich der Hermannsweg etappenweise auch in reizvollen Rundwanderungen erkunden, z. B. im Gebiet von Lengerich mit dem aussichtsreichen **Lengericher Berg** ⑫ oder am **Hagener Borgberg** ⑬ mit seinen alten Buchenwäldern; weiter südlich lohnt im Frühjahr der kurze Abstecher zum **Jakobsberg** ⑭, dessen Kalkböden im März/April Hunderttausende von Leberblümchen in ein violettes Blütenmeer verwandeln. Markierte Rundwanderwege mit Informationstafeln führen von der Gaststätte »Friedrichshöhe« aus durch naturnahe Kalkbuchenwälder und durch artenreiches Grünland mit Feldgehölzen und Hecken; der Aussichtspunkt »Emilshöhe« bietet einen herrlichen Blick auf das Münsterland.

ALTSTADTPERLE TECKLENBURG

Die Burg- und Fachwerkstadt Tecklenburg auf dem Kamm des Teutoburger Waldes (bei ⑪) hat eines der schönsten Altstadtbilder Westfalens bewahrt. Die Ruinen der Höhenburg dienen als Freilichttheater, im Sonnenhang des Burgbergs wird wie im Mittelalter Wein angebaut. Terrassenartig erstreckt sich die verwinkelte Altstadt mit Fachwerkhäusern aus dem 16.–19. Jh. auf dem Bergrücken und in den Hängen. Die unregelmäßigen Straßen sind durch Treppen im Steilhang verbunden, das Zentrum bildet der dreieckige Marktplatz; besonders malerisch ist das geschlossene Bild der Breuerstraße. Die Ruinen der Tecklenburg sind Ausgangspunkt des »Tecklenburger Hexenpfads«: Im Rahmen einer kurzen, landschaftlich beeindruckenden Wanderung führt dieser Pfad zu den Teufelsklippen, der Hexenküche, zum Heidentempel und anderen sagenumwobenen Stätten.

16 Naturpark Dümmer
Im Süden des Norddeutschen Tieflands

ANFAHRT
Auf der A 1 Ruhrgebiet–Bremen–Hamburg bis zur Ausfahrt Neuenkirchen/Vörden bzw. Holdorf und über Damme zum Dümmer; mit der Bahn auf der Strecke Osnabrück–Diepholz–Bremen bis nach Lemförde

LAGE
Im Oldenburger Münsterland beiderseits der Grenze zwischen Niedersachsen und Nordrhein-Westfalen; die nächstgrößeren Städte sind Osnabrück, Diepholz und Minden.

GRÖSSE
472 km²

HÖCHSTE ERHEBUNG
Stemweder Berg (181 m)

GRÜNDUNG
1972

INFORMATION
Naturpark Dümmer e. V., Niedersachsenstr. 2 (Kreishaus), 49356 Diepholz

TELEFON
05441/97 60

INFOHAUS
In Hüde

INTERNET
www.duemmer.de

Herz und Namensgeber des Naturparks im Oldenburger Münsterland ist der Dümmer mit 13,5 Quadratkilometern der zweitgrößte See Niedersachsens und eines der meistbesuchten Wassersportparadiese im Nordwesten Deutschlands. Verlandungszonen, Fischreichtum, benachbarte Hoch- und Niedermoore sowie Feuchtwiesen machen den Flachwassersee zu einem Vogelrückzugsgebiet von internationaler Bedeutung: In milden Wintern halten sich hier bis zu 50 000 gefiederte Gäste auf, im niedersächsischen Binnenland ist der Dümmer das größte Rast- und Überwinterungsgebiet für Ente, Gänsesäger, Kiebitz, Kornweihe und Trauerseeschwalbe. An den Rändern der Dümmer-Niederung erheben sich die Endmoränen der Dammer Berge und des Kellenbergs sowie der aus Kalksandstein aufgebaute Stemweder Berg.

Archäologie und Weitblicke Am ➡ **Dümmer** ❶ in Hüde haben Archäologen ein jungsteinzeitliches »Moordorf« ausgegraben, und das Dümmer-Museum in Lembruch präsentiert neben Fauna und Flora auch archäologische Funde seit dem Megalithikum. Ein beliebtes Nordic-Walking-Gebiet im Oldenburger Münsterland sind die **Dammer Berge** ❷. Der Aussichtsturm auf dem Mordkuhlenberg (142 m) bietet einen fantastischen Blick über die »Dammer Schweiz« und den gesamten Naturpark. Die höchste Erhebung der Dammer Berge bildet mit 146 Metern der Signalberg, der die tief eingeschnittenen Erosionstäler und die vergleichsweise hohen Kuppen überragt. Dieser reichen landschaftlichen Gliederung verdankt die Region den Namen »Dammer Schweiz«. Eigenwilliges Biotop der »Dammer Schweiz« ist der **Dammer Bergsee** ❸, ein 1953 künstlich angelegten Bergsee mit reichem Vogelleben, an dem auch der »Pickerweg« vorbeiführt. Das Baden ist in dem ehemaligen Klärteich verboten.

Der Dümmer ist ein Mekka für Segler – viele stechen vom Olgahafen in Damme-Dümmerlohausen aus in See.

Ein Ort der Stille in den Dammer Bergen ist das Labyrinth am Benediktinerkloster Damme im ⮕ **Bexaddetal** ❹. Feuchtwiesen, eine Streuobstwiese, Pferdekoppeln, eine massive Holzbrücke über einen Bach, ein von Weidengebüsch gesäumter Weiher – im Bexaddetal entsteht ein kleines Naturparadies, das schon heute zu den Perlen des Naturparks Dümmer zählt.

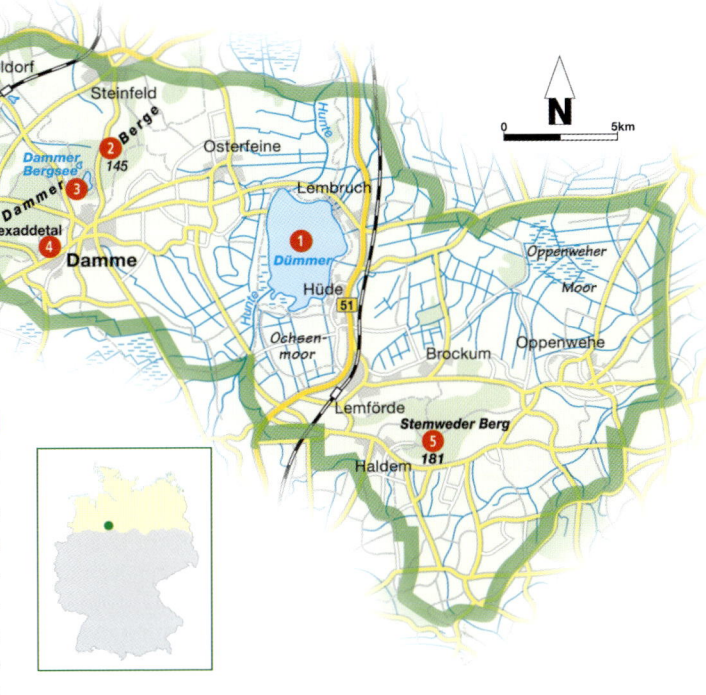

Historische Grenze zwischen Preußen und Hannover Der ⮕ **Stemweder Berg** ❺ erhebt sich wie eine laubwaldgeschmückte Gebirgsinsel im Südosten des Naturparks aus den Moorniederungen mit faszinierenden Ausblicken auf den Dümmer und die Dammer Berge. Er besteht aus festem Kalksandstein und ist ein Gebirge im Kleinstformat: Knapp sieben Kilometer lang, bis zu drei Kilometer breit und so markant, dass er früher die Grenze zwischen den Königreichen Hannover und Preußen bildete.

Die historische Grenze lebt bis heute in der Grenze der Bundesländer Niedersachsen und Nordrhein-Westfalen fort und wurde im 19. Jahrhundert durch Schnadesteine markiert, die man beim Wandern entdecken kann: Der eingemeißelte Buchstabe »H« steht für Hannover, das »P« für Preußen. Ein guter Ausgangspunkt ist das Berggasthaus »Wilhelmshöhe« in der Nähe des Scharfen Bergs (179 m). Wohl nirgendwo sonst in Deutschland gibt es noch so weit nördlich ein »Berggasthaus«.

Gelungene Renaturierung: Im Bexaddetal kann sich die Natur wieder ungestört entwickeln.

TRAUERSEESCHWALBE *(Chlidonias niger)*

Der in den Feuchtgebieten und Süßwasserflachseen Mitteleuropas heimische Vogel ernährt sich von großen Wasserinsekten, Krebsen und kleinen Fischen. Durch die Vernichtung geeigneter Brutplätze ist er vom Aussterben bedroht; am Dümmer ist jedoch noch ein bedeutendes Brutvorkommen der Trauerseeschwalbe zu finden. Ab Mitte Mai brütet sie in Kolonien im Schilf am Gewässerrand oder auf schwimmenden Blättern von Wasserpflanzen. Die etwa 25 cm große Schwalbenart ist zur Brutzeit im Sommer tiefschwarz gefärbt, nur die Flügel- und Schwanzunterseiten sind auffallend weiß. Der Schwanz ist gegabelt, der Schnabel spitz und schwarz. Ihr Ruf erinnert an den Schrei der entfernt verwandten Möwe. Am Ende des Sommers ziehen die Vögel in ihre Überwinterungsgebiete im tropischen Westafrika.

Naturpark Dümmer 71

17 Naturpark Steinhuder Meer
Wassersportparadies und Feuchtgebiete von internationaler Bedeutung

ANFAHRT
Auf der A 2 Hannover–Ruhrgebiet bis zur Ausfahrt Wunstorf-Luthe und über Wunstorf weiter nach Steinhude; nächstgelegener ICE-Bahnhof ist Hannover.

LAGE
In Niedersachsen im Nordwesten von Hannover zwischen Weser, Leine und dem Mittellandkanal

GRÖSSE
310 km²

HÖCHSTE ERHEBUNG
Brunnenberg (161 m)

GRÜNDUNG
1974

INFORMATION
Naturpark Steinhuder Meer, Region Hannover, Höltystr. 17, 30171 Hannover

TELEFON
0511/61 62 22 11

INFOHÄUSER
In Steinhude und Mardorf

INTERNET
www.naturpark-steinhuder-meer.de

Das Steinhuder Meer ist der größte See in Niedersachsen und das bedeutendste Wassersportrevier im Binnenland Nordwestdeutschlands. Der 30 Quadratkilometer große Flachwassersee am Nordrand der Mittelgebirgsschwelle bildet das Herzstück des gleichnamigen Naturparks; dieser umfasst außer dem von Grundwasser gespeisten See auch die umgebenden Moore und die Rehburger Berge. Sein Fischreichtum und die Größe der Wasserfläche sowie die umgebenden Feuchtgebiete haben das Steinhuder Meer zu einem bedeutenden Rast- und Brutgebiet für Wasser- und Watvögel werden lassen.

Badeinsel und Findlingsgarten Die lohnendste Art, das Steinhuder Meer zu erkunden, ist eine Radtour rund um den See. Die leichte, familienfreundliche Tour ist etwa 30 Kilometer lang und zählt zu den schönsten Genuss-Radstrecken in Norddeutschland. Dank der zahlreichen Fahrradverleih-Stationen muss man nicht mit eigenen Rädern anreisen und kann sich auch Tandems und Kinderanhänger vor Ort ausleihen. Bester Einstiegspunkt für den Rundweg ist ➠ **Steinhude** ❶, einstiges Fischerdorf am Südufer und touristisches Zentrum des Steinhuder Meers. Das Ensemble der 13 historischen Scheunen im Scheunenviertel steht unter Denkmalschutz und ist eines der Veranstaltungszentren von Steinhude. Hier befindet sich auch das Naturpark-Infozentrum, das geführte Exkursionen wie eine Vogelbeobachtungswanderung durch den Meerbruch anbietet. Von Steinhude folgt der Rundweg aussichtsreich dem Südufer des Meers und führt dann landeinwärts in den Flecken **Hagenburg** ❷. Das Renaissance-Schloss der Fürsten von Schaumburg-Lippe und der umgebende Landschaftspark mit altem Baumbestand und einer Rhododendronallee machen das kleine Kirchdorf zu einem Schmuckstück. Sehenswert sind auch der Findlings- und der Moorgarten.

Der Segelhafen von Mardorf bietet dem Besucher einen fantastischen Blick über das weitläufige Steinhuder Meer.

DINOSAURIERPARK MÜNCHEHAGEN

Der »Dinopark« in den Rehburger Bergen bei Münchehagen (westlich von ❸) ist ein Dinosaurier-Freilichtmuseum in einem Gebiet, wo vor rund 140 Mio. Jahren Dinosaurierherden durchzogen. Ein 2,5 km langer Rundweg führt zum Naturdenkmal »Saurierfährten« sowie zu Nachbildungen von mehr als 150 Dinosauriern in Originalgröße. Die »Saurierfährten« bestehen aus über 250 Saurierspuren auf dem Boden eines Kalksteinbruchs. Die Fährten von Fleisch und Pflanzen fressenden Dinosauriern an ein und demselben Ort sind international einmalig.

»Schwimmende Wiesen« und eine Festung im See Im Westuferbereich führt der Rundweg durch die feuchten Grünland- und Bruchgebiete des ➨ **Meerbruchs** ❸ und der Meerbruchwiesen, wo der Steinhuder Meerbach den See verlässt. Der Weg hält aus Naturschutzgründen Distanz zum See sowie zu den Niedermooren, Birken- und Erlenbruchwäldern, damit das reiche Vogelleben nicht gestört wird. Nach dem Dorf Winzlar führt ein Exkursionsweg durch den Bruch an den »schwimmenden Wiesen« vorbei zu einem Aussichtsturm und Beobachtungsständen am Ufer, wo sich ein herrlicher Blick auf die Bruch- und Grünlandschaft sowie den See mit der künstlich aufgeschütteten **Festungsinsel Wilhelmstein** ❹ bietet. Das Museum in der Zitadelle dokumentiert die Geschichte der winzigen Insel, die mit ihrem Ausflugsrestaurant im Sommer ein beliebtes Ziel für Fahrten in »Auswanderer«-Booten ist – so heißen die Segelschiffe, weil sie einst vom schaumburg-lippischen Territorium auch ins preußisch-hannoversche »Ausland« auf der anderen Seite des Sees fuhren. Seit der Gebietsreform liegt der Wilhelmstein in der Region Hannover, gehört aber weiterhin der Fürstenfamilie Schaumburg-Lippe.

Wie bei Winzlar am Westufer bietet sich vom Rundweg aus auch im **Toten Moor** ❺ die Möglichkeit, auf einem Exkursionsweg von Aussichtstürmen die Landschaft mit ihrer vielfältigen Vogelwelt zu beobachten. In **Mardorf** ❻ bietet die dortige Naturpark-Infostelle geführte Exkursionen ins Tote Moor an. **Schloss Landestrost** ❼ in Neustadt am Rübenberge wurde im Stil der Weser-Renaissance erbaut. Das dort untergebrachte Torfmuseum dokumentiert Torfabbau und Renaturierung.

Die »Schwimmenden Wiesen« des Meerbruchs sind ein idealer Lebensraum für viele Vogelarten.

18 Naturpark Südheide
Wacholderheiden bei Müden und Kanutouren auf der Örtze

ANFAHRT
Auf der A 7 Hannover–Hamburg bis Ausfahrt Soltau-Ost, dann auf der B 71 Richtung Munster und Uelzen, kurz hinter Munster Richtung Faßberg/Müden abbiegen; nächstgelegener Bahnhof ist Munster (Örtze) an der Linie Bremen–Soltau–Uelzen.

LAGE
In der südlichen Lüneburger Heide im niedersächsischen Landkreis Celle

GRÖSSE
480 km²

HÖCHSTE ERHEBUNG
Lüßberg (130 m)

GRÜNDUNG
1964

INFORMATION
Naturpark Südheide, Landkreis Celle, Trift 26, 29221 Celle

TELEFON
05141/91 64 69

INTERNET
www.region-celle.de, www.landkreis-celle.de, www.fassberg.de

Wie lichterfüllte Inseln öffnen sich die Heideflächen des Naturparks Südheide zwischen Forsten, die zu den größten zusammenhängenden Holzanbaugebieten Deutschlands zählen. Bis weit ins 19. Jahrhundert war auch die Südheide überwiegend von Heideflächen bedeckt, ehe industrielle Revolution und Globalisierung die Heidebauernwirtschaft nach und nach zum Erliegen brachte. Die Wanderschafherden als natürliche Landschaftspfleger verschwanden, und die Heideflächen verwaldeten oder wurden aufgeforstet – allerdings nicht mit standortgerechten Laubbäumen, sondern vorzugsweise mit raschwüchsigen Kiefern und Fichten. Heute haben die tatsächlich mit Heide bewachsenen Areale nur noch etwa ein Prozent ihres einstigen Umfangs. Doch diese Heideflächen sind die Perlen des Naturparks.

Idyllisches Dorf mit Panoramaberg Als das schönste Dorf der Südheide gilt ➡ **Müden an der Örtze** ❶. Der in der Nähe gelegene malerische Heidesee, der Wietzer Berg (102 m) mit seinen Heideflächen und wunderbaren Ausblicken, die gotische Laurentiuskirche, der Wildpark Müden sowie das ausgedehnte Rad- und Wanderwegenetz ließen das Fachwerkdorf an der Mündung der Wietze in die Örtze zu einem beliebten Ausflugsziel werden; auch der Europäische Fernwanderweg 1 führt durch Müden. Ein guter Ausgangspunkt zur Erkundung des Dorfes und seiner Umgebung ist der am Ortsrand von der Örtze aufgestaute Heidesee.

Von der hölzernen Brücke im Südbuchtbereich des Heidesees folgt ein Wanderweg der Örtze flussabwärts zur historischen Wassermühle, in der ein Besucherzentrum untergebracht ist, und weiter zur Laurentiuskirche aus dem 14. Jahrhundert. Von dort aus gelangt man zum Wildpark Müden mit heimischen Tieren und Pflanzen sowie zum **Wietzer Berg** ❷, dem Panoramaberg der Südheide. Der 1921 aus Findlingen errichtete Löns-Stein auf der Gipfelkuppe erinnert an die Aufenthalte des Dichters Hermann Löns in der Region. Die fünf Grabhügel in der Umgebung wurden vermut-

Eine Kanuwanderung auf der Örtze gehört zu den ganz besonderen Attraktionen im Naturpark Südheide.

lich in der späten Jungsteinzeit (2000 v. Chr.) errichtet.

Eine ganz andere Art von Heide ist der ⇒ **Schmarbecker Wacholderwald** ❸. Dicht an dicht stehen hier Tausende von bis zu fünf Meter hohen Wacholdern. Ein Ausflug durch dieses Gebiet lohnt auch wegen der hervorragenden Aussichten.

Artenreiche Teiche und das letzte Stück Naturwald Die geradezu paradiesisch anmutenden ⇒ **Aschauer Teiche** ❹ wurden zu Beginn des 20. Jahrhunderts oberhalb von Eschede zur Fischzucht angelegt. Aus ihnen entstand ein Ensemble aus Teichen, Heideflächen, Feuchtgrünländern, Birken-Kiefern-Bruchwäldern, Hochmooren und Wacholderbeständen. Sperlingskauz, Schwarzstorch und Seeadler haben hier ebenso ein Rückzugsgebiet gefunden wie die Arktische Smaragdlibelle und die Sumpf-Heidelibelle; in den Randbereichen der Teiche sonnt sich die Kreuzotter. Seinen Namen trägt das Gebiet nach der Aschau, die über die Lachte in die Aller entwässert. Ausgangspunkt für einen Ausflug ist der Parkplatz »Aschauteiche« an der B 191.

Das **Reservat am Lüßberg** ❺ bei Unterlüß beherbergt den letzten Naturwald der Südheide, der sich als Vegetationsgesellschaft ohne menschliches Zutun entwickeln soll. Da auch kranke und tote Bäume nicht gefällt oder entfernt werden, muss man bei einer Wanderung durch diesen Wald mit seinen Gras- und Krautschichten und den von Pilzen besiedelten Totholzstämmen besonders aufpassen; Gefahr droht durch herabfallendes Totholz.

FILMTIERPARK ESCHEDE

Im 120 000 m² großen Filmtierpark Eschede (bei ❹) werden Leoparden, Löwenbabys, Frettchen, Stachelschweine, Waschbären, Hunde, Tiger, Bären und zahlreiche andere heimische und exotische Tiere auf Leinwand- und Fernsehkarrieren vorbereitet. Sie können in freier Wildbahn beobachtet werden, einige von ihnen sind streichelzahm (Bild). Gründer und Leiter des Parks ist Joe Bodemann; der gelernte Tierheilpraktiker zählt zu den erfolgreichsten Filmtiertrainern Europas. In täglichen Vorführungen werden seine Schützlinge dem Publikum vorgestellt (www.joebodemann.de; täglich geöffnet von 10–18 Uhr).

19 Naturpark Lüneburger Heide
Von Mooren, Heidelandschaften und Heidschnucken

ANFAHRT
Auf der A 7 Hannover–Hamburg bis zur Ausfahrt Egestorf und weiter Richtung Handeloh über Undeloh bis Wesel; nächstgelegener Bahnhof in Handeloh

LAGE
In Niedersachsen im Süden der Metropolregion Hamburg

GRÖSSE
1130 km²

HÖCHSTE ERHEBUNG
Wilseder Berg (169 m)

GRÜNDUNG
1911 (als Naturschutzpark), erweitert 2007

INFORMATION
Naturpark Lüneburger Heide e. V., Marktstr. 1, 21385 Amelinghausen

TELEFON
04132 / 92 09 72

INFOHÄUSER
In Döhle, Niederhaverbeck und Undeloh; Heidemuseum in Bispingen; Archäologisches Museum in Oldendorf/Luhe

INTERNET
www.naturpark-lueneburger-heide.de

Der Naturpark Lüneburger Heide ist das Kernstück des größten zusammenhängenden Heidegebiets in Mitteleuropa und von einem attraktiven Netz an Rad-, Reit- und Wanderwegen sowie Nordic-Walking-Strecken durchzogen. Panoramaberg der glazial überformten Moränenlandschaft ist der Wilseder Berg (169 m), die höchste Erhebung zwischen Elbe und Aller. Die Heide ist ältestes Kulturland in Deutschland: Durch Rodungen und den Eintrieb von Schafen und anderen Haustieren verschwanden ab der Jungsteinzeit immer mehr die natürlichen Buchen-, Eichen-Birken- und Eichen-Buchen-Wälder. Holz wurde geschlagen, und der Verbiss der Jungpflanzen durch die Schafe und andere Haustiere stoppte die natürliche Verjüngung des Waldes, lediglich die Wacholder wurden wegen ihrer Stacheln verschmäht und sind bis heute charakteristisch für viele Heideflächen. Auch etliche Buchen und Eichen blieben als Hudebäume stehen, unter deren Blätterdach das Vieh Schutz vor Sonne und Regen fand. Durch die Bewirtschaftung der Fläche durch die Bauern »verarmten« die ehemaligen Waldböden. Es konnten sich nur anspruchslose Pflanzen halten oder ansiedeln, zu denen Besen- und Glockenheide gehören. Wird die Heide nicht auf traditionelle Weise durch Schafbeweidung offen gehalten oder von Menschen »entbuscht«, so verschwindet sie – der Wald erobert die Fläche zurück.

Idyllische Wanderung durch das Seevetal Die Jugendherberge Inzmühlen im Seevetal sowie das Naturkundliche Museum in der Alten Schmiede bilden das Umweltschutzzentrum Handeloh am Nordwestrand des Naturparks. Das Gebiet ist Ausgangspunkt mehrerer Wander- und Radwege, darunter in die Weseler und in die Töpsheide. Während die **Weseler Heide** ❶ durch malerische Naturschönheit und gute Fernsichten beeindruckt, ist die höher gelegene **Töpsheide** ❷ fast ganz von Wald umgeben. Der beeindruckendste Wanderweg von Inzmühlen aus ist der Europäische Fernwanderweg 1 durch das obere **Seevetal** ❸ in das Reetdach- und Kirchdorf Undeloh und zum Wilseder Berg. Als romantischer Pfad führt er aufwärts in einen zauberhaften Laubwald – ein Idyll mit Eichen, Birken, Ebereschen und einzelnen Wacholdern und Kiefern, während links unten die Seeve munter durch ihr steilwandiges Tal mäandert.

Ein Schäfer mit Heidschnuckenherde und Schäferhund – ein für die Lüneburger Heide typischer Anblick.

Im Wald lädt eine Schutzhütte zur Rast ein. Von dort wendet sich der Fernwanderweg schließlich nach links auf das Dorf Wehlen zu. Der Name kommt von »Quelle« und bezeichnet das Quellgebiet der Seeve. Im Jahr 1420 wird Wehlen erstmals urkundlich erwähnt, und bis heute hat sich der Ort mit alten Höfen unter Eichen seine Abgeschiedenheit bewahrt.

Urtümliche Landschaft um den Wilseder Berg Höchste Erhebung der Lüneburger Heide und schönster Aussichtsberg ist der ➡ **Wilseder Berg** ❹, ein von Heide und Laubwäldern sowie alten Wacholdern und Einzelbäumen bedecktes Moränengebiet, das von Trocken- und Bachtälern gegliedert wird. Aus allen Himmelsrichtungen führen Wanderwege auf den Wilseder Berg und münden in einen kurzen Panorama-Rundweg im Gipfelbereich. Markanteste Punkte dieses Rundwegs sind die Aussichtsterrasse beim Gaußstein, wo der Blick fast endlos nach Südwesten schweift, und die Sitzbänke im Nordbereich des Weges, wo an klaren Tagen die Türme Hamburgs zu sehen sind. Der Gaußstein erinnert daran, dass Carl Friedrich Gauß den Wilseder Berg 1822 als Triangulationspunkt bei der Vermessung des Königreichs Hannover benutzte.

Der ➡ **Totengrund** ❺ mit seinen 40 Meter hohen Steilhängen ist das eindrucksvollste Tal am Wilseder Berg. Am Ende der letzten Eiszeit floss der Boden bei der

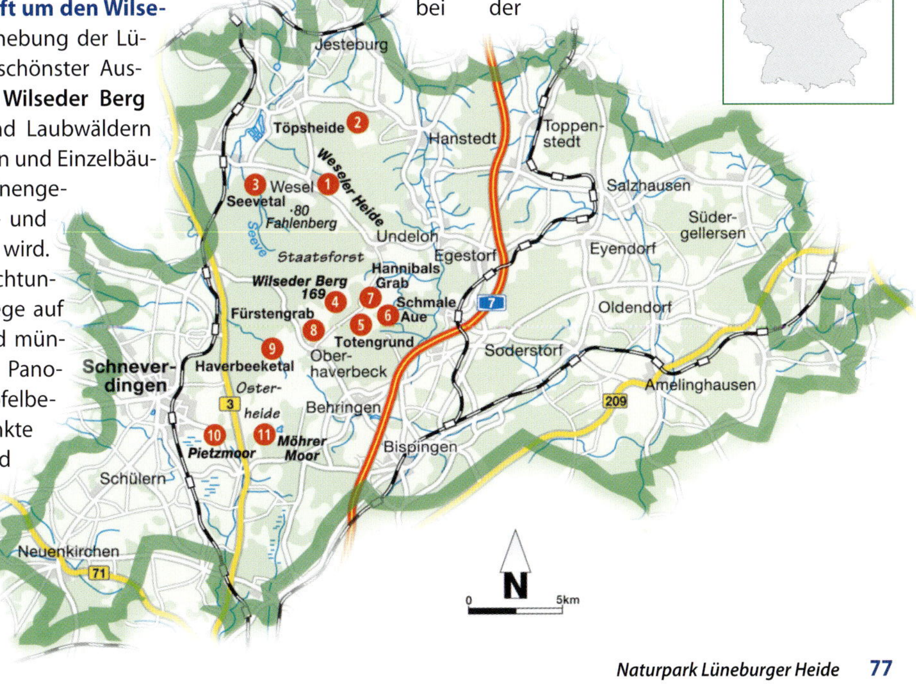

Der Name klingt wenig einladend, die Landschaft des idyllischen Tals ist es schon: der Totengrund am Wilseder Berg.

Naturpark Lüneburger Heide 77

> **HEIDSCHNUCKE** *(Ovis ammon aries)*
>
>
>
> Die grau gehörnten, genügsamen Heidschnucken stammen vermutlich vom Mufflon, einem Wildschaf, ab. Wahrscheinlich wurden sie schon in der Bronzezeit in der Heide gezüchtet. Ihr Hauptfutter ist die Besenheide, die sie durch Verbiss kurz halten. Durch Verbeißen nachwachsender Bäume verhindern sie zudem die Verwaldung der Heide; nur die Wacholder werden mit ihren Stacheln von den Heidschnucken gemieden. Im Spätsommer zerreißen die Schafe die vielen Spinnweben in der Heide, was den Bienen ermöglicht, Nektar zu sammeln. Die Bienen wiederum sorgen durch die Bestäubung der Heideblüten für den Fortbestand der Nahrung der Heidschnucken. Das fettarme Fleisch der Schnucken gilt als besondere Delikatesse.

Gletscherschmelze ab, wobei durch rückschreitende Erosion der Talkessel ausgehöhlt wurde.

Das urtümlichste Wald- und Bachtal des Naturparks ist das Tal der ⏵ **Schmalen Aue** ❻ bei Döhle. Der Bach mit seinen Erlenbruchwäldern und schluchtartigen Seitentälern markiert den Ostrand des Wilseder Raums. Er entspringt bei Bispingen-Volkwardingen, durchfließt zwischen Döhle und Schätzendorf das Naturschutzgebiet Lüneburger Heide und mündet bei Jesteburg in die zur Elbe entwässernde Seeve.

In vor- und frühgeschichtlicher Zeit wurde das Gebiet um den Wilseder Berg als Kultstätte genutzt. Vor allem der Bereich bis zur Mündung der Haverbeeke in die Wümme ist geradezu übersät von Grabhügeln, die der ausgehenden Jungstein- oder der beginnenden Bronzezeit zugeordnet werden. Mittelpunkt war mutmaßlich der Stattberg, der Quellberg der Haverbeeke. Die urgeschichtliche Sammlung des Heidemuseums in Wilsede dokumentiert die Ausstattung einiger dieser Hügel. Bekannteste jungsteinzeitliche Megalithanlage im Naturpark ist »**Hannibals Grab**« ❼ auf einer Kuppe östlich von Wilsede. Sie wurde nach einem Gemälde des bekannten Malers Eugen Bracht von 1880 benannt. »Hannibals Grab« liegt an der für den öffentlichen Verkehr gesperrten Kutsch- und Radwanderchaussee Volkwardingen–Wilsede; zu erreichen ist es auch auf dem Pastor-Bode-Weg.

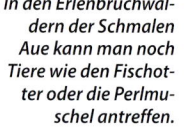

In den Erlenbruchwäldern der Schmalen Aue kann man noch Tiere wie den Fischotter oder die Perlmuschel antreffen.

Das »**Fürstengrab**« 8 am Weg von Niederhaverbeck zum Wilseder Berg ist der größte und eindrucksvollste Grabhügel im Bereich des Wilseder Bergs. Der auch Ebbenbrocken genannte Hügel wurde auf einer Anhöhe aufgeschüttet, die heute von einzelnen Eichen bestanden ist und einen hervorragenden Blick zum Wilseder Berg im Nordosten und zum Stattberg im Südosten gewährt. Mutmaßlich fanden hier die Mitglieder einer bronzezeitlichen Priesterfürstensippe die letzte Ruhe, daher der Name »Fürstengrab«.

Im schönsten Heidetal des Parks Mit einer jährlichen Niederschlagsmenge von durchschnittlich 800 Millimetern ist die höchste Erhebung der Lüneburger Heide ein bedeutendes Quellgebiet an der Wasserscheide zwischen Elbe und Weser. In den Osthängen treten die Quellbäche des Radenbachs zutage, die über die Schmale Aue zur Elbe entwässern; ebenfalls der Elbe fließt die bei Wehlen entspringende Seeve zu. Die der Weser zuströmende Wümme ist mit einem Lauf von 118 Kilometern der längste im Naturpark entspringende Fluss und der Wümmeberg über ihrem Quellmoor einer der schönsten Aussichtspunkte.

Der oberste Quellbach der Wümme ist die ➠ **Haverbeeke** 9: Sie entspringt am Stattberg und durchfließt das schönste Heidetal des Naturparks; die Heidedörfer Nieder- und Oberhaverbeck sind nach ihr benannt. Der in Niederhaverbeck beginnende Rundweg »Walther von der Vogelweide« erschließt den unteren Talabschnitt bis zur »Mündung« in die Wümme. Wo das Haverbeeketal endet, beginnt der Wald; dort ist an einer alten Eiche der nahe Wümmeberg ausgeschildert. Oben laden Sitzbänke mit herrlichem Blick über das Wümmemoor und das untere Haverbeeketal zum Verweilen ein.

Das ➠ **Pietzmoor** 10 ist mit 2,4 Quadratkilometern das größte »erhaltene«, d. h. nicht vollständig entwässerte und in Grünland umgewandelte Moor der Lüneburger Heide. Der Bohlenweg durch das Pietzmoor gewährt Einblick in die Versuche, ein zum Teil abgetorftes Moor durch Vernässung und Verfüllung von Entwässerungsgräben wieder zum Moor werden zu lassen. In den vernässten Torfstichen sieht man, wie mit Birken bewachsene Flächen langsam verschwinden und typische Moorpflanzen wie Wollgräser und Sonnentau zurückkehren. Auffällig sind im Sommer hier die Libellen, von denen im Pietzmoor 18 Arten nachgewiesen sind.

Ein weiteres sehenswertes Moor ist das wenige Kilometer östlich des Pietzmoors gelegene **Möhrer Moor** 11. Man erreicht es auf dem Naturlehrpfad, der an der im Hof Möhr untergebrachten Naturschutzakademie beginnt.

Das größte nicht vollständig entwässerte Moor der Lüneburger Heide, das Pietzmoor, kann man auf einem Bohlenweg aus der Nähe erkunden.

> **REETDACHWEILER WILSEDE**
>
> Der aus wenigen reetgedeckten Häusern bestehende Weiler Wilsede (s. Bild) liegt am Osthang des Wilseder Bergs 4; man erreicht ihn zu Fuß, mit dem Fahrrad oder mit der Pferdekutsche, für Autos ist eine Sondergenehmigung erforderlich. Zur Einkehr laden mehrere Café-Restaurants, darunter die »Milchhalle« ein. Das Heidemuseum »Dat ole Huus« ist eingerichtet wie ein Heidebauernhaus aus der Zeit des ausgehenden 19. Jh. Es vermittelt einen profunden Einblick in Leben und Arbeit der Heidebauern, und die urgeschichtliche Sammlung dokumentiert die jungsteinzeitlichen und bronzezeitlichen Grabhügel (Wilsede, 29646 Bispingen, Tel. 04175/80 29 33).

20 Naturpark Lauenburgische Seen
Auf den Spuren der Alten Salzstraße

ANFAHRT
Auf der A 20 Lübeck–Schwerin bis zur Ausfahrt Groß Sarau, weiter auf der B 207 zum Ratzeburger See; nächstgelegener ICE-Bahnhof ist Lüneburg, von dort weiter bis Ratzeburg.

LAGE
Im südöstlichen Schleswig-Holstein im Osten der Metropolregion Hamburg an der Grenze zu Mecklenburg-Vorpommern, wo nahtlos das Biosphärenreservat Schaalsee anschließt.

GRÖSSE
474 km²

HÖCHSTE ERHEBUNG
Albsfelder Berg (80 m)

GRÜNDUNG
1960

INFORMATION
Naturpark Lauenburgische Seen
Farchauer Weg 7
23909 Fredeburg

TELEFON
04541/86 15 17

INFOHAUS
In Mölln

INTERNET
www.kreisforst.de/naturpark.htm

Ratzeburger See und Schaalsee sind die größten unter den 40 Seen in der hügeligen Jungmoränenlandschaft des Landkreises Herzogtum Lauenburg, in dem 1961 zwischen Elbe-Lübeck-Kanal und Eisernem Vorhang Schleswig-Holsteins erster Naturpark gegründet wurde. Ratzeburg und Mölln bilden die Zentren dieses abwechslungsreichen Wasser-, Wald- und Kulturraums. Die Haupterlebnisrouten für Radler, Wanderer und Kanuten folgen den Spuren der Alten Salzstraße, einem mittelalterlichen Handelsweg, auf dem das »weiße Gold« von Lüneburg nach Lübeck transportiert wurde. Seine modernen Nachfolger sind die B 207 von Lüneburg nach Ratzeburg und Mölln, die gemeinsame Route der Europäischen Fernwanderwege 1, 6 und 9 von Lübeck durch das Wakenitztal und über Ratzeburg und Mölln nach Gudow sowie der Radfernweg »Alte Salzstraße«.

Dom, Seen, Wälder – der Ratzeburger Dreiklang verzaubert Besucher

Eine zehn Kilometer lange, von bewaldeten Steilhängen eingefasste Kanuwander- und Segelfläche ist der ➡ **Ratzeburger See** ❶. Er liegt in einer von Gletschern überformten Schmelzwasserrinne und ist das größte Wassersportparadies unter den Lauenburgischen Seen. Nach Norden entwässert er über die Wakenitz zur Trave, und der elf Kilometer lange Schaalseekanal verbindet ihn über den Küchensee südlich der Ratzeburger Dominsel mit Salemer See und Schaalsee – eine Traumroute für Kanuten. Vier Namen gibt es für denselben See: Ratzeburger See, Domsee, Küchensee und Kleiner Küchensee. Ein reizvoller Wanderweg führt durch die Wälder rund um den See, Beginn ist am besten am Burgtheater. Der Europäische Fernwanderweg 1 folgt, von Lübeck kommend, dem Westufer und wechselt über die Dominsel und den Kleinbahndamm ans Ostufer des Küchensees.

Den Ursprung von **Ratzeburg** ❷ bildete eine slawische Ringwallanlage, nach deren Eroberung durch die Sachsen die »Racesburg« errichtet wurde. Herzog Heinrich der Löwe erneuerte 1154 das Bistum und ließ den romanischen Dom errichten – das Wahrzeichen der Stadt. Am Domhof befindet sich das A.-Paul-Weber-Museum: Weber wurde mit surreal-skurrilen Lithografien und Federzeichnungen einer der wichtigsten zeitkritischen Karikaturisten des 20. Jahrhunderts in Deutschland.

Fast die gesamte schleswig-holsteinische Seite des Schaalsees einschließlich des ➡ **Seedorfer Werders** ❸ ist als Naturschutzgebiet ausgewiesen: Die Uferhänge mit ihren Wäldern sowie die Röhricht- und Schwimmblattgebiete mit reicher Unterwasservegetation bilden den Lebensraum für Seeadler, Kranich, Große Rohrdommel und Fischotter. Dieser Naturschutzbereich darf nicht mit Booten befahren werden, doch durch die Wälder führen Wanderwege und Naturlehrpfade. Zu den schönsten Wanderrouten zählen die Wege durch das Naturschutzgebiet **Salemer Moor** ❹. Zu den Charakterpflanzen dieses Waldhochmoors gehört der Immergrüne Sumpfporst, der mittlerweile auf der Roten Liste steht. In den Wäldern glitzern drei kleine Seen wie Perlen: Garrensee, Plötschersee und Schwarze Kuhle.

Eine Landschaftsperle ist das Naturschutzgebiet ➡ **Hellbachtal** ❺ mit Lottsee, Krebssee, Schwarzsee und dem Südteil des Drüsensees, das süd-

NATURERLEBNISRAUM MÖLLNER SEEN

Er erstreckt sich zwischen Mölln ⑥ und dem Hellbachtal ⑤ und wartet mit Rad- und Wanderwegen, einem Gesteinslehrgarten, dem Möllner Wildpark sowie zahlreichen Hinweistafeln zu Tieren, Pflanzen und Geologie auf.

lich an den »Naturerlebnisraum Möllner Seen« bei der Eulenspiegelstadt Mölln anschließt. Das Hellbachtal zählt zu den schönsten Wandertälern Norddeutschlands.

Till Eulenspiegel, der berühmte deutsche Schalk, soll der Überlieferung nach 1350 in **Mölln** ⑥ an der Pest gestorben sein. Das Eulenspiegel-Museum (Am Markt 2) zeigt Buchausgaben, Gemälde, Grafiken und Plastiken, die Eulenspiegels Leben und Werk illustrieren. Am Marktplatz steht ein Brunnen-Eulenspiegel, und das gotische Rathaus zählt zu den bedeutendsten seiner Art in Schleswig-Holstein.

Der Ratzeburger See lockt mit seinen vielen Freizeitmöglichkeiten nicht nur Ruderbegeisterte an.

Naturpark Lauenburgische Seen **81**

21 Biosphärenreservat Schaalsee
Tiefe Seen zwischen Wäldern, Mooren, Trockenrasen und mächtige Alleen

ANFAHRT
Auf der A 20 Lübeck–Neubrandenburg bis Lüdersdorf oder auf der A 24 nach Zarrentin; mit der Bahn nach Zarrentin

LAGE
Im Westen von Mecklenburg-Vorpommern an der Grenze zu Schleswig-Holstein

GRÖSSE
309 km²

HÖCHSTE ERHEBUNG
Hellberg (93 m)

GRÜNDUNG
1990 als Naturpark, 2000 als UNESCO-Biosphärenreservat

INFORMATION
Amt für das Biosphärenreservat Schaalsee, PAHLHUUS, Wittenburger Chaussee 13, 19246 Zarrentin

TELEFON
038851/30 2 0

INTERNET
www.schaalsee.de

Die Region um den Schaalsee war schon immer dünn besiedelt und gering bewirtschaftet, sodass sich hier eine große Vielfalt an Tieren und Pflanzen halten konnte. Günstig wirkte sich dabei auch die ehemalige innerdeutsche Grenzlage aus. Die Röhrichtgürtel der Seen, Bruchwälder, Feuchtwiesen und Moore sind Lebensraum für viele seltene Arten wie Seeadler, Rohrdommel oder Fischotter. Bisweilen wird die Stille der Schaalseelandschaft nur vom Trompeten der Kraniche oder dem Rufen der Rotbauchunken durchbrochen.

Von der Eiszeit geformt Im Herzen des Biosphärenreservats gelegen, entstand der ➧ **Schaalsee** ❶ während der letzten Eiszeit, als die gewaltigen Kräfte des Wassers ein tiefes Strudelloch entstehen ließen. Mit einer Fläche von 24 Quadratkilometern ist er der größte See im Biosphärenreservat und mit genau 72 Metern Tiefe zudem der tiefste See ganz Norddeutschlands. Mit seinen Buchten, Inseln und Halbinseln bietet er ein wahres Paradies für Tiere und Pflanzen. Auffällig sind die großen Verbreitungstiefen der Wasserpflanzen, die bis zu sieben Meter erreichen. Großflächig kommen Armleuchteralgen, verschiedene Laichkräuter und das Ährige Tausendblatt vor. Auf der Oberfläche bestimmen im Juni besonders Weiße See- und Gelbe Teichrosen das Bild. Die Schilfgürtel am Seeufer sind Brutplätze für seltene Vogelarten wie Rohrdommel, Kolbenente und Seeadler.

Am Südwestufer des Schaalsees liegt ➧ **Zarrentin** ❷, eine Kleinstadt mit dörflichem Charakter und einfachen Fachwerkhäusern. Im 1250 gegründeten Zisterzienserkloster erwartet den Besucher eine interessante Ausstellung über das Kloster. Die Kanzel der Klosterkirche gehört zu der schönsten Mecklenburgs. Sie stammt aus der Marienkirche in Lübeck und wurde 1699 für die Kirche in Zarrentin gekauft. Das PAHLHUUS in Zarrentin informiert über Pflanzen und Tiere der Umgebung, beschreibt die eiszeitliche Entstehung und Gestaltung der Landschaft und stellt regionales Handwerk vor.

Nur einen Katzensprung von Zarrentin entfernt liegt **Lassahn** ❸, dessen Kirche zwischen 1190 und 1250 erbaut wurde. Vom Kirchhof bietet sich ein schöner Blick auf den Lassahner Teil des Schaalsees mit der Insel Kampenwerder.

Der namengebende See des Biosphärenreservats ist ein idyllischer Zufluchtsort für Pflanzen- und Tierarten.

ERLEBNISPFAD DURCHS KALKFLACHMOOR

Auf einem 800 m langen Bohlenweg (s. Bild), der gleich hinter dem PAHLHUUS in Zarrentin ❷ beginnt, kann man ein Kalkflachmoor erkunden. Kalkablagerungen von bis zu 5 m Dicke befinden sich unter der nur etwa 1 m starken Torfschicht. Auf dem Erlebnispfad gibt es reichlich Informationen zur Entstehung und ehemaligen Nutzung des Moores sowie zu Flora und Fauna.

Erleben lässt sich die Vielfalt der Natur auch zwischen Schönwolde und Groß Salitz. Diese hügelige Landschaft prägen bahndammähnliche Wallrücken, die als »Oser« bezeichnet werden. Sie entstanden, als sich unter dem Gletscher Sand und Kies in Schmelzwassertunneln ablagerten und nach dem Abtauen des Eises zurückblieben. Sehr schön kann man das Innenleben eines Osers in einem alten Kiestagebau am Lützowhorster Moor studieren.

In unmittelbarer Nähe befindet sich das Naturschutzgebiet **Schönwolder Moor** ❹, ein gut erhaltenes Regenmoor. Die nicht bewaldeten Flächen zieren niedrige Birkengehölze, dazwischen wächst im Torfmoos die Glockenheide, ein immergrüner Zwergstrauch mit glockenförmigen Blüten in kopfig-doldigen Büscheln am Ende der Zweige.

Als kleine Zungenbecken präsentieren sich der **Röggeliner See** ❺ und das **Kuhlrader Moor** ❻, die nur von einem Geschiebelehmrücken von etwa fünf Metern Höhe voneinander getrennt sind. Am Röggeliner See bietet bei **Klocksdorf** ❼ ein Beobachtungsturm mit großer Plattform die Möglichkeit, das Leben der Vögel auf dem See zu beobachten. Besonders beeindruckend sind die Vogelzüge im Frühjahr und Herbst, und mit etwas Glück bekommt man dann auch jagende Seeadler zu sehen.

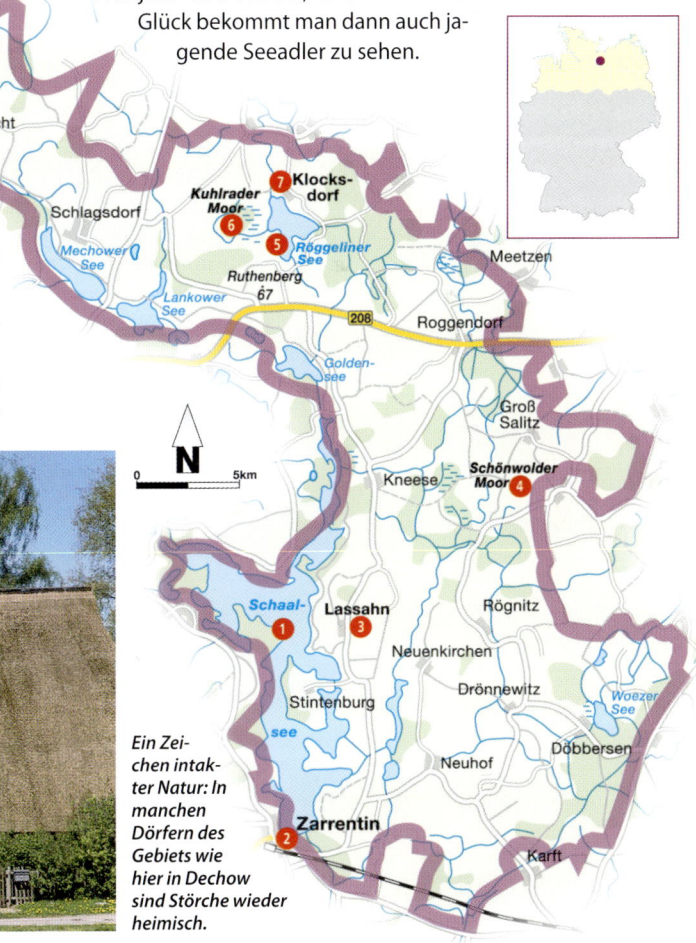

Ein Zeichen intakter Natur: In manchen Dörfern des Gebiets wie hier in Dechow sind Störche wieder heimisch.

Biosphärenreservat Schaalsee **83**

22 Naturpark Mecklenburgisches Elbetal
Weite Auen und mächtige Binnendünen

ANFAHRT
Auf der A 24 entweder bis Neustadt-Glewe und weiter auf der B 191/B 5 über Ludwigslust nach Zahrensdorf oder bis Hagenow und auf der B 321 und der B 5 nach Zahrensdorf; mit der Bahn bis Boizenburg, Brahlstorf oder Pritzier und weiter mit dem Bus nach Zahrensdorf

LAGE
Im südwestlichen Mecklenburg, rechtselbisch zwischen Lauenburg und Dömitz

GRÖSSE
426 km²

HÖCHSTE ERHEBUNG
Forstberg (86 m)

GRÜNDUNG
1998

INFORMATION
Naturpark Mecklenburgisches Elbetal, Am Elbberg 8–9, 19258 Boizenburg

TELEFON
038847/62 48 40

INTERNET
www.elbetal-mv.de

Von Boizenburg im Norden bis Dömitz im Süden erstreckt sich das breite Urstromtal, das von der Elbe durchflossen wird. Zahlreiche Nebenflüsse wie Sude, Schaale, Boize, Rögnitz und Löcknitz sind Bestandteil dieser naturnahen Landschaft, die noch den Lebensraum einer breiten Talaue prägt. Hier finden Biber und Fischotter eine Zuflucht, und auch als Brutgebiet seltener Großvögel wie Schwarzstorch, Kranich und Seeadler sind die Niederungen sehr wichtig.

Um Siedlungen und Felder bei Hochwasser zu schützen, wurden seit dem 13. Jahrhundert Deiche gebaut, die das Bild der Landschaft prägen. Vor allem im Winter tritt die Elbe regelmäßig über die Ufer, Altarme und Auen zwischen den Deichen werden überflutet. Die Überflutungsgebiete beherbergen charakteristische Stromtalpflanzen wie Wiesenalant und Sumpfgreiskraut. Die enge Verzahnung von Feucht- und Trockenbiotopen ist für diesen Naturpark, der zugleich einen Teil des UNESCO-Biosphärenreservats Flusslandschaft Elbe bildet, typisch: In Kontrast zur Elbniederung schließen sich Lebensräume an, die sich vor allem durch Trockenheit auszeichnen. Auffällig sind Binnendünen, die auf dem Scheitel meist locker mit Gebüsch bewachsen sind und am Fuß eine artenreiche Trockenvegetation aufweisen.

Land der Kontraste – Feucht- und Trockenbiotope Im nördlichsten Zipfel des Naturparks haben sich bei Bretzin sehr unterschiedliche Landschaftsformen erhalten. Während die naturnahe mäandrierende **Schaale** ❶ mit einer artenreichen Feuchtufervegetation aufwartet, ist das Naturschutzgebiet ➡ **Bretziner Heide** ❷ ein von Trockenheit liebenden Pflanzen geprägtes Biotop. Hier bestimmen großflächige Vorkommen der Besenheide das Bild, von Silbergrasfluren durchzogen. Besondere Farbtupfer sind im Frühjahr die gelben Blüten des Besenginsters.

Südlich von Boizenburg ist die **Sudeniederung** ❸ einen Besuch wert. In diesem 1000 Hektar großen Areal dominieren Auenwälder und große

Wie in alten Zeiten werden die Wiesen rund um die imposante Festung Dömitz von Schafen beweidet.

BOIZENBURG

Wo die Boize in die Elbe mündet (unweit der Sudeniederung ❸), entstand ab 1170 im Schutz einer Wasserburg die Siedlung Boizenburg. Die Wälle der im 14. Jh. angelegten Befestigung wurden im 19. Jh. in eine von Linden gesäumte Promenade umgewandelt. Auf diesen Wallanlagen kann man rund um die Stadt mit ihren vielen schönen Fachwerkhäusern und dem reizvollen Rathaus (s. Bild) spazieren; hinter dem Heimatmuseum trifft man auf einen hübschen Wallpavillon. An Boizenburg als wichtigen Standort für die Fliesenherstellung erinnert das Erste Deutsche Fliesenmuseum (Reichenstr. 4; Mo geschlossen), das Wandkeramiken aus der Zeit von 1880–1930 zeigt.

Polderflächen mit feuchtem Grünland, wo Gelbe Wiesenraute, Kuckuckslichtnelken und Sumpf-Platterbsen wachsen. Richtung Süden führt hinter Wehningen eine kleine Straße zum Parkplatz der ➡ »Dorfrepublik« Rüterberg ❹. Den Namen trägt der kleine Ort, weil er zu DDR-Zeiten 22 Jahre lang völlig von der Außenwelt abgeschirmt war. Von der älteren Vergangenheit zeugen Relikte der Saalekaltzeit vor etwa 150 000 Jahren; der Rüterberg ist ein Teil der damals entstandenen Endmoränenlandschaft. Vom Aussichtsturm hat man einen großartigen Blick auf die Landschaft mit ihren weiten Auen, Binnendünen mit Kiefern und dem steilen Geesthang.

Empfehlenswert ist auch ein Besuch von ➡ **Dömitz** ❺, das von der Elbe, der Müritz-Elde-Wasserstraße und der Doven Elbe umflossen wird. Hier befindet sich eine der am besten erhaltenen Flachlandfestungen Nordeuropas, die 1559 zu einer mächtigen Backsteinfestung mit Bastionen, Kasematten und Wassergraben umgebaut wurde. Den Innenhof betritt man durch ein prachtvolles Renaissance-Tor von 1565. Über die Geschichte der Festung und die Schifffahrt auf der Elbe informiert das Museum im Kommandantenhaus (Mo geschlossen).

Überraschend trifft man bei Klein Schmölen auf zwei Kilometer lange und 600 Meter breite **Dünen** ❻, die man eher an der Küste als am Ufer der Elbe erwarten würde. Hier wechselt sich Kiefernwald mit baumlosen Hängen ab, und an einem Parkplatz östlich von Klein Schmölen beginnt ein wunderschöner, vier Kilometer langer Wanderweg.

Ein ungewohnter Anblick mitten im Binnenland: die Wanderdünen bei Klein Schmölen im Elbetal

Naturpark Mecklenburgisches Elbetal

23 Naturpark Elbufer-Drawehn
Landschaft voller Kontraste – Auwälder, Marschen und Geesthügel

ANFAHRT
Auf der A 24 bis Neustadt-Glewe und auf der B 191 über Ludwigslust und Quickborn nach Gartow; mit der Bahn bis Dannenberg, dann weiter mit dem Bus bis Gartow

LAGE
Im westlichen Elbuferraum zwischen Bleckede und Schnackenburg bis zum Höhenzug des Drawehn

GRÖSSE
750 km²

GRÜNDUNG
1968

HÖCHSTE ERHEBUNG
Hoher Mechtin (142 m)

INFORMATION
Naturpark Elbufer-Drawehn e. V., Königsberger Str. 10, 29439 Lüchow (Wendland)

TELEFON
05841/962 90

INTERNET
www.luechow-dannenberg.de

Das Urstromtal der Elbe wird im Naturpark Elbufer-Drawehn von Altarmen mit Auwäldern, Wiesen und Marschen geprägt. Auch Elbdeiche und Moränenzüge gehören dazu, von denen man immer wieder faszinierende Eindrücke von der Landschaft gewinnen kann – so etwa vom Höhbeck, einem 75 Meter hohen Geesthügel mit großartiger Aussicht über den Strom zur Lenzener Wische im benachbarten Biosphärenreservat Flusslandschaft Elbe. Im Osten sieht man das Elbholz, einen Naturraum mit alten Eichen und ausgedehnten Qualmwassertümpeln. Naturfreunde können von Aussichtsplattformen im Frühjahr ein besonderes Schauspiel erleben: die Balz der Kraniche.
Völlig anders präsentiert sich dagegen die Landschaft des Drawehn, eines Endmoränenzugs mit abwechslungsreichem Relief, das aus Trockentälern und Hochflächen besteht. Oft betragen die Höhenunterschiede 40 bis 70 Meter auf kurzer Entfernung; manche Kuppen, z. B. der Hohe Mechtin, bieten ausgezeichnete Fernblicke.

Highlights für Naturfreunde und Archäologen Überflutete Auen und Wiesen im Frühling und Herbst, Niedrigwasser im Sommer – das sind die natürlichen Rhythmen der Landschaft rings um **Gartow** ❶, wo ein vielgestaltiges Mosaik aus Wiesen, Wäldern und Flusslandschaften das Bild prägt. Aber auch der 67 Hektar große, bei Wassersportfreunden und Sonnenanbetern sehr beliebte Gartower See gehört dazu. Rund zehn Kilometer südwestlich von Gartow bei Nemitz erstreckt sich die 400 Hektar große **Nemitzer Heide** ❷, die sich nach einem verheerenden Waldbrand (1975) von selbst entwickelte. Viele Tiere, u. a. Schlingnatter, Eidechse und Brachpieper, haben hier eine Heimat gefunden.
Nördlich von Gartow ragt der ➡ **Höhbeck** ❸ auf, ein wahres Paradies für Naturfreunde und eine Fundgrube für Archäologen. An der Ostgrenze des fränkischen Kaiserreichs gelegen, war er eine Bastion Karls des Großen. Um 800 ließ Karl auf dem Höhbeck das »Castellum Hobuoki« errichten, ein Grenzkastell von 170 Metern Länge und 70 Metern Breite, das von einem drei Meter tiefen Graben umgeben war. Eine beachtliche Sammlung zur Archäologie des Höhbeck findet man im Heimatmuseum Vietze, und ein schöner Wanderweg führt vom Aussichtspunkt »Schwedenschanze« am nördlichen Hang des Höhbeck entlang zum Heidberg bei Vietze und weiter zum Parkplatz an der Fähre bei Pevestorf.
Bei Penkefitz lädt das Naturschutzgebiet **Taube Elbe** ❹ mit Flutrinnen und Mulden zum Erkunden ein. Es ist geprägt von Riedflächen, Röhrichten und

DRAWEHN-HÖHENWEG

Der Wanderweg ist 52 km lang und führt durch den waldreichen Drawehn von Walmsburg bis Quarzau (Markierung »E«, weiter mit Markierung »H«, teilweise auch weißes Andreaskreuz, »E6«) über Leitstade, die Göhrde ❻, Schmessau, Spranz, den Hohen Mechtin, Hohenvolkfien und Clenze-Reddereitz nach Schnega (Schweinemark).

Vom Weinberg des Ortes Hitzacker aus bietet sich ein schöner Blick auf das weite Tal der Elbe.

Wiesen, wo man zu allen Jahreszeiten eine Vielfalt an Wasservögeln beobachten kann.

Auf einer Insel in der schiffbaren Jeetzel vor der Einmündung in die Elbe liegt ➟ **Hitzacker** ❺, 1203 erstmals urkundlich erwähnt. Die wirtschaftliche Entwicklung dieses Schiffer- und Fischerorts bestimmten seit 1260 vor allem Einnahmen aus dem Elbzoll, der erst 1872 aufgehoben wurde. Über die Geschichte des Orts informiert das Museum »Altes Zollhaus« (Zollstr. 2; Mo geschlossen). Vor 3000 Jahren siedelten am Ufer des Hitzacker Sees Menschen, die hier Felder anlegten und Vieh züchteten. Darüber kann man sich eingehend im Archäologischen Zentrum Hitzacker (Elbuferstraße) informieren.

Die ➟ **Göhrde** ❻ ist eine von Wäldern bestandene Hochfläche nordwestlich des Drawehn. Fährt man auf der B 216 von Dannenberg in Richtung Lüneburg, kommt man durch den Ort Göhrde, wo ein Waldmuseum (König-Georg-Allee 5; Mo geschlossen) zu einem Besuch einlädt. Im Hof befindet sich ein kleines Greifvogelgehege, wo kranke Vögel versorgt werden.

Naturpark Elbufer-Drawehn 87

24 Biosphärenreservat Flusslandschaft Elbe
Auenlandschaften, sehenswerte Orte und das »Dessau-Wörlitzer Gartenreich«

ANFAHRT
Auf der A 24 bis Zarrenthin, auf der B 195 nach Neu-Bleckede und mit der Autofähre nach Bleckede; mit der Bahn ebenfalls bis Bleckede

LAGE
In der Elbtalaue von Schleswig-Holstein, Niedersachsen, Mecklenburg-Vorpommern, Brandenburg und Sachsen-Anhalt

GRÖSSE
2697 km²

HÖCHSTE ERHEBUNG
109 m (ohne Namen)

GRÜNDUNG
1998

INFORMATION
Biosphärenreservatsverwaltung Niedersächsische Elbtalaue in Hitzacker, Tel. 05862/967 30, www.elbtalaue.niedersachsen.de; Biosphärenreservat Flusslandschaft Elbe-Brandenburg in Rühstädt, Tel. 038791/980 10, www.grossschutzgebiete_brandenburg.de; Naturpark Mecklenburgisches Elbetal in Boizenburg, Tel. 038847/62 48 40, www.elbetal-mv.de; Biosphärenreservatsverwaltung Mittelelbe in Dessau, Tel. 034904/42 10, www.mittelelbe.com

Die Elbe wartet mit einer teilweise naturnahen Auenlandschaft auf, wo sich eine reiche Tier- und Pflanzenwelt erhalten hat. Am Ufer der Elbe und ihren Altarmen haben sich Weidenauenwälder, Röhrichte und Hochstauden entwickelt, wo Elbebiber und Fischotter Lebensräume finden. Werden die Flächen vor den Deichen im Winter und Frühjahr durch Hochwasser überflutet, kann man massenhaft Wat- und Wasservögel, aber auch Gänsesäger und Schwäne beobachten. Die weiten Grünlandflächen zwischen Altarmen und Bracks dienen vielen nordischen Arten als Rastgebiet, etwa Zwerg- und Singschwänen, Saat- und Blessgänsen, Kiebitzen, Goldregenpfeifern und verschiedenen Greifvögeln. Die Qualmwasserbereiche in Deichnähe sind Lebensraum vieler Amphibien, zu denen die seltene Rotbauchunke, der Laubfrosch und der Kamm-Molch gehören. Sehr reizvoll ist eine Fahrt auf dem Elbe-Radweg, der von Hitzacker bis nach Dessau durch das Biosphärenreservat führt.

Besondere Siedlungsformen – Warften- und Rundlingsdörfer Der Weg nach Bleckede führt über das Warftendorf **Neu Wendischthun** ❶, wo jedes Haus als Schutzmaßnahme vor dem Hochwasser auf einem Hügel (Warft) gebaut wurde. ➟ **Bleckede** ❷ erreicht man mit der Fähre, wo sich im Elbschloss Bleckede, einem barocken Fachwerkgebäude, das Informationszentrum für das Biosphärenreservat befindet. Auf über 1000 Quadratmetern Fläche präsentiert eine Ausstellung die einzigartige Natur dieser Flusslandschaft. Im Elbe-Aquarium kann man Fische der Elbe wie Aal, Brasse und Zander beobachten, und die Umweltwerkstatt bietet Kindern die Möglichkeit, die Natur aktiv zu entdecken. Fährt man von Bleckede entlang der Elbe in Richtung Neu Darchau, führt der Weg durch **Walmsburg** ❸, ein typisches Rundlingsdorf.

Bei Vockerode (östlich von Dessau) bietet die Elbe ein beschauliches Bild nahezu unberührter Natur.

Hochmoore und eine Wanderdüne In Neu-Darchau geht es wieder per Autofähre auf die andere Seite der Elbe und über Darchau und Haar nach Neuhaus. Von Neuhaus nach Tripkau führt eine Allee über die größte Binnendüne der niedersächsischen Elbtalaue, wo Kiefernwälder mit Silbergrasfluren abwechseln. Hinter der Düne sind kleine Hochmoorreste wie das Zeetzer und das Laaver Moor erhalten. Kurz vor Hitzacker haben sich die offenen Sandflächen zu einer Wanderdüne, der **Stixer Wanderdüne** ❹, geformt, deren Sand ständig vom Wind bewegt wird – was man an den verschütteten Kiefern erkennt. Streckenweise fließt die Elbe auch am Fuß von Moränen entlang, die während der Eiszeit abgelagert wurden. Ein auffälliges Beispiel findet man bei **Alt Garge** ❺, flussabwärts von Neu Darchau. Hier haben sich entlang der Elbe steile, bis zu 70 Meter hohe Geestkanten gebildet, die vorwiegend mit Buchen- und Eichenwäldern bewachsen sind.

Der Biber lässt sich auf Wanderwegen teilweise recht gut beobachten.

Fachwerkhäuser, Kopfsteinpflaster und ein reizvolles Stadtbild erwarten den Besucher in **Hitzacker** ❻. Auf einer Insel in der schiffbaren Jeetzel gelegen, wird der Ort erstmals 1203 urkundlich erwähnt. Einen Besuch wert ist das Alte Zollhaus (Zollstr. 2; Mo geschlossen), wo man viel Wissenswertes über die Geschichte der ehemaligen Welfenresidenz, aber auch über Schiffbau, Schifffahrt und Wasserbau erfährt.

Froschkonzerte und Biberburgen Die ausgedehnte Niederung der Elbtalaue ist von Flutrinnen, Mulden und Altarmen geprägt. Sie alle findet man in der ▶ **Dannenberger Marsch** ❼, einem bedeutenden Lebensraum für Amphibien.

Biosphärenreservat Flusslandschaft Elbe 89

Das »Europäische Storchendorf« Rühstädt ist wegen seiner zahlreichen Weißstörche berühmt.

In der **Seegeniederung** ❽ führen von Gartow/Quarnstedt aus zwei Rundwanderwege ins Reich der Biber. Auf dem kleinen »Biberpfad« (Rundweg Kleiner See, 2,6 km) informieren Schautafeln über das Tier und seine Gewohnheiten. Wählt man den großen Rundweg »Obere Seegeniederung« (6,5 km), kann man den Biber mit etwas Glück von der Seegebrücke aus bei Dämmerung beobachten. Eingeschlossen in das Biosphärenreservat ist der Naturpark Mecklenburgisches Elbetal, wo sich an die weiten Auen der Elbe und ihrer Nebenflüsse die extrem trockenen Standorte der Binnendünen anschließen.

Auf der B 195 kommt man nach **Lenzen** ❾, wo die Burg Lenzini im 10. Jahrhundert den Elbübergang zum slawischen Stammesgebiet der Livonen sicherte. Hier eröffnete der BUND 2003 das Europäische Zentrum für Auenökologie, Umweltbildung und Besucherinformation. In einem beispielhaften Projekt wurde 2005 unweit der Burganlage mit der Rückverlegung des Elbteichs begonnen, um eine 400 Hektar große Überflutungsaue zu schaffen. Hier finden seltene Tiere wie Kiemenfußkrebs und Rotbauchunke einen Lebensraum. Direkt am Deich steht ein ehemaliger DDR-Wachturm, der in Begleitung der Naturwacht bestiegen werden kann und einen großartigen Überblick über die Elblandschaft gibt.

Weißstörche – eine besondere Attraktion Besonders günstige Lebensbedingungen scheinen in und um **Rühstädt** ❿ die Weißstörche zu finden. Der Ort mit den roten Backsteinhäusern und einer kleinen Kirche (ab 1140 von Zisterziensern erbaut) liegt westlich von Bad Wilsnack. Sein Wahrzeichen ist ein alter Wasserturm, auf dem 1952 das erste Storchenpaar nistete. Rühstädt erhielt 1996 den Titel »Europäisches Storchendorf«, und im Ort wird über die Störche genau Buch geführt – auf Holztafeln an den Hauswänden gibt es Informationen dazu.

Reizvoll erhebt sich in **Havelberg** ⓫ der Bischofsberg mit dem Dom, 1170 als romanische Basilika geweiht und im 13. Jahrhundert gotisch umgebaut. Spätklassizistische Fassaden bestimmen das Stadtbild, zu denen auch die des Rathauses gehört. Die Kirche St. Laurentius (15. Jh.) ist ein schöner Backsteinbau.

Kirchliche Pracht, Denkmal- und Naturschutz in trauter Eintracht Wo die Tanger in die Elbe mündet, liegt auf einem Höhenzug **Tangermünde** ⓬ mit seinen Backstein- und Fachwerkbauten. Von der noch größtenteils vorhandenen Stadtbefestigung aus dem 13. Jahrhundert mit drei Stadttoren gilt das Neustädter Tor (1450), mit brandenburgischem Wappen verziert, als das schönste. Se-

> **SILBERGRAS** *(Corynephorus canescens)*
>
> Silbergras ist einer der Erstbesiedler offener Sandflächen wie der Stixer Wanderdüne ❹. Die Samen keimen schnell und bilden bald steif aufrecht wachsende, graugrüne Blatthorste. Von Juni bis August entfalten sich die silbergrauen Rispen, die oft rötlich überlaufen sind. Zwischen Silbergrasbüscheln können sich, in Gemeinschaft mit Sandseggen, auch Flechten und Moose ansiedeln. Die Heidelerche, die in sandig-trockenen Dünengebieten lebt, baut hier ihre Nestmulde.

henswert ist auch das Rathaus, 1430 im Stil deutscher Backsteingotik mit prachtvollem Schaugiebel errichtet. Beherrschender Kirchenbau ist die 1184 begonnene Stephanskirche. Von der Burganlage in Tangermünde sind neben Teilen der Ringmauer noch das Tor aus der Zeit Kaiser Karls IV. und der über 50 Meter hohe Bergfried erhalten.

▶ **Magdeburg** ⓭ wurde 805 als karolingischer Handelshof erwähnt, und zur Zeit Kaiser Ottos I. (912–73) nannte man Magdeburg das »Dritte Rom«. Auf dem Domplatz entstand 955 eine prachtvolle Basilika; an ihrer Stelle steht heute der gewaltige Dom (Bau 1209 begonnen). Anziehungspunkt unweit des Doms ist das Kloster Unser Lieben Frauen mit einem schönen Kreuzgang und dem ältesten Brunnenhaus Deutschlands aus dem 12. Jahrhundert.

Bei Steckby ist das Naturschutzgebiet **Steckby-Lödderitzer Forst** ⓮ zwischen Aken und der Saalemündung von großer Bedeutung. In den Auenbereichen herrscht ein Hartholzauenwald mit Eichen und Ulmen vor, und auch Wildapfel und -birne sowie die Vogelkirsche wachsen hier. Schwarzstorch, Kranich und Schreiadler haben dort ihre Reviere, und in Flussröhrichten und Galeriewäldern lebt der Elbebiber. Auf den Buhnenfeldern und in den Auen finden Schmetterlinge wie Schillerfalter oder Großer Fuchs, aber auch Libellen wie Asiatische Keiljungfer, Grüne Flussjungfer sowie die Südliche Mosaikjungfer einen Lebensraum.

Gegen Ende des 18. Jahrhunderts entstand in **Dessau** ⓯ und Umgebung das berühmte »Dessau-Wörlitzer Gartenreich«, eine Kulturlandschaft ersten Ranges. Hier ergänzen sich Naturschutz und Denkmalpflege: Die Parkanlagen sind Lebensraum vieler Vogelarten, und im Frühjahr ist hier typischerweise die Nachtigall zu hören. In den großen alten Bäumen finden auch Fledermäuse attraktive Sommerquartiere.

Bevor die Elbe durch den Deichbau in ihrem Lauf fixiert wurde, veränderte sie bei Hochwasser oft ihr Bett, und Teile wurden vom Fluss getrennt. Es entstanden Altwässer, für die eine besondere Artenvielfalt charakteristisch ist. Eines der größten Altwässer ist der 38 Hektar große Kühnauer See, der ab 1805 in den romantischen **Kühnauer Park** ⓰ integriert wurde. Dieser Park ist nur ein Teil der grandiosen Gartenlandschaft, die Fürst Leopold III. Friedrich Franz (1740–1814) im 18. Jahrhundert anlegen ließ. Wie an einer Perlenkette aufgereiht, ziehen sich die Parks durch das Land: Georgengarten, Beckerbruch, Mosigkau, Luisium, Oranienbaum und der ▶ **Wörlitzer Park** ⓱, die berühmteste entsprechende Anlage in Sachsen-Anhalt. Sie entstand ab 1764 und erstreckt sich entlang des Wörlitzer Sees auf einer Fläche von 100 Hektar mit Kanälen, Inseln, Gärten, Gebäuden, Grotten und Plastiken. Das Schloss ist im Stil englischer Landsitze erbaut und besticht durch seine Ausstattung und Gemälde berühmter Maler wie Rubens, Canaletto sowie dem deutschen Landschaftsmaler Philipp Hackert.

Der zum Welterbe der UNESCO gehörende Wörlitzer Park lässt sich auch gut per Boot erkunden.

Biosphärenreservat Flusslandschaft Elbe

25 Naturpark Drömling
Im »Land der tausend Gräben«

ANFAHRT
Auf der A 2 Berlin–Hannover bis zum Kreuz Wolfsburg-Königslutter, weiter auf der A 39 nach Wolfsburg und auf der B 188 nach Oebisfelde; nächstgelegener ICE-Bahnhof ist Wolfsburg, von dort Verbindung zum traditionellen Eisenbahnknoten Oebisfelde.

LAGE
Nordöstlich von Wolfsburg, zwischen Niedersachsen und Sachsen-Anhalt südlich der Altmark

GRÖSSE
278 km²

HÖCHSTE ERHEBUNG
Südwestflanke des Hohen Feldes bei Quarnebeck (ca. 70 m)

GRÜNDUNG
1990

INFORMATION
Naturparkverwaltung Drömling, Bahnhofstr. 32, 39646 Oebisfelde

TELEFON
039002/85 00

INFOHAUS
In Kämkerhorst

INTERNET
www.naturpark-droemling.de

Für seine fetten Frösche war der »Dräumling« seit uralten Zeiten berühmt. Heute gibt es noch etwa ein Dutzend verschiedener Lurcharten an den Ufern und in den insgesamt 1725 Kilometer langen, teils verlandeten Wasserläufen im Niederungsgebiet am südlichen Rand der Altmark. Wo Frösche als fette Beute vorkommen, sind Vögel nicht weit: Für rund 120 Brutvogelarten ist der Tisch reich gedeckt, so für Weißstorch, Schwarzstorch, die Bekassine und den Großen Brachvogel als Charaktervogel des Drömlings. Zwei Dutzend Fischarten, darunter Schmerle und Quappe, bevölkern die im Sommer von den Blütenteppichen des Wasser-Hahnenfußes überzogenen Gräben.

Bis zum Ende des 18. Jahrhunderts war die von Aller und Ohre durchflossene Moorniederung mit Weidendickichten und Erlenbruch bedeckt. Dann ließ Preußenkönig Friedrich II. das Gebiet durch Kanäle und Gräben entwässern und urbar machen. Für die moderne mechanisierte Landwirtschaft eignet sich das durch die Wasserläufe zerstückelte Gebiet schlecht, umso besser aber als Lebensraum für die Pflanzen- und Tierwelt.

Ideal für Radtouren geeignet Das Fahrrad ist das ideale Gefährt, um das flache Land zu erkunden, in dem Pappelreihen und Feldgehölze Schutz vor dem Wind bieten. Die Naturparkverwaltung hat dazu mehrere Faltblätter mit genauen Routenbeschreibungen herausgegeben. Erste Station ist das Städtchen ➡ **Oebisfelde** ❶. Vom knapp 30 Meter hohen Bergfried der Sumpfburg hat man einen herrlichen Ausblick über die Altstadt mit ihren Fachwerkhäusern und mittelalterlichen Kirchen sowie das »Land der tausend Gräben«, eine einmalige Kulturlandschaft Deutschlands.

In ➡ **Buchhorst** ❷ startet eine Tour durch das benachbarte Naturschutzgebiet »Nördlicher Drömling«, wo in der zweiten Hälfte des 19. Jahrhunderts Moordammkulturen angelegt wurden. Die reich gegliederte Wiesenniederung beiderseits der Straße Buchhorst–Röwitz behagt besonders dem Großen Brachvogel als Revier. Wiesenpieper und Braunkehlchen sind dort ebenfalls häufig anzutreffen.

Von **Mieste** ❸ lohnt sich ein Streifzug südostwärts durch die Ohreniederung in Richtung Calvörde, in ein Naturschutzgebiet mit feuchten Grünlandflächen, Eichen-Birken-Wäldchen, Röhrichten und einer Vielzahl von

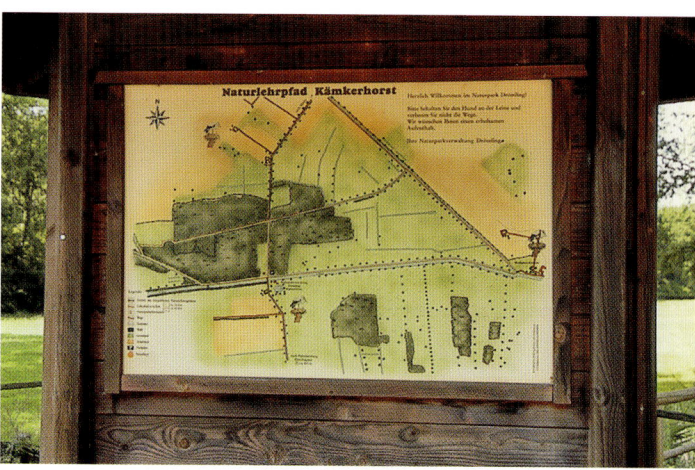

Das Infohaus in Kämkerhorst mit seinen Tafeln über Flora und Fauna ist nicht nur für Kinder interessant.

FISCHOTTER (Lutra lutra)

Die Tiere sind in Deutschland vom Aussterben bedroht; auf etwa 700 Fischotter wird der Gesamtbestand derzeit geschätzt. Im Naturpark Drömling ist der Europäische Fischotter als Wappentier des Parks noch heimisch. Ein dichter Pelz, den er täglich mit Hingabe pflegt, schützt den bis zu 12 kg schweren Räuber vor Nässe und Kälte; er machte ihn bis ins 20. Jh. hinein aber auch zu einer beliebten Jagdbeute. Er selbst erbeutet, wie sein Name verrät, Fische, und zwar überwiegend kleine und darunter besonders die kranken und geschwächten. Fischotter vernichten also nicht Fischbestände, sondern tragen zu ihrer Gesunderhaltung bei. Zudem jagen sie auch Wasservögel und Wasserratten sowie Frösche.

Gewässern, auf denen Teichlinse, Teichrose und Tausendblatt die Flächen bedecken. Kiebitze stolzieren über die Wiesen, der Schilfrohrsänger tönt unmelodisch aus dem Schilf, und die Bekassine macht beim Balzflug mit Gemecker ihrem Ruf als »Himmelsziege« alle Ehre. Wer sie nicht hier im Naturschutzgebiet »Südlicher Drömling« entdeckt, wird sie vielleicht auf der nördlich des Mittellandkanals gelegenen **Bekassinenwiese** ❹ beobachten können.

Entwässerungsgräben müssen ständig gepflegt werden, damit sie das Wasser zuverlässig ableiten. Damit wurden im Drömling vier Grabenmeistereien beauftragt. Das ehemalige Gebäude der Grabenmeisterei ➔ **Kämkerhorst** ❺ dient der Naturparkverwaltung heute als Informationshaus, in dem die Lebensräume des Drömlings mit ihrer typischen Flora und Fauna vorgestellt werden. Im Außenbereich schließt sich ein Rundwanderweg an, der besonders für Kinder spannende Informationen bietet, etwa beim Marsch über den Knüppeldamm, durch den Weidentunnel und zur Station 7, an der die Besucher durch einen »Guckeimer« die zahlreichen Pflanzen und Tiere im Wasser beobachten können.

Im Naturschutzgebiet Nördlicher Drömling findet man die charakteristischste Landschaft des Naturparks.

26 Naturpark Sternberger Seenland
Im malerischen Durchbruchstal der Warnow

ANFAHRT
Auf der A 20 bis zur Ausfahrt Zurow, dann auf der B 192 in Richtung Sternberg, danach vor Brüel rechts nach Sülten abbiegen; mit der Bahn bis Bützow und weiter mit dem Bus nach Sülten

LAGE
In der Mecklenburgischen Seenplatte östlich von Schwerin

GRÖSSE
540 km²

HÖCHSTE ERHEBUNG
Homberg (97 m)

GRÜNDUNG
2005

INFORMATION
Naturpark Sternberger Seenland, Am Markt 1, 19417 Warin

TELEFON
038482/220 59

INTERNET
www.sternberger-seenland.de

Östlich des Schweriner Sees breitet sich eine Landschaft aus, die ihre Form durch zwei Endmoränenzüge während der letzten Eiszeit erhielt. Dazwischen liegen zumeist bewaldete Sanderflächen, große Urstromtäler sowie Schmelzwasserseen. Prägend ist das Flusssystem der Warnow mit ihren Nebenflüssen, die sich in die Landschaft einschnitten. Reizvoll ist auch ein Besuch der Trockenhänge im Frühjahr, wenn der gelbe Ginster blüht. Dazwischen huschen Zauneidechsen über den Sonnenhang, gelegentlich erklingt der Gesang der Heidelerche. Verschiedene Naturschutzgebiete sind ein Paradies für Wat- und Wasservögel, die im Naturpark im Herbst Station machen. Vor allem Scharen von Grau-, Saat- und Blessgänsen, aber auch Kraniche, Kormorane und Fischadler lassen sich hier gut beobachten. Einer der ältesten und bekanntesten Seeadlerhorstplätze Deutschlands befindet sich im Naturschutzgebiet Uphaler und Lenzener See.

Am westlichen Ortsrand von Sülten breitet sich am Südhang des Kirchhügels die größte **Binnensalzwiese** ❶ Mecklenburg-Vorpommerns aus. Sie beruht auf einer Zechstein-Salzstruktur im Untergrund. Hier dringt das salzige Grundwasser bis an die Oberfläche und kann in einem Quellmoor austreten. Neben einer Salzquelle gibt es hier weitere kleine Quellbereiche am Hang zwischen Straße und Salzwiese. Charakteristischer Bewohner solcher Binnensalzstellen ist das Echte Löffelkraut, das an der Hauptquelle sein bedeutendstes Vorkommen in Deutschland hat.

Auf Schritt und Tritt Vergangenheit erleben Von Sülten ist es nicht mehr weit bis ➡ **Sternberg** ❷, am Südufer des gleichnamigen Sees gelegen. Der drei Quadratkilometer große See bietet mit seinen breiten Schilfgürteln Wasservögeln wie der Rohrdommel und dem Teichrohrsänger einen Lebensraum. Sternberg erlebte seine Blütezeit unter Heinrich II., der 1309–29 hier residierte. Aus dieser Zeit stammt die Stadtkirche St. Maria und St. Nikolaus, die 1322 errichtet wurde. Auch Reste der alten Stadtmauer hinter der Kirche sowie das gotische Mühlentor entstanden in dieser Zeit. Aus späterer Zeit stammen schöne Fachwerkhäuser, von denen

Das sehenswerte Freilichtmuseum von Groß Raden

manche das typische »Sternberger Band«, einen Zierstreifen mit Rautenmuster, tragen. Im ältesten Sternberger Wohngebäude gleich hinter der Kirche ist das sehenswerte Heimatmuseum untergebracht.

Vor etwa 1400 Jahren wanderten slawische Stämme in das Gebiet ein und hinterließen zahlreiche Burgwälle. Berühmtester Nachbau einer Niederungsburg ist im Archäologischen Freilichtmuseum von **Groß Raden** ❸ zu sehen. 1973–80 wurde von Schweriner Archäologen eine Tempelburg aus dem 9./10. Jahrhundert ausgegraben. Man rekonstruierte Reste einer Kulthalle, mehrere Flechtwandhäuser sowie einen Burgwall. Auch zahlreiche Einzelfunde wie Hirsestampfer, Pferdeschädel, Holzlöffel sowie verschiedene Kultobjekte kamen ans Tageslicht. In einer Dauerausstellung wird die Kultur und Lebensweise slawischer Stämme dokumentiert (geöffnet April–Okt. tägl. 10–17.30 Uhr, Nov.–März tägl. 10–16.30 Uhr).

Ein Highlight ist das ➡ **Warnow-Mildenitz-Durchbruchstal** ❹ bei Groß Görnow, dessen Ursprung bis zur letzten Weichsel-Eiszeit vor 25 000 bis 10 000 Jahren zurückreicht. Dieses 80 Hektar große Naturschutzgebiet beeindruckt mit bewaldeten, bis zu 30 Meter hohen Steilhängen. Während in den oberen Bereichen ein Mischwald mit Rotbuchen, Winterlinden und Bergulmen vertreten ist, kommen in den Senken artenreiche Erlenwälder vor. Zahlreiche Vogelarten wie Schwarzspecht, Buntspecht, Weidenmeise, Gebirgsstelze und die seltene Wasseramsel haben hier ihren Lebensraum. Wer dieses Tal auf einer Wanderung erkunden möchte, folgt vom Landgut in Groß Görnow dem Hinweis zu einem Parkplatz, der Ausgangspunkt für einen schönen Rundwanderweg ist.

Die idyllische Flussniederung der Warnow mausert sich bei Groß Görnow zum größten Durchbruchstal Mecklenburgs.

Naturpark Sternberger Seenland

27 Naturpark Nossentiner/Schwinzer Heide
Klöster und Herrenhäuser inmitten einer vielgestaltigen Landschaft

ANFAHRT
Auf der A 19 bis Linstow oder Karow am See; mit der Bahn bis Karow am See

LAGE
In der Mecklenburgischen Seenplatte östlich von Schwerin

GRÖSSE
365 km²

HÖCHSTE ERHEBUNG
Wahrenscher Berg (120 m)

GRÜNDUNG
1994

INFORMATION
Kultur- und Informationszentrum »Karower Meiler«, Ziegenhorn 1, 19395 Karow

TELEFON
038738/702 92

INTERNET
www.naturpark-nossentiner-schwinzer-heide.de

Als die Gletscher der letzten Eiszeit am Nordrand des Naturparks zum Stillstand kamen, hinterließen sie Endmoränenzüge, die noch als Hügelketten erkennbar sind. Schmelzwasserströme lagerten südlich davon Kies und Sand ab, die als Sanderflächen zu den typischen Landschaften im Naturpark gehören. Sie sind heute fast ausschließlich von künstlich geschaffenen Kiefernwäldern bewachsen, da die natürlichen Wälder – durch Holzbedarf in Glashütten, Teeröfen und Holzmeiler – fast vollständig abgeholzt wurden. Natürliche oder naturnahe Buchenwälder sowie Mischwälder aus Eichen, Birken und Kiefern haben im Naturpark nur eine geringe Ausdehnung. Doch auch die Kiefernwälder haben ihren Reiz: Hier findet man knorrige Bäume und große Wacholdersträucher oder seltene Pflanzen wie Moosglöckchen und Bärlapp. Reste historischer Waldnutzung, der sogenannten Waldweide, finden sich im Naturschutzgebiet Dünenkiefernwald bei Wooster Teerofen.

Wo der Moorochse ruft – Paradies für Tiere und Pflanzen Die geringe Siedlungsdichte und der Seenreichtum (60 Seen) des Naturparks wirkten sich positiv auf den Bestand an bedrohten Tier- und Pflanzenarten aus. Die Flüsse und feuchten Niederungen bieten dem Fischotter einen Lebensraum, und auch Seeadler, Fischadler, Kranich und Rohrdommel fühlen sich hier wohl. Am Beginn der Tour lohnt sich ein Besuch in **Krakow am See** ❶, einem kleinen Städtchen mit parkähnlicher Seepromenade. Den schönsten Blick über den Ort und die Seenlandschaft hat man vom Aussichtsturm auf dem Jörnberg (76 m) am nördlichen Stadtrand von Krakow.

Von internationaler Bedeutung ist das Naturschutz- und Feuchtgebiet ➡ **Krakower Obersee** ❷, der Südteil des Krakower Sees. Regelmäßig ist hier der Seeadler anzutreffen, und auch der Fischadler kommt in dem Gebiet vor. In den Schilfgürteln bauen die hübschen Beutelmeisen ihre hängenden Nester, und die Rohrdommeln machen mit ihren dumpfen Rufen auf sich aufmerksam. Wer vom Krakower Obersee in Richtung Hohen Wangelin fährt, findet im Dorf **Linstow** ❸ das Wolhynier-Museum. Es informiert über die kaum bekannte Geschichte der Deutschen, die im 13. Jahrhundert nach Russland auswanderten, dort Siedlungen gründe-

Imposante »Urviecher« aus grauer Vorzeit leben im Wisentreservat auf der Halbinsel Damerower Werder.

ten und in den letzten 100 Jahren entschädigungslos vertrieben wurden. Das erste Haus entstand 1947 und war bis 1987 bewohnt. Das Museum, ein Wohnhaus, ist z. T. original eingerichtet (geöffnet Di–Fr 13–16 Uhr, Sa/So 14–16 Uhr). Durch Linstow fließt die Nebel, ein Nebenfluss der Warnow. Das Quellgebiet der Nebel liegt bei Hohen Wangelin und ist als Naturschutzgebiet **Obere Nebelseen** ❹ ein vielfältiger Lebensraum. Feuchte Uferregionen wechseln mit Trockenhügeln und Magerrasen, wo unzählige Schmetterlinge, Bienen und Hummeln zu finden sind.

Ganz im Osten des Naturparks lohnt sich ein Besuch des Naturschutzgebiets ➡ **Damerower Werder** ❺. Es besteht aus zwei Halbinseln mit altem Baumbestand und ist vor allem wegen seines Wisentreservats attraktiv. Hier können die Tiere auf einer Fläche von 280 Hektar naturnah gehalten werden, und in einem Schaugatter lässt sich die Fütterung der Wisente aus nächster Nähe beobachten. Am Nordufer des Plauer Sees ist der ➡ **Aussichtsturm »Moorochse«** ❻ sehr zu empfehlen. Er wurde nach der Rohrdommel benannt, die den volkstümlichen Namen »Moorochse« trägt. Das Männchen stößt im Frühjahr einen dumpfen Ruf aus, der sich wie das Brüllen eines Ochsen anhört. Auf dem See tummeln sich neben dem häufigen Haubentaucher auch Zwerg- und Rothalstaucher sowie verschiedene Entenarten. Regelmäßiger Brutvogel ist hier der Kranich.

Zum Abschluss bietet sich der Besuch von **Dobbertin** ❼ mit seiner alten Klosteranlage an. Malerisch erhebt sich die Klosterkirche mit ihren beiden Türmen am Dobbertiner See, die nach Plänen von Karl Friedrich Schinkel im neugotischen Stil umgebaut wurde. Im Klostercafé mit Seeterrasse kann man die Tour gemütlich ausklingen lassen.

Der Eingang zum Naturpark Nossentiner/ Schwinzer Heide

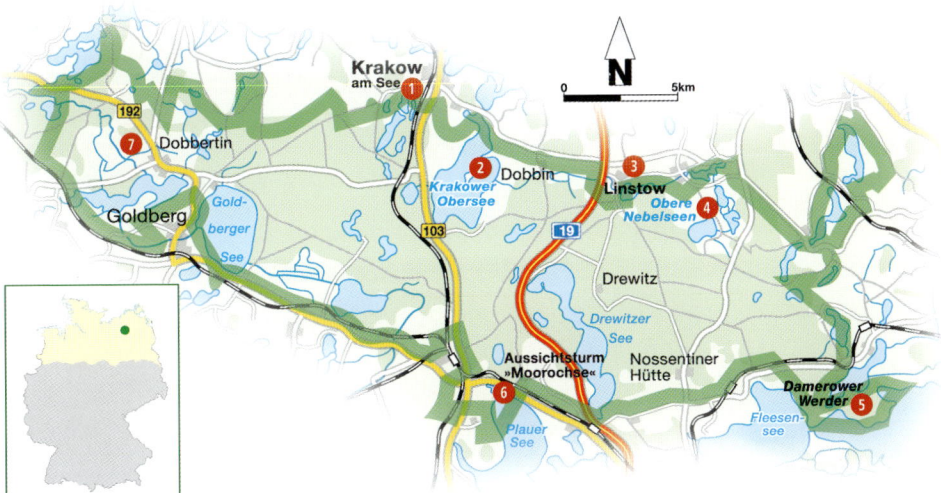

28 Naturpark Mecklenburgische Schweiz und Kummerower See

Auf der A 20 bis zur Anschlussstelle Jarmen und weiter auf der B 110 nach Demmin; mit der Bahn bis Demmin

LAGE
Im Norden der Mecklenburgischen Seenplatte zwischen Güstrow, Demmin und Malchin

GRÖSSE
673 km²

HÖCHSTE ERHEBUNG
Hardtberg (124 m)

GRÜNDUNG
1997

INFORMATION
Naturpark Mecklenburgische Schweiz und Kummerower See, Dorfstr. 124, 17139 Basedow

TELEFON
039957/291 20

INTERNET
www.naturpark-mecklenburgische-schweiz.de

Zwischen Endmoränen und Niederungen mit Seen und Herrenhäusern

In dieser reich geformten Landschaft bestimmen bis zu mehr als 100 Meter hoch aufragende Endmoränenzüge das Bild: am höchsten der Hardtberg bei Malchin mit seinen 124 Metern, gefolgt von Aussichtsbergen wie dem Teterower Heidberg (100 m) oder dem Röthelberg (96 m) nahe der Burg Schlitz bei Karstorf. Sanfte Hügel wechseln sich ab mit ausgedehnten Niederungen, dazwischen liegen Felder, Wälder und Wiesen, die von zahlreichen großen und kleinen Seen unterbrochen sind. Wandern, Radfahren und Reiten gehören hier zu den beliebten Freizeitbeschäftigungen. Auch wenn der menschliche Einfluss dieser Landschaft seinen Stempel aufdrückte, so bieten doch die Buchenwälder mit ihren Teppichen blühender Buschwindröschen im Frühjahr, die Getreidefelder mit Kornblumen und Klatschmohn im Sommer sowie die Uferregionen der Wasserläufe und Seen optische Reize. Im Herbst gehören die Rufe der rastenden Gänse und Kraniche immer wieder zu den herausragenden Eindrücken in dieser sonst recht stillen Landschaft. Großstein- und Hügelgräber sowie Burgwallanlagen sind Zeugen einer langen Vergangenheit. Kirchen, Schlösser und Parkanlagen erinnern an eine kulturreiche Geschichte.

Im Reich von Biber & Co. an der Peene und am Kummerower See Von Demmin kommend, breitet sich an der Peene das Naturschutzgebiet **Devener Holz** ❶ aus, ein 24 Hektar großer, naturnaher Perlgras-Buchenwald auf kuppiger Endmoräne, am Ufer der Peene. Mehr in Ufernähe mischen sich Eschen zu den Buchen, Waldgoldstern und Lerchensporn bedecken den Boden – ein idealer Lebensraum für zahlreiche Wasservögel. Hierher und an die Ufer der Seen kommen Schilfrohrsänger, Rohrweihe, Haubentaucher und Bekassine, und an der Peene hat auch der Biber sein Revier.
Folgt man der B 194 nach Süden bis Lindenhof, führt ein Sträßchen bei Verchen direkt an das Ufer des ➠ **Kummerower Sees** ❷. Auf einem schönen Wanderweg entlang des Seeufers von Verchen bis Sommersdorf kann man eine abwechslungsreiche Landschaft genießen. Besonders interessant ist ein drei Kilometer langer Teil dieser Strecke bis Gravelotte, der als Naturerlebnispfad »Verchener Seeberge« ausgewiesen ist. Er führt, mit

Hinter Hecken, Wiesen und goldenen Getreidefeldern grüßt aus der Ferne der Kummerower See.

Infotafeln versehen, am 37 Meter hohen Steilufer des Kummerower Sees entlang, und es gibt einen Aussichtsturm, von dem sich Wasservögel beobachten lassen.

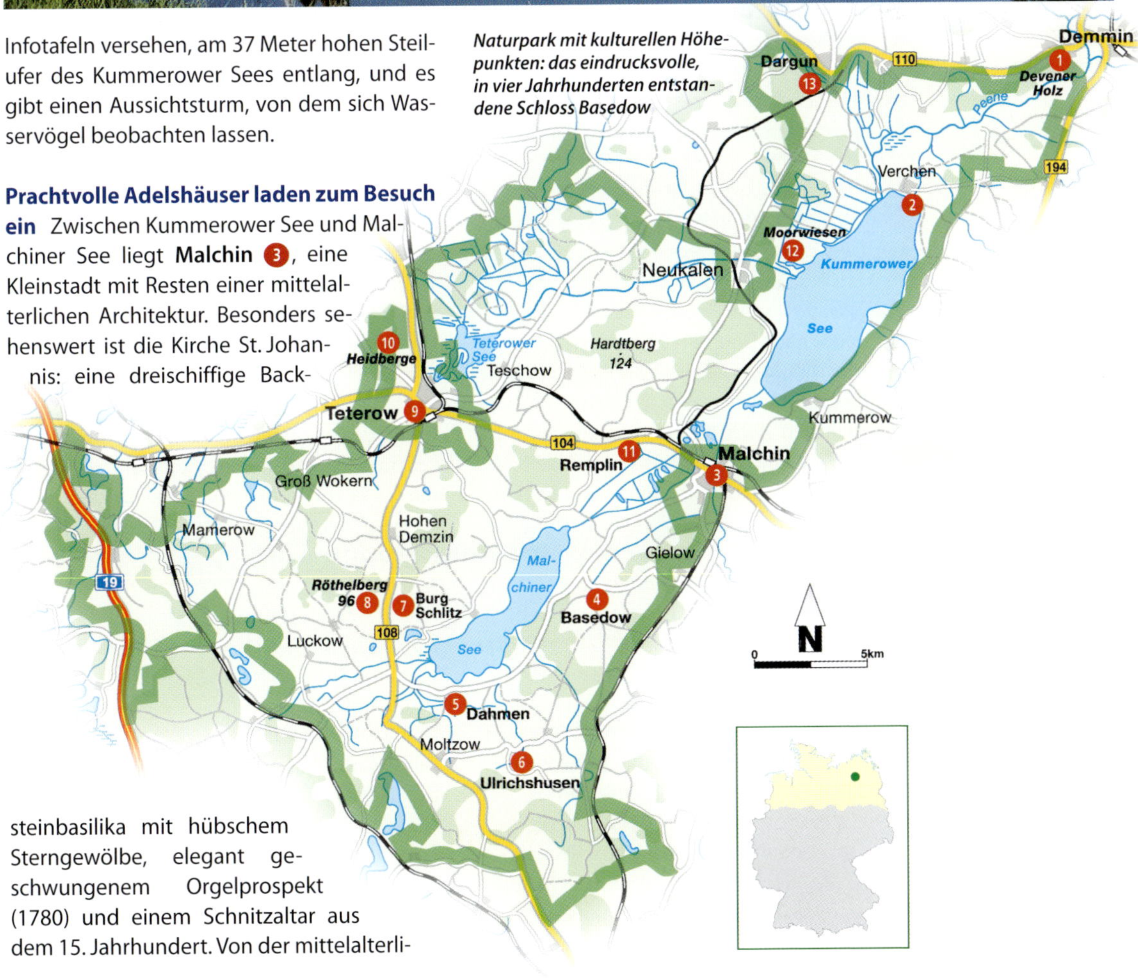

Prachtvolle Adelshäuser laden zum Besuch ein Zwischen Kummerower See und Malchiner See liegt **Malchin** ❸, eine Kleinstadt mit Resten einer mittelalterlichen Architektur. Besonders sehenswert ist die Kirche St. Johannis: eine dreischiffige Backsteinbasilika mit hübschem Sterngewölbe, elegant geschwungenem Orgelprospekt (1780) und einem Schnitzaltar aus dem 15. Jahrhundert. Von der mittelalterli-

Naturpark mit kulturellen Höhepunkten: das eindrucksvolle, in vier Jahrhunderten entstandene Schloss Basedow

Naturpark Mecklenburgische Schweiz und Kummerower See 99

MIT DER DRAISINE UNTERWEGS

Ein Spaß für Kinder bietet sich zwischen Dargun ⑬ und Salem an: Hier kann man auf einer Fahrrad-Draisine die Landschaft genießen. Das Fahrzeug wurde ursprünglich vom badischen Forstmeister Karl Drais von Sauerbronn 1817 als lenkbares hölzernes Zweirad entwickelt, mit dem man sich mit den Füßen vorwärts stemmte. In den heutigen Draisinen (wie sie auch auf anderen Strecken in Mecklenburg-Vorpommern zu finden sind) tritt man wie bei einem Fahrrad in die Pedale, und der Lenker dient nur als Stütze für die Hände. Da das Gefährt auf der zweigleisigen, ehemaligen Bahnstrecke verkehrt, wurden zwei Draisinen durch eine Bank verbunden.

chen Stadtbefestigung blieben das Kalensche Tor im Norden und das Steintor im Süden sowie aus dem 16. Jahrhundert der Fangelturm erhalten.

Nimmt man von Malchin aus Kurs auf den Malchiner See, dann leiten Wegweiser nach ➠ **Basedow** ④, einem der schönsten und eindrucksvollsten Dorfensembles von Mecklenburg-Vorpommern. Ältestes Bauwerk ist die Kirche (13. Jh.) und Hauptanziehungspunkt das Schloss, eine stattliche Dreiflügelanlage, die vom 16. bis zum 19. Jahrhundert errichtet wurde. Am Schloss finden sich Kopien der hübschen Renaissance-Terrakottaplatten aus der Werkstatt des Statius von Düren. Den Schlosspark legte der berühmte Gartenkünstler Peter Joseph Lenné an.

Von Basedow geht es über Seedorf und Rothenmoor nach **Dahmen** ⑤. In den Niederungen der hiesigen Laubwälder, wie etwa im Burgtal bei Rothenmoor oder nahe der Straße von Dahmen nach Klocksin, beeindruckt im Frühling die Pracht des purpurn und weiß blühenden Hohlen Lerchensporns. Von Dahmen aus bietet sich ein Abstecher nach **Ulrichshusen** ⑥ an, wo man aus einer niedergebrannten, denkmalgeschützten Ruine ein schönes Schlosshotel hat entstehen lassen. Sehenswert ist auch der Park mit seinem altem Baumbestand und den Fischteichen. Aus einer großen Feldsteinscheune wurde ein Konzertsaal, der sich im Rahmen der Festspiele Mecklenburg-Vorpommerns zu einem bedeutsamen Aufführungsort entwickelt hat (Infos: Tel. 039953/79 00, www.gut-ulrichshusen.de).

Als wohl bedeutendste klassizistische Schlossanlage Mecklenburgs gilt ➠ **Burg Schlitz** ⑦, die heute als Schlosshotel mit exquisit eingerichteten Suiten und Zimmern genutzt wird.

Sehenswert ist auch der Landschaftspark mit seinem 1903 von Walter Schott geschaffenen Jugendstilbrunnen, auf dessen Rand Nymphen einen Reigen tanzen. Von der Burg Schlitz aus lohnt sich ein kleiner Ausflug zum **Röthelberg** ⑧ (96 m) bei Karstorf, von dessen Gipfel man wohl den schönsten Eindruck von der Mecklenburgischen Schweiz erhält. Vor dem Auge des Betrachters breitet sich eine reizvolle Hügellandschaft aus, in die der Malchiner See eingebettet ist. Reizvolle Badestellen gibt es in Dahmen, dem Hauptort am Südufer, oder bei Bristow am Nordwestufer.

Teterow ⑨ mit seiner schönen Altstadt schmücken zwei mittelalterliche Stadttore und die Pfarrkirche St. Peter und Paul (Bauzeit 250 Jahre ab 1225) mit ihrem sehenswerten gotischen Flügelaltar. Das Wahrzeichen der Stadt, der Hechtbrunnen, steht vor dem Rathaus. Er erinnert an zwei Fischer aus Teterow, die einen Hecht aussetzten und ihm eine Glocke umhängten, um ihn wieder einfangen zu können. Zudem schlugen sie eine Kerbe in ihr Boot, um die Stelle zu markieren, an der sie den Hecht ausgesetzt hatten ... Die Anekdote verlieh Teterow den Beinamen »Schilda Mecklenburg«. Jährlich findet eine Woche vor Pfingsten das Hechtfest statt mit Bühnenshow und Festumzug. Zu empfehlen ist ein Besuch des Stadtmuseums im Malchiner Torhaus (Südlicher Ring 1), in dem man auch über die Burgwallinsel im Teterower See informiert wird. Lohnend ist ein Ausflug dorthin mit der Fähre; eine reetgedeckte Fachwerk-Gaststätte lädt zur Rast.

Nördlich von Teterow liegen die **Heidberge** ⑩, ein 200 Hektar großes Stauchmoränengebiet mit einem Buchenwald, wo im Frühjahr der Boden dicht mit blühenden Buschwindröschen bedeckt ist. Am Fuß einer Stauchmoräne mit Buchenwäldern und Äckern liegt der kleine Ort **Remplin** ⑪, der im Mittelalter Sitz der Familie von Hahn war. Im 19. Jahrhundert erwarb Herzog Georg von Mecklenburg-Strelitz das Schloss und ließ es 1851/52 nach Plänen von Friedrich Hitzig prachtvoll im Stil der französischen Renaissance umbauen. Ein Brand vernichtete das Schloss 1940 bis auf den Nordflügel. Berühmt sind die 200-jährigen Lindenalleen im Schlosspark, der im Barockstil angelegt und 1851 von Peter Joseph Lenné im Stil eines englischen Landschaftsparks erweitert wurde.

Vogelreichtum auf den Moorwiesen Die ➠ **Moorwiesen** ⑫ bei Neukalen sind auf einem Weg begehbar. Sie liegen östlich der Stadt am Peenekanal und repräsentieren als Naturschutzgebiet ein als Grünland genutztes Niedermoor. Bachnelkenwurz und Kriechender Hahnenfuß leiten zu feuchteren Wiesen über, auf denen neben Sumpfläusekraut auch Orchideen wie das Breitblättrige Knabenkraut wachsen. Beachtung verdient auch die Vegetation der Torfstiche, wenn sich im Juni auf den Wasserflächen die gelben Blüten der Großen Mummel entfalten. Die Moorwiesen bei Neukalen haben auch als Brutgebiet von Wiesenvögeln große Bedeutung. Sowohl auf den Torfstichen als auch am Seeufer nistet der Haubentaucher, und die Große Rohrdommel ist hier neben verschiedenen Entenarten ebenfalls anzutreffen. Rohr-, Korn- und Wiesenweihe kommen gelegentlich als Brutvögel auf den Wiesen und im Schilf vor, auch gibt es Kiebitze und Uferschnepfen. Blaumeise, Beutelmeise und Rohrschwirl bereichern als nistende Singvögel das gefiederte Tableau.

Den Abschluss der Entdeckungstour bildet die direkt am Klostersee gelegene Kleinstadt **Dargun** ⑬. Keimzelle des Orts war das im Jahr 1172 gegründete Kloster. Nach der Säkularisierung ließen es die Herzöge von Mecklenburg-Güstrow Ende des 16. Jahrhunderts zu einem prächtigen Renaissance-Schloss umbauen, das die Klosterkirche mit einschloss.

> **DEUTSCHE ALLEENSTRASSE**
>
> Durch den Naturpark verläuft ein Teil der Deutschen Alleenstraße: Von Demmin geht es über Kummerow, Malchin ③ und Dahmen ⑤ in Richtung Malchow. Prächtige alte Bäume, meist Kastanien, Linden oder Buchen, säumen die Straße und schaffen ein lichtdurchflutetes Blätterdach. Die meisten dieser Alleen stammen aus dem 17. und 18. Jh. Für den Schutz und die Pflege setzt sich die »Arbeitsgemeinschaft Deutsche Alleenstraße« ein.

Zur Burgwallinsel im Teterower See kann man mit der Fähre übersetzen.

Naturpark Mecklenburgische Schweiz und Kummerower See **101**

29 Nationalpark Müritz
Im Land der tausend Seen

ANFAHRT
Auf der A 19 Rostock–Berlin bis zur Ausfahrt Waren (Müritz), weiter über die B 192 nach Waren; Bahnverbindungen nach Waren und Neustrelitz mit Anschluss zu weiteren Nationalparkorten

LAGE
Im Bundesland Mecklenburg-Vorpommern, östlich der Müritz zwischen den Städten Waren, Neustrelitz und Feldberg

GRÖSSE
322 km²

HÖCHSTE ERHEBUNG
Serrahner Berge (124 m)

GRÜNDUNG
1990

INFORMATION
Nationalparkamt Müritz, Schlossplatz 3, 17237 Hohenzieritz

TELEFON
039824/252-50

INFOHÄUSER
In Federow, Friedrichsfelde, Kratzeburg, Schwarzenhof, Serrahn, Speck und Waren

INTERNET
www.nationalpark-mueritz.de

Die Müritz ist mit 117 Quadratkilometern der größte See Norddeutschlands und Kernstück des gleichnamigen Nationalparks. Das Gebiet in Mecklenburg-Vorpommern wird auch »Land der tausend Seen« genannt; über 100 Seen sind zwischen einem und 400 Hektar groß. Der Nationalpark ist zweigeteilt: Im größeren, westlichen Teil (260 km²), der an die Müritz grenzt, wechseln sich tiefe Kiefernwälder mit weiten Moorgebieten ab. Im östlichen Teil (62 km²) um den kleinen Ort Serrahn überwiegen bemerkenswert alte Buchenbestände in einer hügeligen Landschaft mit vielen kleinen Mooren und Seen. Ein 500 Meter breiter Uferstreifen im Osten gehört noch zum Nationalpark.

Ein verheißungsvoller Anfang Die hübsche Stadt **Waren** ❶ hat das Glück, an diesem schönen See zu liegen, und Wege führen direkt in den nördlichen Teil des Nationalparks. 650 Kilometer ausgewiesene Wanderwege leiten die Naturfreunde sicher an die schönsten und interessantesten Plätze im Park. Der erste Abstecher in das Naturparadies beginnt gleich am südlichen Stadtrand von Waren (Richtung Ecktannen; die Parkplätze des Nationalparks sind ausgeschildert). Rundwanderwege führen entlang des Müritzufers durch den Warener Stadtpark sowie um den Moorsee und den **Warnker See** ❷. Schon hier kann man mit etwas Glück von einem Beobachtungsstand Kraniche oder Fischadler sichten. Auch Sonnentau gibt es hier; die fleischfressende Pflanze wächst manchmal direkt am Wegrand.

Alle Genießer unter den Naturfreunden werden den sich anschließenden Weg zum **Müritzhof** ❸ nicht scheuen, denn auf der Terrasse oder in der Gaststube werden selbst gebackene Kuchen und leckere regionale Spei-

WEISSE SEEROSE (Nymphaea alba)

In den Sommermonaten sticht ihr strahlendes Weiß auf den klaren Seen im Nationalpark hervor. Wie ein Teppich schwimmen ihre großen, rundlichen Blätter auf der Wasseroberfläche. Mithilfe ihrer biegsamen, bis zu 3 m langen Stängel, deren dicke Wurzeln fest im Boden verankert sind, passt sie sich den Bewegungen des Wassers an. Dabei dienen ihre armdicken Wurzeln in erster Linie dem Festhalten; Nährstoffe nimmt die Seerose auch mit dem Stängel und den Blättern auf. Sie ist winterfest und sommergrün und kommt in Europa bis zum Ural und Nordwestafrika vor. Ihre wohlriechenden, halb gefüllten weißen Blüten mit goldfarbener Mitte sieht man den gesamten Sommer über. Zur Abenddämmerung und bei Regenwetter schließen sich die Blüten. Die Blätter der Seerose sind lederartig und haben einen Wachsüberzug, der sie vor Wellengang oder aufprallendem Niederschlag schützt. Die für die Atmung wichtigen Spaltöffnungen befinden sich, anders als bei Landpflanzen, auf der Blattoberseite. Die Weiße Seerose ist in Deutschland streng geschützt.

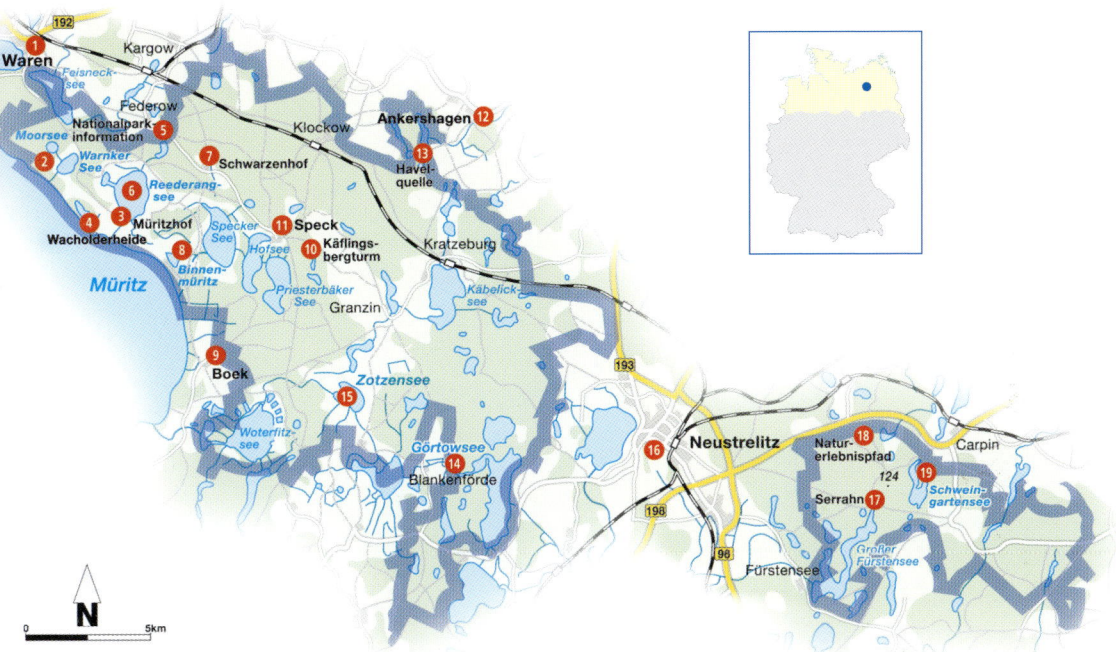

sen serviert. Auf den Weideflächen des Müritzhofs grasen Fjällrinder, Gotlandschafe und Shetlandponys. Seit Januar 1993 werden die Tiere von Behinderten betreut, die auf dem Müritzhof leben und arbeiten und sich aktiv am Naturschutzprojekt beteiligen. Dazu gehört neben der naturnahen Landwirtschaft auch der Aufbau einer Vogelauffangstation mit drei Volieren, in denen verletzte Tiere aus dem Nationalpark gepflegt werden. Frei lebendes Wild und Vieh halten die Flächen zwischen dem Wacholder frei. Hier können Orchideen sprießen oder auch die kleine Kriechweide. Nur mit einem Führer gelangt man

Große, strahlende Seerosenblüten schmücken im Sommer etliche der Seen des Nationalparks.

Wie ein gepflegter Garten präsentiert sich die Wacholderheide an der Müritz.

vom Müritzhof über die Spuklochkoppel zu der herrlichen ⟶ **Wacholderheide** ❹ am Seeufer. Jeden Dienstag um 10 Uhr wird eine dreistündige geführte Wanderung rund um den Müritzhof angeboten. Eine Anmeldung ist nicht erforderlich, allerdings kann der Müritzhof nicht mit dem Auto angefahren werden.

Ein Bohlensteg am Priesterbäker See bietet eine gute Gelegenheit, die Vogelwelt zu beobachten.

Ein Blick in die Kinderstube Bei der ⟶ **Nationalparkinformation** ❺ in Federow gibt es brütende Fischadler zu sehen: Per Videokamera kann man direkt in die Kinderstube eines nahe gelegenen Horstes blicken. Die Fischadler nisten auf einem Starkstrommast. Die Bilder werden von Fachleuten ausgewertet, und als Erinnerung sind die Videos auch zu erwerben. Neben der Information wird in einer kleinen Stube Kaffee und Kuchen angeboten. Zwischen Mai und September führen die Park-Ranger zweimal wöchentlich Besucher zwei Stunden lang zu den Schätzen des Parks. Die im Nationalpark Rast machenden scheuen Kraniche lassen sich besonders gut am **Rederangsee** ❻ beobachten, einem der größten Kranichrastplätze Deutschlands. Von Federow (Parkplätze auch für Wohnmobile) kann man einen Beobachtungsstand gut zu Fuß (1,5 km) erreichen. Allerdings ist der Zugang von September bis Anfang November zum Schutz der Tiere nur eingeschränkt möglich.

Auch am nahen Priesterbäker See sind Kraniche und andere Wasservögel häufig zu sehen. Der in ein Hotel umgewandelte Gutshof **Schwarzenhof** ❼ (mit Parkplatz) liegt in der Nähe einer mächtigen Eiche. Von hier führt ein Weg zum Specker See, weiter nach Boek und über Speck zum Ausgangspunkt zurück. Er eignet sich auch als Radtour (21 km, blaues Zeichen). Die Fahrt mit dem Rad führt zunächst durch Kiefernwald. Auf den Sandböden gedeiht die Kiefer besonders gut. Doch

Die letzten Paradiese Norddeutschlands

auch dieser Wald verändert sich, wenn man ihn gewähren lässt. Durch absterbende Bäume wird der Boden immer humusreicher, und dann haben auch andere Baumarten eine Chance, sich hier anzusiedeln, allen voran die Buche.

Dünen im Wald Der Weg führt nun westlich des Specker Sees durch ein ausgedehntes Moorgebiet mit Erlenbrüchen und abgestorbenen Birken – die **Binnenmüritz** ❽, nicht zu verwechseln mit der gleichnamigen Bucht der Müritz vor Waren. Aufgeschreckte Enten verlassen fluchtartig das schützende Schilf, auf toten Bäumen hocken Kormorane. Aus dem ursprünglichen See sind durch eine Wasserspiegelabsenkung der Müritz vor 200 Jahren drei Seen entstanden: Specker See, Hofsee und Priesterbäker See. Einen guten Überblick ermöglichen zwei Aussichtstürme am Radwanderweg. In den flachen Senken, den Sandern, erkennt man zahlreiche Versumpfungsmoore, die vom nacheiszeitlich ansteigenden Grundwasser gespeist wurden. Trockenheit und Wasserüberfluss wechseln sich im Versumpfungsmoor ab, es kommt deshalb zu Schwankungen des Moorwachstums. Inte-

Malerische Abendstimmung: Vom Käflingsbergturm blickt man weit über die Seenlandschaft des Nationalparks.

FISCHADLER *(Pandion haliaetus)*

Er ist auf sauberes, klares Wasser angewiesen, da er sich ausschließlich von Fischen ernährt. Die zahlreichen Seen in Mecklenburg sind für das Wappentier des Nationalparks Müritz ein ideales Revier. Im Frühjahr brüten und jagen die Fischadler hier. Von einem Ansitz oder aus dem Suchflug stürzen sie sich hinab und greifen ihre Beute aus dem Wasser. Ihren Horst errichten sie auf kahlen, abgestorbenen Bäumen, und auch Hochspannungsmaste werden angenommen. Die zwei bis vier Jungen werden etwa 37 Tage lang ausgebrütet und bis zur Eigenständigkeit gefüttert. Im Winter, wenn die Seen zufrieren, sucht der Seeadler südlichere Jagdreviere auf.

800 Jahre alt – die sagenhafte Linde bei Speck in ihrem zart grünen Frühlingskleid

ressante Pflanzen wachsen im Moor: Wollgras, Sumpfporst, Moosbeere und die aparte Sumpfcalla, aber auch Sonnentau und die sonnengelb strahlende Sumpfdotterblume.

Der weitere Weg führt in ein eigentümliches Dünengebiet nordöstlich des Dorfes **Boek** ❾, die Sanderlandschaft. Die sechs Meter hohen Dünen, durch Flugsand entstanden, sind heute bewaldet. Das Gebiet war schon in der Steinzeit besiedelt, hier wurde das größte Feuersteinbeil des Mecklenburgischen Binnenlands gefunden. Der Ortskern von Boek wird vom Gutshaus dominiert. Um den Hauptplatz im Zentrum liegen verschiedene Hotels und Pensionen. Sehenswert sind die Backsteinkirche an der Ortsdurchfahrt, das Zinnmuseum sowie ein 80 Hektar großer Wildpark für einheimische Tiere. Mit Campingplatz, Fahrrad- und Kanuverleih eignet sich Boek auch für einen längeren Aufenthalt im Nationalpark.

Ein Blick in die Vergangenheit Den Kiefernwald um Speck überragt der ➠ **Käflingsbergturm** ❿ mit seiner Aussichtsplattform in 32 Metern Höhe. Die Käflingsberge sind übersandete Höhenzüge alter Eisvorstöße, die erst aus der Höhe des Turms richtig sichtbar werden. Die beiden Zillmannseen zu Füßen des Turms entstanden zum Ende der letzten Eiszeit, als das abfließende Schmelzwasser eine rinnenförmige Vertiefung in den Untergrund spülte. Diese Rinne füllte sich mit Wasser; der »Rinnensee« reichte vermutlich bis auf die Höhe des Käflingsbergs. Auf einer Karte von 1786 sind die beiden Zillmannseen noch als ein See verzeichnet. Vom Turm ist die Teilung des Sees aufgrund des Verlandungsprozesses gut auszumachen.

Der kurze Weg vom Käflingsbergturm nach **Speck** ⓫ verläuft entlang des alten Müritzufers aus dem 13. Jahrhundert. In den Gebieten um Speck ist eine besonders interessante Waldform zu entdecken: die Reste alter Hutewälder, die durch die Nutzung eines Waldes für die Tierhaltung entstanden. Der Ort ist ein idyllisches Gutsdorf (18. Jh.) mit einer alten Schmiede, in der sich heute eines der Informationszentren des Nationalparks befindet. »Speck« bedeutet in der slawischen Sprache Damm oder Faschinenweg durch das Moor. Die ursprüngliche Siedlung lag auf einer Halbinsel inmitten eines Feuchtgebiets. Die kargen Sandböden waren aber nie ertragreich, und so baute der letzte Besitzer den ehemaligen Gutshof zu einem Jagdschloss um. Eine 800 Jahre alte Sommerlinde mit einem beeindruckenden Stammumfang von über neun Metern neben dem kleinen Parkplatz ist nicht zu übersehen. An der Rückseite des Gutshofs betritt man einen Park mit Frühlingswiesen voller Maiglöckchen und einer alten Eiche. Speck ist vom Schwarzenhof aus auch mit dem Auto erreichbar.

Wo die Havel ihren Lauf nimmt Einst an der alten Salzstraße gelegen, ist **Ankershagen** ⓬ heute bekannt als der Ort der Havelquelle. Heinrich Schliemann, der Entdecker von Troja, wurde hier geboren. In seiner Autobiografie schrieb Schliemann, dass er bereits mit acht Jahren den Entschluss fasste, Troja zu suchen

> **MOORFROSCH** *(Rana arvalis)*
>
> Er bevorzugt Lebensräume mit hohem Grundwasserstand, hauptsächlich Niedermoore, Bruchwälder, sumpfiges Grünland, Nasswiesen sowie die Weichholzauen größerer Flüsse. Dort sucht er sich auch seine Laichgewässer mit Seggen-, Binsen- und Wollgrasrieden oder Flutrasen. Die Paarungsrufe sind sowohl tagsüber als auch nachts zu hören. Während der Paarungszeit können die Männchen für wenige Tage bläulich bis himmelblau gefärbt sein.

> **SPUREN ALTER VÖLKER**
>
> Als die Römer an der Donau erste dauerhafte Siedlungen gründeten, war es an der Müritz noch nahezu menschenleer. In der Gegend von Ankershagen ⑫ bezeugen jedoch mehrere Großsteingräber eine etwa 4000 Jahre zurückliegende Besiedlung während der Steinzeit. Daneben gibt es eine größere Zahl von Hügelgräbern, von denen die »Königswiege« ganz in der Nähe der Informationsstelle Friedrichsfelde bei vielen Besuchern besonders beliebt ist. Von der wechselhaften Besiedlung durch Slawen und Germanen kündet noch heute ein germanischer Burgwall bei Pieverstorf, der in seiner Ausdehnung in Norddeutschland seinesgleichen sucht. Weitere Zeugen aus dem Mittelalter sind die Wasserburgruine in Ankershagen, die Mönchssiedlung in Freidorf und mehrere alte Handelswege.

und auszugraben. Ankershagen kann auf eine lange Geschichte, eine reiche Sagenwelt, ein Ritterschloss und viele weitere Relikte aus uralter Zeit verweisen. Das Schliemann-Museum vermittelt Wissenswertes über den wohl bekanntesten deutschen Archäologen.

Die **Havelquelle** ⑬ liegt am Fahrweg zwischen Ankershagen und Pieverstorf. Vom Parkplatz sind es nur wenige hundert Meter bis zu der Steinsäule, die den Ursprung der Havel markieren soll. Eine richtige Quelle ist jedoch schwer auszumachen, da das Quellgebiet sehr großflächig ist. Ursprüngliche Havelquellseen waren der Born-, der Trinnen- und der Mühlensee, die nach Süden entwässerten. Durch menschliche Eingriffe seit dem Mittelalter wurde die hier verlaufende Wasserscheide zwischen Nord- und Ostsee und somit der Ursprung der Havel mehrfach verändert.

Mitten in der herrlichsten Natur liegen so ursprüngliche Dörfer wie Kratzeburg, Krienke oder Blankenförde – ideale Ausgangspunkte, um den Nationalpark zu erkunden. Bereits im Käbelicksee bei Kratzeburg wird die Havel für Wasserwanderer interessant. Im ➡ **Görtowsee** ⑭ blühen im Juli die Weißen Seerosen wunderbar prächtig, und besonders am frühen Morgen kann man das Erwachen der Natur ganz hautnah erleben und auf das anschwellende Geschnatter, Gezirp, Geflöte und Gehämmere lauschen, mit dem die Vogelwelt den Tag beginnt. Da der See zur Kernzone des Nationalparks gehört, sollte man dabei aber stets sorgfältig die Naturschutzhinweise beachten.

Ein dumpfes Hupen dringt durch die Morgendämmerung zu den Beobachtungspunkten am **Zotzensee** ⑮, der ebenfalls zur Kernzone des Nationalparks Müritz gehört: Ein »Moor-

Die schönste Seite des Dorfes Blankenförde lernt man während einer Wasserwanderung auf der Havel kennen.

NATIONALPARKBUS

Der Nationalparkbus bringt Ausflügler und Ranger im Nationalpark Müritz bequem und schnell zu den wichtigsten Zielen. Der Vorteil: Der Bus kann Fahrräder transportieren und verkehrt auch auf Straßen, die sonst nicht von Autos befahren werden dürfen. Im Nationalpark verkehren die Müritz-Linie (Waren 1–Boek 9–Bolter-Kanal–Waren) und die Fischadler-Linie (Mirow–Kratzeburg–Granzin– Boek und Wesenberg–Zietlitz Granzin). Der Fahrplan ist auch auf den Schiffsverkehr auf der Müritz abgestimmt.

ochse«, wie ihn die Einheimischen nennen, hockt im Röhricht. Dieser 75 Zentimeter große Reihervogel, die Große Rohrdommel *(Botaurus stellaris)*, wirkt durch das eulenartig kräftige Gefieder fast so wuchtig, wie er klingt. Großflächige Röhrichte bieten der stark gefährdeten Rohrdommel einen idealen Lebensraum. Ihr bräunlich gefärbtes Federkleid wirkt wie ein Tarnanzug und macht den Vogel im Dickicht aus Schilfhalmen so gut wie unsichtbar. Ihr Lebensraum wird gerade im Rahmen eines EU-Projekts erweitert, und bislang entwässerte Feuchtgebiete am Zotzensee dürfen wieder nass werden. Davon profitieren auch Amphibien wie Grün- und Grasfrösche sowie rosafarbene Kuckuckslichtnelken, Pfeifengräser und Orchideenarten wie das Knabenkraut.

Aufbruch in den Urwald Der Weg vom größeren zum kleineren, südöstlich gelegenen Teil des Nationalparks Müritz führt über das barocke Kleinstädtchen **Neustrelitz** 16. Bemerkenswert ist der Markt, von dem acht breite Straßen sternförmig auseinanderstreben. Gartenfreunde legen hier wegen des Schlossgartens aus dem 18. Jahrhundert gern eine Rast ein. Die Residenzstadt umgeben zahlreiche Seen, an deren Ufern jedoch nicht mehr Kiefern, sondern immer häufiger Buchen ihre Schatten werfen.

In diesem Haus befindet sich das Schliemann-Museum in Ankershagen.

Serrahn 17 liegt inmitten des kleineren Teils des Nationalparks Müritz, östlich der Stadt Neustrelitz. Zwischen 900 und 1400 existierte am Ufer des großen Serrahnbruchs bereits die wendische Siedlung »Saran«. Vor etwa 200 Jahren begann man mit der geregelten Forstwirtschaft; Kiefern wurden angebaut und ab Ende des 19. Jahrhunderts auch Baumarten wie Douglasie, Fichte, Lärche und Roteiche, die hier nicht heimisch sind.

Einer der reizvollsten Wanderwege beginnt am Parkplatz Zinow an der B 198 zwischen Strelitz und Carpin. Der ⇒ **Naturerlebnispfad** 18 »Der lange Weg zum Urwald« führt durch sehr unterschiedliche, bewirtschaftete oder wilde Waldzonen, von der Weihnachtsbaumaufzucht bis zu urwaldartigen Schauplätzen. Schon vor Jahrzehnten schränkte man hier die forstwirtschaftliche Nutzung ein und ließ einen Unterwuchs aus Eiche, Buche, Esche und anderen Baumarten zu, die den Eindruck einer natürlichen Waldentwicklung vermitteln. Der Große Serrahnsee, durch wasserbauliche Maßnahmen um zwei Meter abgesenkt, ließ ein großes Verlandungsmoor mit zwei Restseen entstehen. Selten gewordenen Tieren und Pflanzen halten sich hier auf. Als schmaler Pfad schlängelt sich der Weg durch den Wald zu einem Aussichtsturm: Von oben blickt man tief ins Moor, das einmal ein See war. Über einen Steg im verlandeten See führt der Erlebnispfad weiter zur Siedlungsinsel Serrahn, wo im alten Forsthaus Serrahn neben der Nationalparkinformation auch eine Ausstellung über die Geschichte und Entwicklung des Gebiets zu sehen ist. Für den rund acht Kilometer langen Erlebnispfad sollte man (mit Pausen) etwa vier bis fünf Stunden einplanen.

Die Magie der Moore Wo am Ende der Eiszeit große Eisblöcke liegen blieben und nur langsam wegschmolzen, finden wir heute kreisrunde Kesselmoore. Diese ökologischen Wunderwelten sind nützlich und wichtig und für den Serrahner Teil des Nationalparks geradezu landschaftsprägend. Im Nationalpark gibt es zahlreiche unterschiedliche Formen von Mooren: Kessel-, Quell-, Versumpfungs- und Durchströmungsmoore. Die Lebensbedingungen im Moor sind hart, und nur wenige Pflanzen und Tiere können sich an Nässe, Säure und mangelnden Sauerstoff anpassen; sie sind besonders schützenswert. Aber auch die Moore selbst sind durch Grundwasserabsenkung bedroht: Sie trocknen aus, und mit ihnen verschwindet nach und nach ein einzigartiger Lebensraum.

Ein kurzer Abstecher zum **Schweingartensee** 19 führt ebenfalls zu einer urwaldartigen Landschaft: eingesenkte Kesselmoore mit Erlen und mächtigen umgestürzten Buchen, pilzübersät, vermoost und von ihren »Bewohnern« langsam zu Pulver zermahlen und der Erde wieder zugeführt. Wasserschwertlilien, Sumpfdotterblumen und Wassergräser zieren das Seeufer, und Bäume recken ihre Äste aus dem silbrig glänzenden Wasser.

Altholz in den Buchenwäldern von Serrahn – ein ideales Domizil für zahlreiche Tier- und Pflanzenarten

> **TIERGARTEN NEUSTRELITZ**
>
> Tiere in freier Wildbahn zu beobachten ist nicht immer ganz einfach. Der Tiergarten in Neustrelitz 16 ermöglicht Begegnungen mit der Natur, ohne dass man dafür um 3 Uhr morgens aufstehen muss. Schon 1721 wurde der Tiergarten umzäunt und diente dem damaligen Herzog als Jagdrevier. 1993 übernahmen dann die Neustrelitzer Werkstätten die Trägerschaft und gestalteten das Gelände naturnah und kinderfreundlich mit Streichelgehege, Naturlehrpfad, Tierkinderabteilung und Spielplatz. Ein Tiergartenfest findet jährlich am zweiten Samstag im Juni statt.

30 Naturpark Stechlin-Ruppiner Land
Auf den Spuren von Tucholsky und Fontane

ANFAHRT
Auf der A 24 bis Neuruppin, dann über Herzberg und Lindow nach Rheinsberg; mit der Bahn bis Rheinsberg, Gransee oder Fürstenberg/Havel

LAGE
Im Norden Brandenburgs zwischen Fürstenberg/Havel, Gransee, Neuruppin und Wittstock/Dosse

GRÖSSE
685 km²

HÖCHSTE ERHEBUNG
Krähenberg (116 m)

GRÜNDUNG
2001

INFORMATION
Naturparkverwaltung Stechlin-Ruppiner Land, Friedensplatz 9, 16775 Stechlin/Menz

TELEFON
033082/40 70

INTERNET
www.grossschutzgebiete.brandenburg.de

Diese Bilderbuchlandschaft, die Theodor Fontane Ende des 19. Jahrhunderts beschrieb, hat sich wenig verändert. Noch bestimmen Kiefernwälder das Bild, und dort, wo noch natürliche Buchenmischwälder vorhanden sind, stehen Rotbuchen mit Traubeneichen oder Hainbuchen mit Stieleichen zusammen. Die Sandfluren sind teilweise von Trockenrasen mit Thymian oder Felsenmauerpfeffer bedeckt oder als Heide ausgebildet. Direkt neben dem Trockenrasen können Feuchtgebiete liegen, die sich um die zahlreichen Seen ausgebildet haben. Dichte Röhrichtgürtel aus Seesimsen, Pfeilkraut, Binsen und Wasserschwertlilie wechseln mit Arten sumpfiger Uferpflanzen wie Blutweiderich und Sumpfdotterblume. Wo die Seen verlandet sind, bilden Torfmoose mit Wollgras, Moosbeere und Sonnentau, gelegentlich auch mit Sumpfporst besetzt, die Pflanzendecke. Die wasserreiche Landschaft ist Lebensraum vieler Vogelarten, von denen der Höckerschwan als einer der größten Brutvögel des Gebiets hervorsticht. Auch Fisch- und Seeadler, Fischreiher und Kormoran lassen sich hier gelegentlich beobachten, und auf den feuchten Wiesen und abgeernteten Feldern kann man häufig Kraniche antreffen.

Auf den Spuren von Tucholskys »Claire« und »Wölfchen« Eingebettet in die schöne Wald- und Seenlandschaft des Ruppiner Lands empfängt das Städtchen ➡ **Rheinsberg** ❶ den Besucher mit seinem lieblichen Charme. Hier hat sich schon Kronprinz Friedrich sehr wohl gefühlt, der von 1736–40 im romantisch gelegenen Schloss am Grienericksee wohnte, lange bevor er »der Große« war. Das Schloss geht vor allem auf den Baumeister Georg Wenzeslaus von Knobelsdorff zurück. Der schöne Schlosspark wurde erst nach 1740 von Knobelsdorff und von Christian Friedrich Glume angelegt. Er bietet malerische Ausblicke über den Grienericksee hinweg zum Obelisken auf einer Anhöhe, eine Treppe mit Sphinxen, Alleen und Spazierwege zwischen alten Bäumen. Im Schloss kann neben Spiegel- und Muschelsaal auch eine Kurt-Tucholsky-Gedenkstätte besucht werden. Durch seine Erzählung »Rheinsberg, ein Bilderbuch für Verliebte« setzte der geistreiche Publizist dem Städtchen ein literarisches Denkmal.

HEIMATTIERPARK KUNSTERSPRING

Im Tierpark im Naturschutzgebiet Kunsterspring ❿ kann man etwa 400 Tiere aus 90 Arten hautnah erleben und manche davon sogar in einem Streichelzoo anfassen. Viele heimische, teilweise seltene Arten wie Auerhahn, Uhu, Steinkauz, Luchs und Wildkatze sind zu beobachten. Als besondere Attraktion können Fischotter beim Füttern bestaunt werden, zudem gibt es ein Wolfsgehege (s. Bild) mit Aussichtsplattform. Seit 2006 ist das Eulenwald-Gehege geöffnet, wo verschiedene Eulenarten zu sehen sind. Zudem gibt es einen Abenteuerspielplatz und gastronomische Einrichtungen (geöffnet April–Sept. 9–19 Uhr, Okt.–März 9–17 Uhr; Infos unter Tel. 033929/702 71).

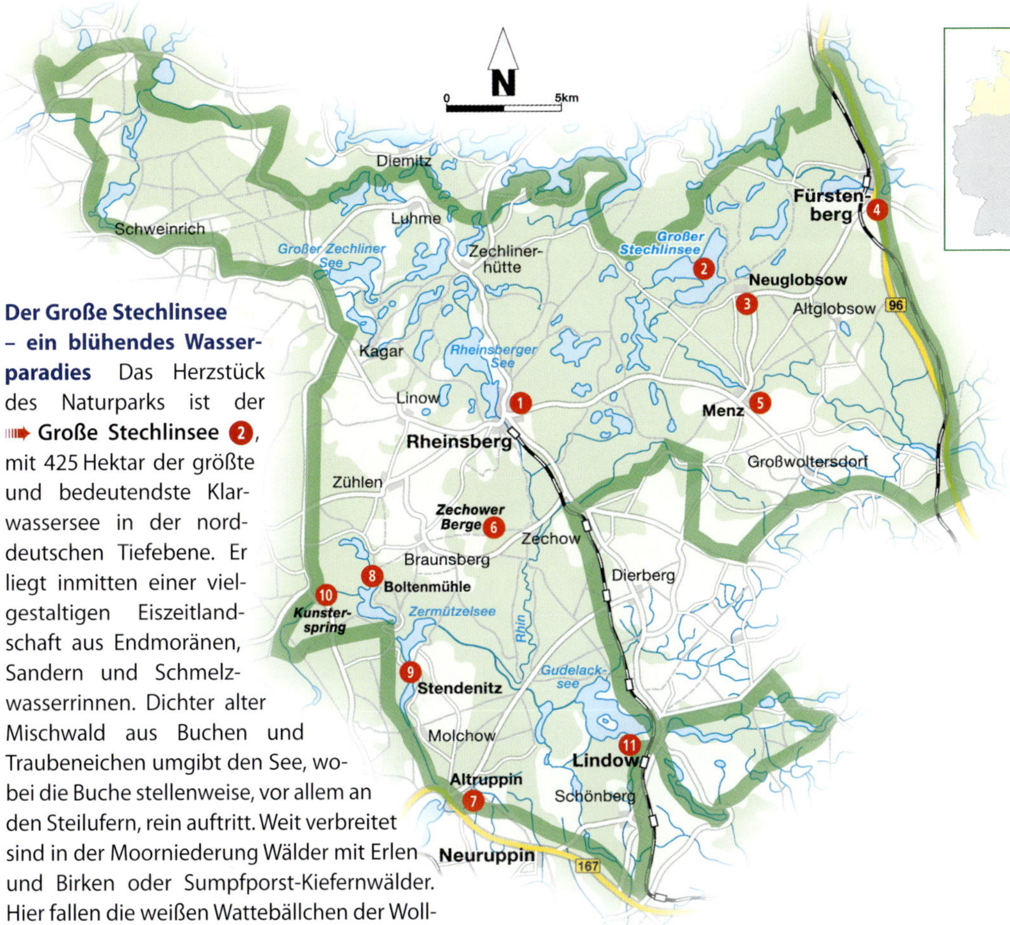

Der Große Stechlinsee – ein blühendes Wasserparadies Das Herzstück des Naturparks ist der ➡ Große Stechlinsee ❷, mit 425 Hektar der größte und bedeutendste Klarwassersee in der norddeutschen Tiefebene. Er liegt inmitten einer vielgestaltigen Eiszeitlandschaft aus Endmoränen, Sandern und Schmelzwasserrinnen. Dichter alter Mischwald aus Buchen und Traubeneichen umgibt den See, wobei die Buche stellenweise, vor allem an den Steilufern, rein auftritt. Weit verbreitet sind in der Moorniederung Wälder mit Erlen und Birken oder Sumpfporst-Kiefernwälder. Hier fallen die weißen Wattebällchen der Wollgräser auf, Rosmarinheide, Rauch- und Moosbeere gedeihen prächtig, und dazwischen findet der langblättrige Sonnentau gute Lebensbedingungen. Charakteristisch ist im Wasser eine reiche Armleuchteralgen-Vegetation, die bis zu 20 Meter tief reicht. Von Juni bis August lenken an vielen Stellen die weißen Blüten der Kleinen Teichrose und die gelben Blüten der Mummel die Blicke auf sich. Zur reichen Vogelwelt des Stechlin gehören Greifvögel wie

Der Rheinsberger See bei Rheinsberg erlangte durch eine Erzählung Kurt Tucholskys Berühmtheit.

Der Große Stechlinsee mit seinen vier Buchten liegt in einer landschaftlich traumhaften Umgebung.

Fischadler, Habicht, Mäusebussard, Schwarz- und Rotmilan, Wander- und Baumfalke, die als Brutvögel hier beobachtet wurden. Gänsesäger und Schellente sind typische Bewohner der Wasserfläche, und in der Umgebung brüten Waldschnepfe und Fischreiher.

Wichtigster Ausgangspunkt für Wanderungen um den Stechlinsee ist **Neuglobsow** ❸. Seine Entstehung geht auf eine Glashütte zurück, die um 1780 ihren Betrieb aufnahm und grünes Glas herstellte. Eine informative Ausstellung zur Kulturgeschichte des Gebrauchsglases zeigt das Glasmacherhaus in Neuglobsow (Stechlinseestr. 9, Tel. 033082/702 02). Um 1900 begann die Entwicklung zum Erholungsort: Betuchte Berliner ließen prächtige Sommervillen errichten, und als 1928 eine Kleinbahn zwischen Gransee und Neuglobsow gebaut wurde, stieg die Zahl der Besucher sprunghaft an.

Das Fontane-Denkmal in Neuruppin erinnert an den berühmten deutschen Dichter.

Seenketten und Flussläufe mit dem Rad erkunden Empfehlenswert ist von Neuglobsow eine Fahrradtour nach **Fürstenberg** ❹, die am Peetschsee vorbeiführt. Unterwegs kann man vom Augustablick – nach der mecklenburgischen Großherzogin Augusta Caroline benannt – am Hochufer eine zauberhafte Aussicht genießen. Fürstenberg am Oberlauf der Havel trägt den Beinamen »Wasserstadt«, denn die aus dem Röblinsee im Westen austretende Havel teilt sich in drei Arme, die mit dem vierten, künstlich angelegten Schifffahrtskanal drei Inseln bildeten, auf denen Fürstenberg im 13. Jahrhundert von askanischen Markgrafen angelegt wurde. Im Zentrum der Stadt beeindruckt die Kirche im neugotischen Stil, die zwischen 1845–48 durch F. W. Buttel aus gelben Backsteinen errichtet wurde.

Im stillen Dörfchen ➡ **Menz** ❺ zieht das »NaturParkHaus Stechlin« (Kirchstr. 4) viele Gäste in die Stechlinsee-Region. Das Gebäude der alten Oberförsterei, die schon Fontane in seinen »Wanderungen durch die Mark Brandenburg« erwähnte, wurde als Besucherzentrum mit Erlebnisausstellung eingerichtet. Hier gibt es Informationsmaterial, Karten und Empfehlungen für Ausflüge.

Der Rhin fließt von Rheinsberg in einem eiszeitlichen Schmelzwassertal genau zwölf Kilometer lang geradewegs nach Süden, bevor er vom Gudelack-Rhin aufgenommen wird. Beim kleinen Dorf Zechow durchbricht dieses eiszeitliche Schmelzwassertal auf einer Breite von etwa 2,5 Kilometern einen Endmoränenbogen aus der Weichseleiszeit. Markante Ausprägung dieser Rückzugslage in unmittelbarer Nähe des Rhins sind die ➡ **Zechower Berge** ❻, ein lohnender Aussichtspunkt. Sie erheben sich bis zu 97 Meter Höhe und sind mit artenreichem Trockenrasen besiedelt. An ihrem Fuß breitet sich die Zechower Heide aus, die in der Besenheide größere Bestände bildet und ab Ende August bis in den September hinein die Landschaft in ein violettes Farbenmeer verwandelt.

Mittelalterliche Orte und sprudelnde Quellen Am Nordufer des Ruppiner Sees liegt **Altruppin** ❼, etwas südlicher an der Westseite des Sees – und nicht mehr im Naturpark befindlich – grüßt Neuruppin. Bereits Anfang des 13. Jahrhunderts gegründet, wurde die

Fachwerkjuwel und beliebtes Ausflugsziel: die traditionsreiche Boltenmühle am Nordende des Tornowsees

mittelalterliche Stadt planmäßig angelegt. Nach einem großen Brand im späten 18. Jahrhundert im Stil des Frühklassizismus wieder aufgebaut, ist die schachbrettmusterartige Anlage der Stadt immer noch erkennbar. Karl Friedrich Schinkel, dem großen deutschen Baumeister des deutschen Klassizismus, ist im Heimatmuseum (August-Bebel-Str. 14/15) eine Ausstellung gewidmet, ebenso wie auch Theodor Fontane. Von beiden Persönlichkeiten stehen Denkmäler an markanten Stellen der Stadt.

Um die reizvolle Natur in der südwestlichen Ecke des Naturparks kennen zu lernen, empfiehlt sich eine Dampferfahrt von Neuruppin zur **Boltenmühle** ❽, einer traditionsreichen Ausflugsgaststätte. Halt ist in **Stendenitz** ❾, wo sich ein sehenswertes Waldmuseum befindet. Durch das Rottstielfließ, einen beiderseits bewaldeten Kanal von knapp einem Kilometer Länge, wird der Tornowsee erreicht, an dessen Ende die Boltenmühle steht. Ihr Name geht wohl auf den ersten Besitzer – Hans-Joachim Boldte – zurück; sie zieht schon seit Generationen Gäste an. Etwa zwölf Kilometer nördlich von Neuruppin befindet sich im Naturschutzgebiet ➠ **Kunsterspring** ❿ das Quellgebiet des Bächleins Kunster mit mehreren, zum Teil ergiebigen Kesselquellen. Besonders faszinierend ist die sprudelnde Kochquelle: Sie wirbelt ständig Sand auf, sodass der Eindruck entsteht, hier koche das Wasser. Ein drei Kilometer langer Lehrpfad führt rund um das Quellgebiet.

Als Abschluss der Entdeckungsreise lohnt sich ein Besuch in **Lindow** ⓫, einem malerischen Städtchen zwischen Wutz- und Gudelacksee. Anfang des 13. Jahrhunderts wurde in Lindow ein Nonnenkloster gegründet, das Theodor Fontane als Vorbild für das Kloster Wutz in seinem Roman »Der Stechlin« diente.

SCHELLENTE *(Bucephala clangula)*

Sie ist das Wappentier des Naturparks; ihr Fluggeräusch erinnert an das Schellen einer Glocke. Typisches Merkmal der schwarz-weißen Ente mit dem schwarzen Kopf ist ein goldener Augenring. Sie brütet vorzugsweise in ehemaligen Spechthöhlen alter Buchen, weshalb der Große Stechlinsee ❷ mit seinen Altbuchenbeständen und dem klaren Wasser ihr idealer Lebensraum ist.

31 Naturpark Uckermärkische Seen
Von der Familie von Arnim bis zur Zehdenicker Tonstichlandschaft

ANFAHRT
Auf der A 20 bis zur Anschlussstelle Friedland, Strasburg oder Pasewalk-Nord und über Woldegk nach Fürstenwerder; mit der Bahn bis Fürstenberg, dann mit dem Linienbus nach Lychen

LAGE
Im Nordosten von Brandenburg zwischen den Städten Fürstenberg/Havel, Prenzlau, Templin, Zehdenick

GRÖSSE
895 km^2

HÖCHSTE ERHEBUNG
Splettberg (128 m)

GRÜNDUNG
1997

INFORMATION
Naturparkverwaltung, Zehdenicker Str. 1, 17279 Lychen

TELEFON
039888/645 30

INTERNET
www.grossschutzgebiete.brandenburg.de

Große Teile des Naturparks nehmen im Nordosten naturnahe Wälder ein, in denen Eichen, Buchen und Ahorn dominieren. Sie beeindrucken im Frühjahr mit einem Blütenteppich aus Buschwindröschen, Leberblümchen und teilweise auch Lerchensporn. Etwa 300 Seen gibt es im Naturpark, wo brütende Rohrdommeln, Krick- und Knäkenten anzutreffen sind. Als besondere Seltenheit gelten die Vorkommen der Europäischen Sumpfschildkröte sowie des Edelkrebses. Auch der Reichtum der Moore mit Breitblättrigem Wollgras, Sumpfporst, Glanzkraut (einer Orchidee) sowie dem Fleischfressenden Sonnentau ist bemerkenswert. Hier findet der Moorfrosch ideale Lebensbedingungen, und auch eine der größten heimischen Spinnen, die Listspinne, lebt hier. In naturnahen Fließgewässern, wie z. B. dem Küstriner Bach und dem Hegesteinbach, kommen Bachforellen vor sowie das seltene, nur in sehr sauberen Gewässern heimische Bachneunauge.

Auf den Spuren der Familie von Arnim wandeln Fürstenwerder ❶ gilt als das nördliche Tor zum Naturpark Uckermärkische Seen und ist als idyllisches Städtchen zwischen Dammsee und Großem See gelegen. Sein dominierendes Bauwerk ist die ehemalige Stadtkirche, die im 13. Jahrhundert aus Feldsteinen errichtet und im 18. Jahrhundert mit einem verputzten Turm ausgestattet wurde. Von der Stadtmauer sind noch Reste vorhanden, und von den drei Stadttoren blieben das Woldegker und das Berliner Tor erhalten. Unterhalb der Stadtmauer lädt eine Badestelle am Großen See im Sommer zum Schwimmen ein.

Nur wenige Kilometer südwestlich von Fürstenwerder liegt **Warbende** ❷, eine Gutsiedlung mit einem Gartenkleinod. Im zwei Hektar großen Park – zwischen 1830 und 1860 angelegt – mit seltenen Gehölzen steht auch eine Gurkenmagnolie, wohl die einzige in der Uckermark.

Wunderbare Ruhe und natur pur erleben Besucher bei einer Kanufahrt auf dem Küstriner Bach.

114 *Die letzten Paradiese Norddeutschlands*

Märchenschloss mit jahrhundertealter Geschichte: die imposante Boitzenburg im Nordosten des Naturparks

Dem südlich von Fürstenwerder gelegenen ➠ **Boitzenburg** ❸ sollte man einen Besuch abstatten. Hübsche kleine Fachwerkhäuser zieren die Straßen, und auf einer Insel steht das prachtvolle Neorenaissance-Schloss. Es ist von einem sehenswerten Schlosspark umgeben, der von Peter Joseph Lenné zu einem englischen Landschaftspark mit schönen Bäumen und herrlichen Sichtachsen umgestaltet wurde. Auf jeden Fall sollte man in Boitzenburg der funktionstüchtigen Klostermühle (Mühlenweg 5) die Ehre erweisen; Führungen sind nach Anmeldung (Tel. 039889/236 oder -869 60) möglich.

Von der Klostermühle aus lohnt sich ein Spaziergang oder eine Fahrt zum Naturschutzgebiet **Boitzenburger Tiergarten** ❹ mit seinen bis zu 500-jährigen Eichen und dem sogenannten Verlobungsstein, einem großen Findling. Der Name Tiergarten geht auf die Nutzung des Gebiets als herrschaftlicher Jagdgarten durch die Familie von Arnim zurück. Hier befinden sich auf einer Fläche von 45 Hektar die größten in Mitteleuropa erhaltenen Huteeichen-Bestände.

Östlich von Boitzenburg durchbricht ein kleiner Fluss mit dem Namen Strom auf dem Weg zur Ucker die Gerswalder Endmoräne in einer beeindruckenden Erosionsschlucht. Hier, im Naturschutzgebiet **Stromtal** ❺, ist das Flüsschen relativ naturnah geblieben, trägt Wildbachcharakter und wird von Pfeifengraswiesen, Hang- und Schluchtwäldern, aber auch von Trockenrasen begleitet.

Naturtherme und pittoreske Orte an der Märkischen Eiszeitstraße In der Gegend um ➠ **Templin** ❻ fallen viele lang gestreckte Rinnenseen als Zeugen der letzten Eiszeit auf. Auch große Sanderflächen mit ausgedehnten Binnendünen wie bei **Tangersdorf** ❼ gehören zur Landschaft an der Märkischen Eiszeitstraße zwischen Templin und Lychen. Für Templin legten bereits die Askanier zwischen 1220 und 1250 den Grundstein. Ein beeindruckendes Bauwerk ist die mittelalterliche Mauer aus Feldsteinen, die die Stadt in einem zum Rechteck tendierenden Ring umschließt. Zu empfehlen ist ein Besuch der Naturtherme Templin (Tel. 03987/20 12 00), die harmonisch in die Landschaft eingebettet ist.

Von Templin führt eine kleine Straße über das denkmalgeschützte Angerdorf **Gandenitz** ❽ mit seinen schönen Fachwerkhäusern und einer Feldsteinkirche aus dem 13. Jahrhundert nach **Alt Placht** ❾. Hier steht inmitten 500-jähriger Linden das »Kirchlein im Grünen«, das um 1700 aus heimischen Kiefernbalken, Stroh und Lehm auf mittelalterlichen Fundamenten erbaut wurde. Es wird angenommen, dass hugenottische Einwanderer Einfluss auf den Bau genommen haben.

Auf dem bis 1991 genutzten Truppenübungsplatz zwischen Lychen und Vogelsang liegt auf Sanderflächen das Naturschutzgebiet ➠ **Kleine Schorfheide** ❿. Wo der Kiefernwald die Flächen noch nicht zurückerobert hat, breitet sich eine Heidelandschaft mit der Besenheide und Silbergrasfluren aus, wo seltene Vogelarten wie Ziegenmelker und Heidelerche ihren Lebensraum gefunden haben. In den naturnahen Nebenarmen der Havel tummeln sich verschiedene Fischarten wie Steinbeißer, Hasel und Bitterling. Auch der Biber hat sich an den flachen Gewässern häuslich eingerichtet. Von einem Beobachtungsturm am **Ragöser Bach** ⓫ südlich des Densowsees kann man ferner Kraniche, Graugänse, verschiedene Entenarten und manchmal auch die Rohrweihe entdecken. Der Weg zum Turm ist ab den Orten Beutel und Annenwalde ausgewiesen.

Von der Stadt der Flößer zum Weihnachtsmann In **Lychen** ⓬, wegen seiner reizvollen Lage auch Inselstadt genannt, führen alle Wege zum Wasser: Der Ort ruht auf einer Landzunge und ist von sechs Seen umgeben. Ein Hauptgewerbe war im 19. und 20. Jahrhundert die Flößerei, denn die aufstrebenden Städte benötigten viel Holz, das in der Umgebung von Lychen reichlich vorhanden war. An diese Epoche erinnert das Flößer-Museum (Am Stargarder Tor) mit vielen Fotos, Geschichten und Erinnerungen zum Thema.

> **HYDROBIKES UND FAHRRADDRAISINEN**
>
>
>
> Ein besonderer Spaß für Kinder sind Hydrobikes – Fahrräder auf Schwimmern. Das Hydrobike kann weder kentern noch sinken, und speziell für die ganz Kleinen gibt es auch einen Kindersitz. Das Wasserfahrrad ist bei der Firma Treibholz in Lychen ⓬ zu mieten (Tel. 039888/433 77). Auf der stillgelegten Bahnstrecke zwischen Fürstenberg und Templin ❻ kann man außerdem mit der Fahrraddraisine fahren (siehe Bild). Wer unterwegs für ein Picknick oder ein Bad im See Pause machen will, hebt das Gefährt einfach aus den Schienen. Im Preis des Tickets ist die Rückfahrt mit dem Linienbus enthalten (Tel. 03987/26 31).

Ein wahres Bilderbuchmotiv: Langhaus und efeubewachsene romanische Bogen der Klosterruine Himmelpfort

Sehr zu empfehlen ist ein Ausflug auf dem Hohe-Heide-Rundweg durch das Naturschutzgebiet **Küstriner Bach** ⓭ östlich von Lychen. Dank der hohen Fließgeschwindigkeit des Bachs und des recht sauberen Wassers des Großen Küstrinsees konnte sich eine sehr spezialisierte Bachfauna mit Bachmuschel, Kahnschnecke und Bachneunauge erhalten. Am Bach leben Prachtlibellen, Eisvögel und Gebirgsstelzen.

Auf dem Wasserweg von Lychen über den Großen Lychensee, die Woblitz und den Haussee in Richtung Stolpsee erreicht man ➡ **Himmelpfort** ⓮, ein Klosterdorf, das auch ein Weihnachtsmann-Postamt hat, das jedes Jahr Mitte November öffnet. Kinder aus aller Welt schreiben an die Adresse des Weihnachtsmanns Briefe, die auch beantwortet werden (Anschrift: Weihnachtsmann, 16798 Himmelpfort). An der Havelschleuse liegt das historische Zentrum von Himmelpfort. Hier gründete 1299 Markgraf Albrecht III. ein Zisterzienserkloster. Nach dessen Auflösung im Jahr 1542 verfiel das Langhaus der Kirche mit den schönen romanischen Bogenkaskaden allmählich und bildet heute mit Efeu bewachsen ein interessantes Fotomotiv. Am alten Brauhaus ist der Kräutergarten des Klosters in den Sommermonaten ein Anziehungspunkt. Über 200 Heil- und Gewürzkräuter sind hier nach verschiedenen Gesichtspunkten auf architektonisch gestalteten Beeten geordnet: Ein Beet ist den Pflanzen der mittelalterlichen Klostergärten wie Benediktenkraut, Mariendistel, Salbei gewidmet, und auf dem Hexenkräuterbeet stehen wichtige Rausch- und Giftpflanzen des Mittelalters. Man kann Kräuter kaufen, Duftkissen beschnuppern, Trockensträuße bewundern und verschiedene Kräuterschnäpse probieren.

Zehdenick ⓯ ist mit den Resten seines ehemaligen Klosters, einer Klostergalerie (Im Kloster 1) und dem technischen Schmuckstück der Dammhast-Brücke (Dammhaststraße) schon allein eine Reise wert. Besonders empfiehlt sich eine Radtour durch die ➡ **Zehdenicker Tonstichlandschaft** ⓰ zum Ziegeleipark Mildenberg, wo auf einem 42 Hektar großen Gelände ein Museum der Ziegelei- und Technikgeschichte zu besichtigen ist (Tel. 03307/31 04 10). Mehr als 50 Seen – mit Grundwasser gefüllte Tongruben – reihen sich aneinander, eine Landschaft mit seltener Flora und Fauna: Teichrohr- und Drosselrohrsänger sowie die Rohrdommel leben hier, Biber und Fischotter haben ein Zuhause, und tausende Zugvögel rasten jährlich zwischen den ehemaligen Tonstichen (genauere Auskunft dazu erteilt die Touristinformation Zehdenick, Tel. 03307/28 77).

32 Naturpark Feldberger Seenlandschaft
Auf den Spuren von Hans Fallada am Schmalen Luzin

ANFAHRT
Auf der A 20 bis Friedland und weiter bis Woldegk, auf der B 198 bis Möllenbeck und dann nach Feldberg; mit der Bahn bis Neustrelitz, dann Linienbus bis Feldberg

LAGE
Im Südosten von Mecklenburg-Vorpommern, südlich der B 198 zwischen Neustrelitz und Woldegk

GRÖSSE
345 km²

HÖCHSTE ERHEBUNG
Rosenberg (146 m)

GRÜNDUNG
1997

INFORMATION
Naturpark Feldberger Seenlandschaft, Strelitzer Str. 42, 17258 Feldberg

TELEFON
03983/527 80

INTERNET
www.naturpark-feldberger-seenlandschaft.de

Die hügelige Landschaft ist im Norden vor allem durch Grund- und Endmoränen geprägt. Während die fruchtbaren Böden der Grundmoränen landwirtschaftlich genutzt werden, sind die Endmoränenbogen, aber auch die sich anschließenden Sanderflächen durch weitläufige Wälder gekennzeichnet. Die Endmoränen erreichen teilweise beachtliche Höhen. So ragt der Reiherberg bei Feldberg 145 Meter auf und auch der Hauptmannsberg zwischen dem Schmalen Luzin bei Feldberg und dem Zansensee bei Carwitz erreicht noch 121 Meter. Zahlreiche Kesselmoore sind für die Endmoränenlandschaft um Feldberg typisch. Hier wachsen Sonnentau und Breitblättriges Knabenkraut, und mit seinen verschiedenen Lebensräumen bietet der Naturpark auch zahlreichen Tierarten einen Lebensraum: Neben Fisch- und Seeadler kommt der Schreiadler vor, der im Naturpark seine westlichste Grenze erreicht; auch Biber und Fischotter sind in dieser wasserreichen Gegend recht häufig.

Auf den Spuren des Schriftstellers Hans Fallada Die kleine Provinzstadt **Feldberg** ❶ schmiegt sich malerisch an das Südwestufer des Haussees. Im Zentrum steht die Stadtkirche, ein Backsteinbau von 1875, und über die Geschichte der Stadt informiert die Heimatstube (Amtsplatz 13). Vom Reiherberg kann man den klassischen Ausblick auf die Stadt genießen. Der 125 Meter hohe Hüttenberg (2,5 km vom Marktplatz) bietet eine schöne Aussicht auf die Liebesinsel im Haussee und auf Grabenwerder.
Einzigartig ist das Naturschutzgebiet ➡ **Heilige Hallen** ❷ bei Lüttenhagen, das man von Feldberg über die Neuhofer Straße nach Neuhof erreicht. Seit 1938 als Naturschutzgebiet ausgewiesen, präsentiert das Areal uralte Buchen, von denen die ältesten auf über 300 Jahre geschätzt werden. Die hoch gewachsenen Bäume muten wie gotische Säulen an und führten zu dem Namen »Heilige Hallen«.
Carwitz ❸ ist ein Ortsteil von Feldberg und ein kleines Straßendorf am Schmalen Luzin. Dieser klassische Rinnensee bildet mit seinen bis zu

Vom Reiherberg aus eröffnet sich das wunderbare Panorama der Seenlandschaft um Feldberg.

UM DEN SCHMALEN LUZIN

Vom Parkplatz am südlichen Ortsrand von Feldberg ❶ (»Luzinhalle«) führt eine Treppe zum Seeufer, und am Ufer entlang geht es nach Carwitz ❸. Dort schwenkt man hinter der Kirche nach links, gelangt wieder ans Seeufer und folgt einem grün markierten Pfad auf den Hauptmannsberg ❹. Der markierte Weg leitet weiter nordwärts; kurz nach dem Eintritt in den Wald biegt man auf einen Pfad nach links. Dieser führt zum Hotel Hullerbusch (bei ❺), von wo aus es per Seilfähre (s. Bild) nach Feldberg zurückgeht. Die Strecke beträgt 8,5 km.

40 Meter hohen, bewaldeten Steilufern ein Naturschutzgebiet. In Carwitz lohnt ein Besuch des Hauses von Hans Fallada, das als Museum (Zum Bohnenwerder 2) eingerichtet wurde, und auf dem Dorffriedhof fand der Schriftsteller (»Kleiner Mann, was nun?«) seine letzte Ruhestätte. Neben den Erinnerungen an Fallada kann Carwitz auch mit einer kleinen Fachwerkkirche mit sehenswerter Innenausstattung aufwarten. Ein schöner Wanderweg entlang des Schmalen Luzin führt in Richtung Hullerbusch, einem Naturschutzgebiet mit Hünengräbern. Kurz hinter Carwitz lohnt sich ein Abstecher zum ➡ **Hauptmannsberg** ❹, einem Höhenrücken zwischen Schmalem Luzin und Zansensee. Hier bietet sich nicht nur eine schöne Aussicht an, sondern auch eine interessante Pflanzenwelt mit Karthäusernelken sowie Silbergrasfluren auf offenen Sandflächen. Zum Wanderweg zurückgekehrt, ist es nicht mehr weit zum Naturschutzgebiet **Hullerbusch** ❺, wo man beim gleichnamigen Hotel mit einer handbetriebenen Seilfähre nach Feldberg gelangt. Am Hotel Hullerbusch befindet sich ein sehenswerter Park mit altem Baumbestand.

Lohnend ist ein Abstecher in das nördlich von Feldberg gelegene ➡ **Krumbeck** ❻, wo der bedeutende Gartengestalter Joseph Peter Lenné einen Landschaftspark nach englischem Vorbild anlegte. Der Park umfasst eine Fläche von 3,5 Hektar und beherbergt viele schöne alte Bäume; komplett erhalten ist eine Lärchenallee am nördlichen Parkrand.

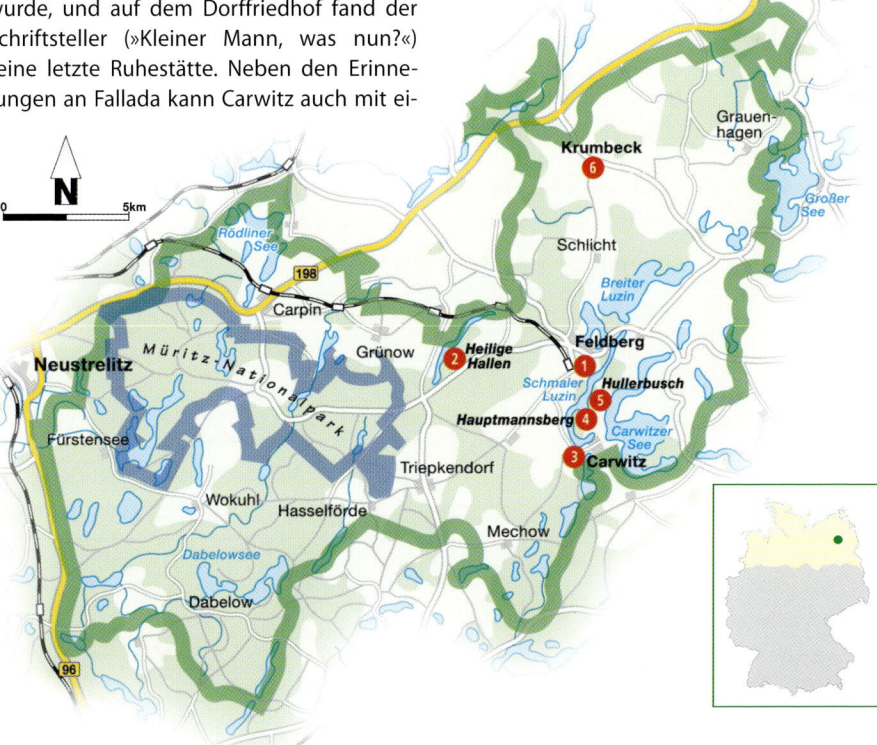

Naturpark Feldberger Seenlandschaft

33 Naturpark Am Stettiner Haff
Unterwegs durch Haffwiesen und Binnendünen

ANFAHRT
Auf der A 20 bis Anschlussstelle Pasewalk-Süd, auf der B 109 bis Ferdinandshof und dann nach Ueckermünde; mit der Bahn bis Ueckermünde

LAGE
Im Nordosten von Mecklenburg-Vorpommern am Stettiner Haff und an der Grenze zu Polen

GRÖSSE
573 km²

HÖCHSTE ERHEBUNG
Luderberg (133 m)

GRÜNDUNG
2005

INFORMATION
Naturpark Am Stettiner Haff,
Kastanienallee 13, 17373 Ueckermünde

TELEFON
039771/441 08 oder -441 30

INTERNET
www.natur-mv.de

Der Norden des Naturparks Am Stettiner Haff als Teil des Norddeutschen Tieflands ist im Gebiet der Ueckermünder Heide vor allem von Sanderflächen geprägt, die durch magere Sandböden und Binnendünen (beispielsweise bei Altwarp) charakterisiert sind. Dagegen bestimmen an der Haffküste sowie in den Flussniederungen von Uecker, Randow und Zarow Niedermoorflächen das Bild. Hier hat der Fischotter sein Jagdrevier. Weiter südlich hinterließ die letzte Eiszeit eine abwechslungsreiche Hügellandschaft mit Endmoränen, die mit den Brohmer Bergen ihre höchsten Erhebungen erreicht. Ein schöner Aussichtspunkt, der Fuchsberg, ist gut von Gehren aus erreichbar. Neben aufgeforsteten Nadelwäldern gibt es auch noch naturnahe Mischwälder, in denen Buchen und Eichen dominieren. Bemerkenswert ist das Vorkommen von Lerchensporn, Waldgoldstern und Einbeere. Feuchte bis nasse Standorte nehmen Bruchwaldgesellschaften mit Erlen ein, wo sich im Frühjahr die gelben Blüten der Sumpfdotterblumen entfalten.

Vom Stettiner Haff zur Ueckermünder Heide Zwischen der Wasserfläche des Stettiner Haffs und den ausgedehnten Sanderflächen mit Kiefernwäldern und Trockenrasen der Ueckermünder Heide liegt ➠ **Ueckermünde** ❶, eine pommersche Kleinstadt. Backsteingebäude aus dem 19. und 20. Jahrhundert zieren rote und gelbe Steine, die an die Zeit erinnern, als hier die Ziegelproduktion ein wichtiger Industriezweig war. Tradition hat auch die Fischerei, wie die Fischerskulptur auf dem Marktplatz verrät. Ein fast 400 Kilometer langes Rad- und Wanderwegenetz führt vom Haff in die waldreiche **Ueckermünder Heide** ❷. Nur gelegentlich prägen Heidelandschaften oder Dünen mit spärlicher Vegetation das Bild. Bei **Altwarp** ❸ gilt die Binnendüne, mit Silbergras und Sandstrohblumen bewachsen, als eine kleine Besonderheit der Region. Hier befindet sich das Wacholdertal, wo die Heideflächen häufig mit säulenförmig wachsenden Wacholderbüschen durchsetzt sind.
Entlang der Straße von ➠ **Rothemühl** ❹ in Richtung Süden nach Strasburg ist die Landschaft von mehreren Stauchmoränenwällen geprägt. Hier grüßt auf einem 124 Meter hohen Wall eine große, mittelslawische Höhenburg mit gut erhaltenem Burgwall. Auf der Wallanlage lockt ein alter Baum-

*Ein Bild wie aus alten Zeiten:
Ein Fischkutter liegt vertäut im malerischen
Stadthafen von Ueckermünde.*

bestand aus Bergulmen, Linden sowie Rot- und Hainbuchen. Sehr reizvoll ist ein Perlgras-Buchenwald, wo neben Nickendem Perlgras auch Maiglöckchen und Leberblümchen den Boden bedecken. Mit etwas Glück kann man hier Zwergschnäpper, Grün- und Mittelspecht beobachten. Südlich der Ortschaft Gehren liegt in den Brohmer Bergen das Naturschutzgebiet **Klepelshagen** 5, eine Stauchmoränenlandschaft, die vom Knüppelbach durchbrochen ist. Die süd- und südostwärts weisenden Hänge tragen eine Wärme liebende Vegetation mit Pfirsichblättrigen Glockenblumen und Wiesenschlüsselblumen; an den Nordhängen und in den Bachtälern wachsen dagegen Breitblättrige Glockenblume, Waldschachtelhalm und Alpenhexenkraut.

Am nördlichen Fuß der Brohmer Berge liegt der **Galenbecker See** 6, ein Naturschutzgebiet mit breitem Röhrichtgürtel. Hier brüten zahlreiche Wasservögel, wie z. B. der Höckerschwan, viele häufige Entenarten, aber auch Seltenheiten wie Moor-, Löffel- und Reiherente. Große Anziehungskraft übt der See auf tauchende Vogelarten wie den Haubentaucher, den Schwarzhals- und den Zwergtaucher aus. Regelmäßige Gäste sind Fischadler, Seeadler, Graureiher und Eisvogel. Im breiten Verlandungsgürtel brüten Rohrdommel, Rohrweihe und Wasserralle.

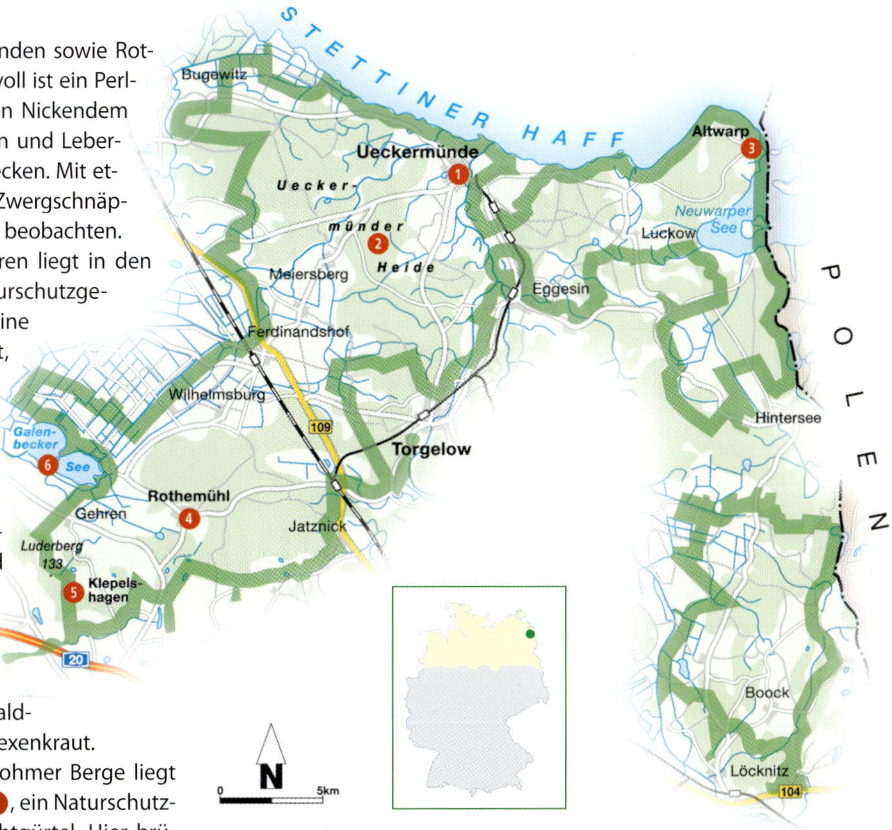

Vom Stettiner Haff aus lohnt ein Ausflug zur nahe gelegenen Insel Usedom mit dem Usedomer Winkel.

SÜSSWASSERGEBIET

Durch die Zuflüsse von Oder, Peene, Uecker und Zarow sowie zahlloser Entwässerungsgräben befindet sich im Stettiner Haff fast reines Süßwasser. Die Ufer sind von Schilfstreifen gesäumt, die ausgezeichnete Rückzugs- und Brutgebiete verschiedener Tierarten darstellen. Bedeutungsvoll sind große Kolonien von Graureihern und Kormoranen (s. Bild), und neben Störchen und Kranichen kann man hier gelegentlich auch Seeadler beobachten.

34 Biosphärenreservat Schorfheide-Chorin
Kulturlandschaft mit Endmoränenhügeln und historischen Bauten

ANFAHRT
Auf der A 11 Berlin–Stettin bis zur Anschlussstelle Joachimsthal; mit der Bahn kommt man ebenfalls bis Joachimsthal.

LAGE
Im nordöstlichen Teil von Brandenburg im Barnim und der Uckermark zwischen Eberswalde, Angermünde, Templin und Oderberg

GRÖSSE
1290 km²

HÖCHSTE ERHEBUNG
Blocksberg (139 m)

GRÜNDUNG
1990

INFORMATION
Biosphärenreservat Schorfheide-Chorin, Hoher Steinweg 5–6, 16278 Angermünde

TELEFON
03331/365 40

INFOHAUS
Blumberger Mühle in Angermünde

INTERNET
www.grossschutzgebiete.brandenburg.de

Die jüngste Eiszeit hinterließ ein vielfältiges Mosaik aus Grund- und Endmoränen, Sanderflächen und Urstromtälern, wo sich Seen und Wasserläufe etablierten. Hier haben Sumpfschildkröten und Rotbauchunken einen Lebensraum. Herz des Biosphärenreservats ist die Choriner Endmoräne mit Buchenwäldern und Mooren. Mehr als 230 Seen bestimmen das Bild der Landschaft, deren größte der Werbellinsee, der Grimnitzsee und der Parsteiner See sind. Mehrere Aussichtspunkte bieten einen grandiosen Eindruck von dieser vielfältigen Natur. So gewährt der Kleine Rummelsberg bei Brodowin einen herrlichen Blick zur Choriner Endmoräne, und vom Pimpinellenberg bei Oderberg lässt sich die Alte Oder mit ihren Mäandern gut erkennen. Spektakulär sind die Ansammlungen von Zugvögeln im Frühjahr und Herbst: Weiß- und Schwarzstörche, Graukraniche und Rohrdommeln sowie Fisch- und Seeadler.

Im Jagdrevier der Hohenzollern Eine Glashütte, die vom Kurfürsten Johann Georg 1575 am Grimnitzsee gegründet wurde, war der Ursprung von **Joachimsthal** ❶. Der Wildreichtum in der Schorfheide veranlasste die Hohenzollern ebenso wie früher die Askanier (daran erinnert der Askanierturm am Werbellinsee), hier ihrer Jagdleidenschaft zu frönen. So wurde auf Geheiß Kaiser Wilhelms II. (reg. 1888–1918) zwischen Werbellin- und Grimnitzsee der »Kaiserbahnhof« bei Joachimsthal gebaut. Von hier ist es nicht weit bis Groß-Schönebeck an der südwestlichen Grenze des Biosphärenreservats, wo sich der 100 Hektar große Wildpark Schorfheide befindet (Tel. 033393/658 55).

Unweit von Joachimsthal liegt am Südostufer des Grimnitzsees ➡ **Althüttendorf** ❷, ebenfalls als Glasmachersiedlung gegründet. Für Beobachtungen der artenreichen Tierwelt ist der Naturbeobachtungsturm in Althüttendorf bestens geeignet. Der See ist zwar mit 780 Hektar einer der größten im Biosphärenreservat, aber infolge seiner Entstehung als Zungenbeckensee mit vier bis acht Metern Tiefe eher seicht. Blesshühner bevölkern den Grimnitzsee, am Ufer bauen Biber ihre Burgen. Die Röhrichtgürtel sind ideale Brutstätten für viele Wasservögel; Fischadler, Seeadler und Rohrweihe finden hier Nahrung. Im Frühjahr ist der Ruf der Rohrdommel unüberhörbar.

Der Werbellinsee – hier von Altendorf aus gesehen – ist einer der über 230 Seen des Biosphärenreservats.

EICHE *(Quercus)*

Auf den fruchtbaren Böden von Grundmoränen wachsen Eichen besonders gut. Vor allem Traubeneichen (Quercus robur) kann man in der Schorfheide sehr häufig finden. Sie sind als knorrige Riesen gegenwärtig und haben mitunter mehrere hundert Jahre auf dem Buckel. Von den Eichen stammt übrigens auch der Name »Schorfheide« ab; das Wort Schorf wird mit »schürfen« erklärt, dem Aufsammeln von Eicheln. Mehr als 300 Jahre lang wurden die fürstlichen Wälder als Weide für Rinder, Pferde und Schafe genutzt.

Artenreiche Seen, so weit das Auge reicht

Eine völlig andere Landschaft erwartet den Besucher am **Diebelsee** ❸ bei Altenhof. Sein Name geht auf die Moorkarausche zurück, eine Fischart, die man im Brandenburgischen »Diebel« nennt. Der See ist 1,25 Hektar groß, 2,20 Meter tief und zählt zu den Kesselseen. Die moorigen und sumpfigen Uferbereiche sind Lebensräume für viele seltene Pflanzen, zu denen größere Bestände von Sumpfporst gehören. Dieser Strauch wird bis zu 1,50 Meter hoch und entfaltet im Mai und Juni zahlreiche weiße Blüten. Auch Moosbeere und Rundblättriger Sonnentau leben zwischen den Torfmoosen. Große Flächen nehmen auch Wollgräser ein.

Wer einen Blick über das Uckertal genießen möchte, findet am Rastplatz ➠ »**Drei-Seen-Blick**« ❹ zwischen Fergitz und Potzlow Gelegenheit. Oberucker-, Potzlow- und Krum-

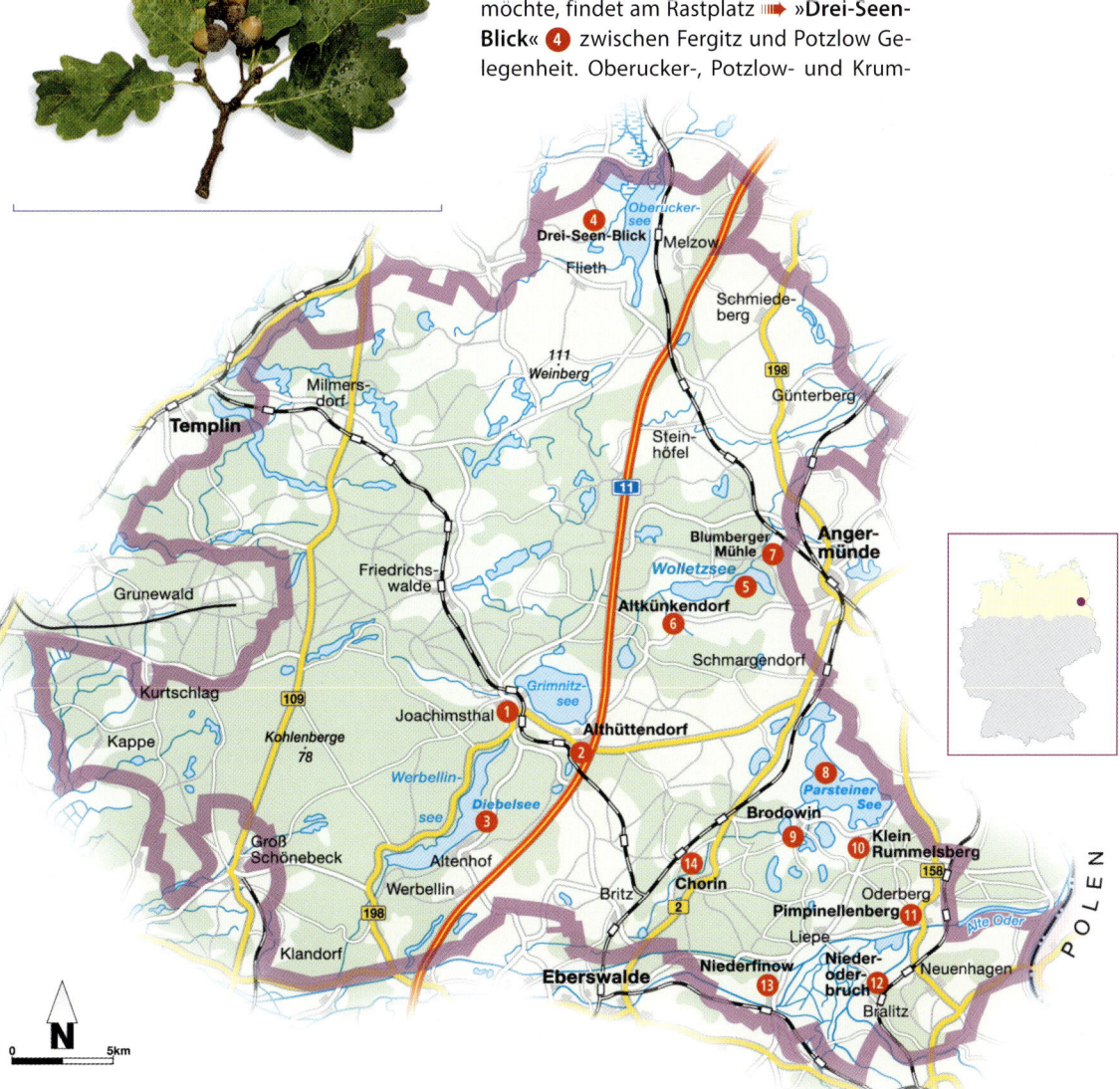

Biosphärenreservat Schorfheide-Chorin

Das Infozentrum Blumberger Mühle bei Angermünde bietet viel Wissenswertes für die Besucher.

mer See inklusive kleinerer Nebenseen sind in eine Feuchtniederung eingebettet. In den breiten Röhrichtzonen lebt auch der scheue Brachvogel, der an seinem charakteristischen langen Schnabel erkennbar ist. Von einer stark hügeligen Landschaft umgeben ist der **Wolletzsee** ❺, das Naherholungsgebiet der Angermünder. An der Straße Angermünde–Altkünkendorf lädt ein geologischer Lehrpfad ein, der 71 verschiedene Steine präsentiert und am Strandbad Wolletzsee endet.

Der verträumte Ort ⮕ **Altkünkendorf** ❻ hat eine sehenswerte Kirche aus dem 13. Jahrhundert zu bieten. Am Ortsausgang in Richtung Grumsin befindet sich der Naturbeobachtungspunkt »Große Wiese« mit einer Beobachtungshütte. Das Feuchtgebiet ist von Feuchtwiesen, Erlenbrüchen, Großseggensümpfen und offenen Wasserstellen geprägt. Rund um die Flachwasserzonen fühlen sich Rotbauchunken und Laubfrösche wohl. Der Drosselrohrsänger baut sein Nest zwischen den Schilfhalmen, der Kuckuck schiebt ihm gelegentlich seine Eier unter. Von den Libellen sind vor allem die blauen Azurjungfern häufig. Vom Strandbad Wolletzsee führt ein Weg in 20 Minuten zum Natur- und Wanderparadies **Blumberger Mühle** ❼, einem Informationszentrum (Tel. 03331/260 40). Diese 14 Hektar große Teichlandschaft ist heute Bestandteil eines 200 Hektar großen Naturschutzgebiets, das bis zum Wolletzsee reicht. Von Mitte März bis in den Frühsommer hört man die Rufe verschiedener Amphibien wie das Glucksen der Moorfrösche, das Läuten der Rotbauchunken oder das Keckern der Laubfrösche. Als größter einheimischer Frosch kommt hier auch der Seefrosch vor.

Rastgewässer für Tausende von Wasservögeln Im Herbst herrscht auf dem **Parsteiner See** ❽ ein munteres Treiben von Blässrallen, Enten und Gänsen. Ab März beginnen im Schilf die dumpfen Rufe der Rohrdommel, eines gut hühnergroßen Vogels mit braunem, tarnfarbigem Gefieder und langem Schnabel zu erklingen. Es sind Balzlaute der Männchen, die sich mehrere Weibchen im Revier halten. Dank eines Projekts zum Schutz der Rohrdommel wurde am Parsteinwerder bei Serwest ein Naturbeobachtungsturm gebaut. Er erlaubt einen großartigen Blick über den nördlichen und südlichen Parsteiner See.

Zwischen sieben Seen liegt das Ökodorf **Brodowin** ❾, wo sich eine Kirche nach Plänen des Schinkel-Schülers Stüler, ein schöner Dreiseitenhof sowie der Hofladen des Ökodorfs befinden. In der Umgebung bestimmen mehrere Drumlins, elliptische Hügel aus der Eiszeit, das Bild, die am Weg zwischen Brodowin und Pehlitzwerder zu erkennen sind. Bei Pehlitzwerder erhebt sich der **Kleine Rummelsberg** ❿ über den Wesensee. Die Rundsicht reicht vom Parsteiner See über Pehlitz- und Wesen- bis zum Rosinsee. Seine Hänge tragen eine Trockenrasenvegetation mit u. a. Gemeiner Braunelle, Natternkopf-Habichtskraut, Sand-Thymian, Golddistel und Wiesensalbei.

Zisterzienserkloster inmitten artenreicher Landschaft Eine großartige Aussicht bietet auch der 100 Meter hohe ⮕ **Pimpinellenberg** ⓫ bei Oderberg. Er gehört zum Choriner Endmoränenbogen und ist als Naturschutzgebiet mit wärmeliebenden Pflanzen ausgewiesen. Seinen Namen erhielt der Berg durch das Vorkommen der Kleinen Bibernelle, einer früher sehr geschätzten Heilpflanze. Als besondere Seltenheit findet man hier die Goldaster, eine 45 Zentimeter hohe Pflanze mit sehr schmalen Blättern und gelben Blüten. Sie stehen in einer Dolde zusammen und entfalten sich im August und September.

Der **Niederoderbruch** ⓬ zwischen Eberswalde und Oderberg ist eine riesige Flussau-

KIEBITZ *(Vanellus vanellus)*

Der Vogel ist etwa taubengroß und hat ein schwarz-weißes, oben metallisch glänzendes Gefieder. Seine Erkennungszeichen sind eine abstehende Federholle am Kopf und ein waghalsiger Balzflug. Er brütet auf den Wiesen und ernährt sich von Insekten, Larven und Würmern. Durch intensive Nutzung der Wiesen ist der Bestand des Vogels gefährdet.

enlandschaft, die in den 1960er-Jahren großflächig entwässert wurde. Obwohl die Menschen damals tiefe Gräben zogen und Staue bauten, blieb ein ausgedehntes Feuchtgebiet mit der Alten Oder und ihren Altmäandern erhalten. Hier kann man Wiesenvögel während der Balz beobachten: Kiebitz, Bekassine, Große Brachvögel, Wiesenpieper und Wachtelkönige brüten hier, und auch der Weißstorch ist auf den Auen ein häufiger Gast. Neben zahlreichen Pflanzenarten feuchter Wiesen wachsen hier auch Orchideen wie das Steifblättrige und das Breitblättrige Knabenkraut. Einen hervorragenden Ausblick zum Niederoderbruch, aber auch auf den Barnim und die Choriner Endmoräne genießt man von der Plattform des Schiffshebewerks **Niederfinow** ⑬ im Oder-Havel-Kanal, das zwischen 1927 und 1934 gebaut wurde und in 20 Minuten ein Gefälle von 36 Metern überwindet.

Umgeben von den Buchenwäldern der Choriner Endmoräne ist das ⟹ **Kloster Chorin** ⑭ eine der bedeutendsten Klosteranlagen in Brandenburg. Es wurde von Markgraf Otto III. und Johann I. im Jahr 1258 als Kloster Mariensee auf dem Pehlitzwerder gegründet und 1273 nach Chorin verlegt. Nach der Säkularisierung 1542 diente das Kloster bald als Steinbruch und wurde nach starker Beschädigung im Dreißigjährigen Krieg teilweise abgetragen. Erhalten geblieben ist u. a. die sehenswerte Ruine der gotischen Klosterkirche mit spätromanischen Elementen, die in der europäischen Architektur wegen ihrer grandios gestalteten Westfassade hervorsticht.

Auch als Ruine noch eindrucksvoll: die spätromanisch-gotische Kirche des Zisterzienserklosters Chorin

Biosphärenreservat Schorfheide-Chorin

35 Nationalpark Unteres Odertal
Ein Eldorado seltener Tiere und Pflanzen

ANFAHRT
Auf der A 11 Berlin–Stettin bis zur Ausfahrt Penkun und weiter auf der B 113 nach Mescherin; mit der Bahn gelangt man nach Schwedt/Oder.

LAGE
Im Nordosten Brandenburgs. Der Nationalpark erstreckt sich auf einer Länge von etwa 60 km zwischen Hohensaaten und Stettin entlang der deutsch-polnischen Grenze.

GRÖSSE
105 km²

HÖCHSTE ERHEBUNG
85 m

GRÜNDUNG
1995

INFORMATION
Nationalpark Unteres Odertal, Park 2, 16303 Schwedt, Ortsteil Criewen

TELEFON
03332/267 70

INTERNET
www.unteres-odertal.de

Einfach nur ein Flusstal – das kann man so nicht behaupten. Auf engstem Raum finden sich hier unterschiedlichste Biotope: die Oder selbst, ihre Altwasser und Schilfgürtel, die periodisch überfluteten Feuchtwiesen und der naturnahe Auwald. Die Hänge längs des Stromtals sind von Laubwäldern bedeckt, ihre Kuppen von duftendem, blumigem Trockenrasen überzogen. Das Untere Odertal gehört zu den tierartenreichsten Gebieten Deutschlands. Alle drei Adler des norddeutschen Tieflands – Seeadler, Fischadler und Schreiadler – brüten im Nationalpark. Schwarz- und Weißstorch sowie seltene und schwer zu beobachtende Vögel wie Wachtelkönig oder Seggenrohrsänger bereichern die Landschaft. Es gibt weit über 100 000 Gänse und Enten, und 10 000 Kraniche und andere Zugvögel nutzen das untere Odertal als Rast- oder Überwinterungsgebiet. Säugetiere, Reptilien sowie 47 nachgewiesene Fischarten bevölkern die Gewässer und Auen. Wenn der Frühling einkehrt und die letzten Eisschollen flussabwärts in die Ostsee treiben, erwacht wieder das Leben. Auf den Oderhängen bei Gartz strahlen alsbald die blauen Blüten des Kreuzenzians, und aus dem Süden kehren Störche, Wachtelkönig und Seggenrohrsänger zurück in ihre Brutgebiete. Im Sommer ertrinkt die Flussniederung im sattesten Grün, die Böschungen an den Wasserläufen sind mit Blutweiderich bewachsen, Froschlöffel sowie Pfeilkraut, ja sogar der seltene Schwimmfarn, Weiße Seerosen und auch Gelbe Mummeln sind auf dem Wasser nicht zu übersehen. Die Trockenrasenzonen an den Oderhängen bergen viele botanische Kostbarkeiten.

Die Flusspolderlandschaft der Oder mit ihren vielen kleinen Seen, Wasserrinnen und Altarmen bei Stützkow

SCHWARZPAPPEL *(Populus nigra)*

2006 wurde die seltene Schwarzpappel zum Baum des Jahres gekürt. Nicht mehr als 3000 Altbäume können in Deutschland sicher identifiziert werden. In Brandenburg sind nur zwei überalterte Restbestände an der Oder bekannt. Schwarzpappeln erreichen ein Alter von 100 bis 300 Jahren. Ältere Exemplare sind von mächtigem, knorrigem Wuchs. An günstigen Standorten werden sie bis zu 30 m hoch, bei einem Stammdurchmesser von über 2 m. Verantwortlich für den Rückgang der Schwarzpappel ist das Abholzen der Auwälder für die landwirtschaftliche Nutzung, die Begradigung von Flussläufen und die damit verbundene Absenkung des Grundwasserspiegels. Die Schwarzpappel gehört wegen ihres hohen Licht-, Wasser- und Nährstoffbedarfs zu den konkurrenzschwachen Bäumen. Andererseits ist sie eine Überlebenskünstlerin: Neben der Weide hält sie sogar großen Flutwellen stand. An der Oder wurden inzwischen 4000 neue Bäume gepflanzt, als Keimzelle eines neuen Auwalds.

Steppenflora und Kranichplätze Am nördlichsten Punkt des Nationalparks ermöglicht **Mescherin** ❶ mit den beiden Aussichtspunkten Seeberg und Stettiner Berg einen eindrucksvollen Blick über die Oderniederung. Auf der anderen Seite des Stroms ist das polnische Gryfino, das frühere Greifenhagen, gut zu erkennen. Eine Autobrücke verbindet die beiden Orte und Länder am Strom. Die schon 1932 als Naturschutzgebiet ausgewiesenen **Geesower Hügel** ❷ gehören zwar nicht zum Nationalpark, verdienen aber dennoch Beachtung. Aufgrund der geringen Niederschlagsmengen haben hier Vertreter der Steppenvegetation ihr nördlichstes Vorkommen. So wächst beispielsweise das Federgras, und auch das außerordentlich seltene Dreizähnige Knabenkraut, den seltenen Kreuzenzian und selbst Sandnelken, Karthäuser-

Nationalpark Unteres Odertal

Auf den Trockenhängen am Gartzer Schrey im Norden des Nationalparks wachsen auch Golddisteln.

nelken und die Türkenbundlilie kann man entdecken.

Der ➠ **Gartzer Schrey** ❸ erstreckt sich rund zwei Kilometer nördlich von Gartz (Oder) und wurde 1967 unter Naturschutz gestellt. Vom Kroatenberg bietet sich ein schöner Blick in die Oderniederung. Ein besonders eindrucksvolles Spiel ist jeden Abend am Deich in der Umgebung zu erleben, wenn die Kraniche in langen Ketten von den Feldern zu ihren Schlafplätzen im Zwischenstromland fliegen, das heute zu Polen gehört. Dieser Platz hieß schon in Karten aus dem frühen 19. Jahrhundert »Kranich-Strom«. Ende November beziehen dann Singschwäne ihre angestammten Schlafplätze an der Oder, zusammen mit den Höckerschwänen. Gemeinsam überwintern sie mit Gänsesägern, Enten fast aller Arten sowie Greifvögeln, darunter oft mehr als 20 Seeadlern. In **Gartz** ❹ kann man das Auto parken und zum Deich oder zum zwei Kilometer entfernten Gartzer Schrey wandern. Gartz selbst ist ein reizvolles Ackerbürgerstädtchen; seine Gäste empfängt es mit dem Stettiner Tor in der alten Stadtmauer von 1280, das heute auf drei Etagen die Ausstellungen des Ackerbürgermuseums beherbergt.

Land im Strom Zwischen Mescherin und Stolpe führt ein gut ausgebauter, asphaltierter Wanderweg durch den Nationalpark; er ist Bestandteil des wesentlich längeren Oder-Neiße-Radwegs. Von dem in Nord-Süd-Richtung verlaufenden Pfad führen auf der einen Seite sogenannte Sommerwege direkt in die ungestörte Natur der Polderlandschaft zwischen Oder und Hohensaaten-Friedrichs-thaler-Wasserstraße; auf der anderen Seite des Wegs lassen sich die Sehenswürdigkeiten in den Orten Friedrichsthal, Gatow oder Criewen, entdecken.

An der B 2 weist nur ein unauffälliges Schild auf den Weg zur Teerofenbrücke hin. Dort lockt neben einem Naturlehrpfad, einem Grillplatz und einer Wildnisschule auch einer der besten Ausgangspunkte für Wanderungen in den ➠ **Oderbruch** ❺ (Parkplätze vorhanden). Am Welsensee haben Biber ihre Bauten errichtet, und auf abgestorbenen Bäumen an der Unteren Welse versammeln sich Kormorane; verschiedene Wege führen durch das Poldergebiet bis zur gemächlich dahinströmenden Oder.

In verschiedenen Orten am Rand des Nationalparks, beispielsweise in Friedrichsthal, Gatow und **Vierraden** ❻, stößt man immer wieder auf Tabaktrockenscheunen. Vor über 300 Jahren sorgten Hugenotten für die Ausbreitung des Tabakanbaus in der östlichen Uckermark. Die natürlichen und besonders die klimatischen Bedingungen begünstigten den Anbau. Das Tabakmuseum Vierraden zeigt in einem ehemaligen Speicher alles über Anbau, Handel und die Verarbeitung von Tabak im Gebiet zwischen Oder und Randow.

Die Industriestadt **Schwedt** ❼, Hauptort des

EUROPÄISCHER ELCH *(Alces alces alces)*

Der Elch ist eine relativ junge Art, wahrscheinlich nicht älter als 2 Mio. Jahre. Seine Heimat sind Seen- und Sumpflandschaften, und als Nahrung dienen ihm Wasserpflanzen, wie z. B. Seerosen, Gräser, Zweige und Laubblätter. Der Europäische Elch ist in Skandinavien, Polen und in den baltischen Staaten zu Hause. Er wurde auch schon im Nationalpark gesichtet, was auf seine baldige Rückkehr ins Odertal hoffen lässt.

Nationalparks, kann am wenigsten verbergen, dass das Untere Odertal auf beiden Seiten von Wirtschaftszonen umgeben ist. Nicht immer bleibt hier die Aussicht von Strommasten, Kraftwerktürmen oder Schloten ungetrübt. Nach einem Brand im Jahr 1685 wurde die Stadt mit regelmäßigem Grundriss neu angelegt. Eine ⟹ **Schiffstour** ❽ von Schwedt nach Stolpe, Friedrichsthal, Gartz oder Mescherin bringt den Besuchern den Nationalpark vom Wasser aus näher. Die Anlegestelle befindet sich direkt am alten Stadtbollwerk, in unmittelbarer Nähe der Altstadt und der Schwedter Stadtbrücke.

Länderübergreifender Naturschutz Der ehemalige Schafstall der Criewener Gutsanlage beherbergt das sehr interessante ⟹ **Besucherzentrum** ❾ des Nationalparks Unteres Odertal; die umfangreiche Ausstellung informiert über Flora und Fauna. Im Mittelpunkt steht ein 15 000 Liter fassendes Oder-Aquarium mit mehr als 20 einheimischen Fischarten, die in den Gewässern der Oderauen vorkommen. Um 1822 ließ der damalige Besitzer des Ritterguts, Otto von Arnim, an der Stelle des alten Dorfes Criewen einen Landschaftspark anlegen. Er beauftragte den preußischen Landschaftsarchitekten Peter Joseph Lenné, das Terrain zur Oder hin neu zu gestalten. Lenné bezog Kirche und Friedhof mit in die Anlage ein. Neben geschwungenen Wegen, Teichen und Brücken findet man hier alle typischen Elemente eines englischen Gartens.

An der alten Fährstelle bei **Stützkow** ❿ führt eine moderne Brücke ins Poldergebiet und macht damit den Ort zu einem guten Ausgangspunkt für Wanderungen und Spaziergänge. Oberhalb von Stützkow gelangt man von einem Parkplatz zu einem der schönsten Aussichtspunkte mit Blick auf den südlichen Teil des Nationalparks und den polnischen Landschaftsschutzpark Zehden, der im Nachbarland an die deutsche Nationalparkregion angrenzt. Der Landschaftsschutzpark Zehden (Cedynski Park Krajobrazowy) mit seinen 650 Quadratkilometern sowie der Landschaftsschutzpark Unteres Odertal (Park Krajobrazowy Dolina Dolnej Odry, 60 km^2) bilden eine gemeinsame Schutzzone. Grenzübergreifend umfassen die Schutzgebiete an der Oder insgesamt eine Fläche von 1183 Quadratkilometern.

Noch heute wird der mittelalterliche Bergfried bei **Stolpe** ⓫ von den Einheimischen als Grützpott bezeichnet. Der Name leitet sich von der Form des Bergfrieds ab, der an einen überdimensionalen Topf erinnert.

Der beliebte Oder-Neiße-Radwanderweg verläuft durch das Odertal mit seinen wunderschönen Auwäldern.

36 Naturpark Westhavelland
Eine Luchlandschaft wie aus dem Bilderbuch

ANFAHRT
Auf der A 24 bis Neuruppin, auf der B 167 bis Neustadt/Dosse; mit der Bahn bis Neustadt/Dosse

LAGE
Im Nordwesten von Brandenburg an der Grenze zu Sachsen-Anhalt zwischen Brandenburg/Havel, Neustadt/Dosse und Friesack

GRÖSSE
1315 km²

HÖCHSTE ERHEBUNG
Gollenberg (109 m)

GRÜNDUNG
1998

INFORMATION
Naturparkverwaltung Westhavelland, Dorfstr. 5, 14715 Havelaue, OT Parey

TELEFON
033872/74 30

INTERNET
www.grossschutzgebiete.brandenburg.de

Vor allem die Weichselkaltzeit vor 10 000 Jahren prägte das Bild in dieser Landschaft im Westen Brandenburgs. Durch die mächtigen, das Gelände formenden Gletschermassen und die Schmelzwasserströme entstanden in den tieferen Lagen riesige Sumpfgebiete und Moore. Besonders charakteristisch sind das Havelländische Luch, das Rhinluch und das Dossebruch. In den auf Grund- oder Endmoränen hoch gelegenen »Ländchen« siedelten sich die Menschen an und gründeten Dörfer und Städte. Die wasserreichen Niederungen bieten vielen bedrohten Tier- und Pflanzenarten ideale Lebensräume. So ist die Region sehr wichtig für Wat- und Wasservögel, zu denen nordische Gänse, Schwäne, Kraniche, Enten und Schnepfenvögel gehören. Sie finden hier im Frühjahr und Herbst auf ihren langen Zugrouten wasser- und nahrungsreiche Rastplätze. Der Kampfläufer, das Wappentier des Naturparks, kann im Frühjahr bei seinen Balzspielen beobachtet werden. Andere seltene Vogelarten (z. B. Uferschnepfe, Bekassine oder Rotschenkel) brüten hier. In den Feuchtgebieten leben Biber und Fischotter.

Neustadt (Dosse) – das »Sanssouci der Pferde« Nähert man sich dem Naturpark von Nordosten, ist ➡ **Neustadt (Dosse)** ❶ die erste Station. Bereits seit 1407 im Besitz der Grafen von Ruppin, erwarb Landgraf Friedrich von Hessen-Homburg den Ort 1662 und ließ die Kirche bauen. Berühmt wurde Neustadt (Dosse) vor allem durch sein Gestüt, wo die jährlichen Hengstparaden als besondere Attraktion gelten.

Über Sieversdorf führt der Weg nach **Großderschau** ❷. Hier lädt das Heimathaus (Kleinderschauer Str. 1) zum Besuch ein, wo man sich über die Besiedlung des Rhinluchs und des Dossebruchs informieren kann, bevor das Städtchen **Rhinow** ❸ angesteuert wird, der Hauptort im »Ländchen« Rhinow mit seiner abwechslungsreichen Hügellandschaft.

Vom nahen Stölln aus lohnt sich ein Abstecher nach ➡ **Kleßen** ❹, wo ein hübsches Schloss mit dem Märkischen Gutsgarten wartet. Während das in Privatbesitz befindliche Schloss nur für die Havelländischen Musikfestspiele (Termine unter Tel. 033235/29 00 44 oder www.schloss-klessen.de) geöffnet ist, kann der Märkische Gutsgarten täglich außer montags be-

Die Havel bei Bützer – ein Naturparadies voller Wälder und Röhrichte, ideal zum Wandern und Radfahren

sucht werden. Große Rasenflächen mit schönen, alten Bäumen, Rosen, Sommerblumen und ein Naschgarten mit Kräutern und Beeren prägen das Bild. In der alten Dorfschule ist das erste Spielzeugmuseum (geöffnet Di–So 10–18 Uhr) des Havellands untergebracht, denn Brandenburg war einst ein Zentrum der Spielzeugherstellung.

Die Fahrt von Rhinow führt über eine der schönsten Alleen Brandenburgs nach **Strodehne** ❺. Die Dosseniederung nordöstlich des Orts ist ein artenreiches Überschwemmungsgebiet, wo neben Entenarten auch Bruchwasserläufer, Seeadler, Kampfläufer und Grünschenkel zu sehen sind.

Invasion der Gänse Das Naturschutzgebiet ➠ **Gülper See** ❻ südlich von Strodehne ist ein herausragendes Vogelschutzgebiet im Naturpark. Allein 100 Brutvogelarten wurden festgestellt, darunter Lachmöwen und Trauerseeschwalben, die in Kolonien brüten. Zudem gibt es hier viele Entenarten, man trifft u. a. auf Schwarzhals-, Hauben- sowie Zwergtaucher, auf Rohrdommel, Rohrweihe, Rotschenkel, Rohrschwirl und Wasserralle. Regelmäßig jagen hier Fisch- und Seeadler. Nicht zuletzt ist der Gülper See ein bedeutender Rastplatz sowie Sammel- und Überwinterungsstätte für viele Sumpf- und Watvögel. Zur Zeit des Vogelzugs im Frühjahr und Herbst ist der spektakuläre Einfall von 100 000 Saat- und Blessgänsen gut vom Aussichtsturm am Südufer zwischen Gülpe und Prietzen zu beobachten.

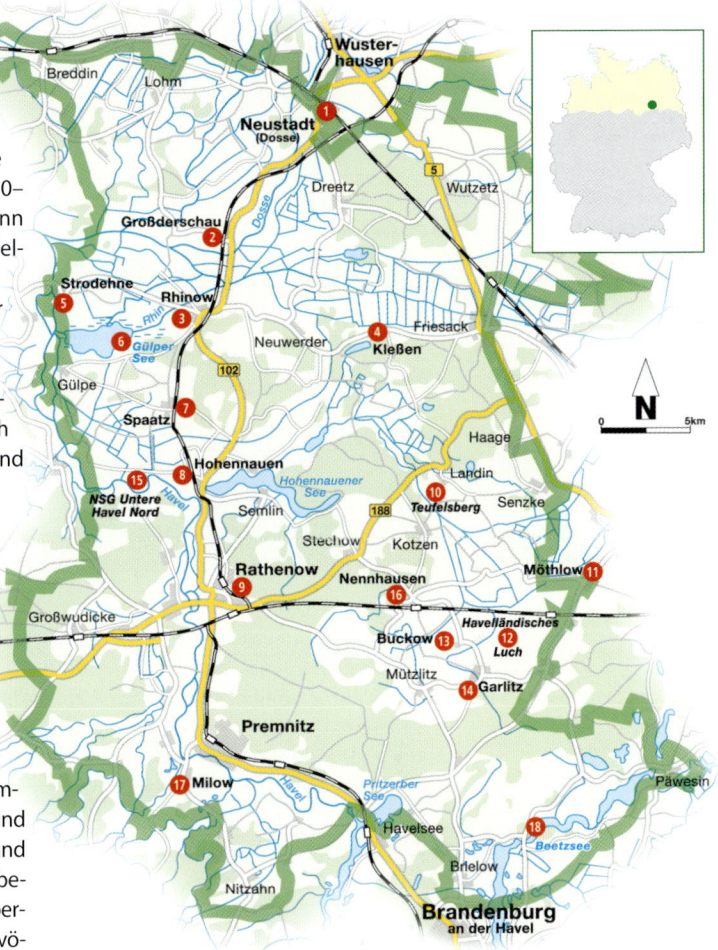

Über **Spaatz** ❼ mit der Feldsteinkirche aus dem 13. Jahrhundert führt der Weg nach **Hohennauen** ❽ am Hohenauener See, das 1386 erstmals als »dat Hus to Hagenowen« erwähnt wurde. Die Havelniederung zwischen

> **DIE HAVEL**
>
> Das Quellgebiet der Havel liegt im Nordosten des Müritz-Nationalparks bei Ankershagen. An einem eher unscheinbaren Wassergraben verzeichnet ein Gedenkstein die Orte, die die Havel bei ihrem 343 km langen Lauf bis zur Mündung in die Elbe durchfließt. Ursprünglich bildeten drei Quellseen – Born-, Trinnen- und Mühlensee – das Quellgebiet der Havel. Davon wurde die junge Havel vor rund 600 Jahren getrennt, als man südwestlich von Ankershagen einen Damm aufschüttete. In den Naturpark Westhavelland tritt die Havel nordwestlich von Brandenburg ein.

Abends senkt sich Stille über das Land und taucht das Havelländische Luch in sanftes Licht.

Hohennauen und Parey ist beiderseits von Feuchtwiesen geprägt, wo im Sommer Kiebitze beobachtet werden können. Auch Weißstörche und viele Graureiher sind anzutreffen. Ein 31 Kilometer langer Wanderweg (Storchenweg genannt) führt von Hohennauen aus in sechs Stationen nach Nordwesten.

Wissenswertes über Bäume und Bienen

Rathenow ⑨ wird bereits 1216 als Grenzort erwähnt; die romanische Kirche St. Marien und Andreas dürfte damals bereits gestanden haben. Von der mittelalterlichen Ausstattung ist der Flügelaltar erhalten. Am südlichen Rand der Stadt Rathenow breitet sich die Königsheide aus, ein 3000 Hektar großes Waldgebiet. Hier befindet sich die Waldschule Grünaue mit einem Waldlehrgarten, wo man Wissenswertes über die Bäume des Jahres erfährt und der »Waldmännlein-Erlebnispfad« zum Entdecken und Entspannen einlädt.

Fährt man von Rathenow auf der B 188 in Richtung Friesack, ragt bei der Fahrt über den Großen Havelländischen Hauptkanal der **Teufelsberg** ⑩ als markante Anhöhe aus den Niederungen des Havelländischen Luchs heraus. Diese kiesig-sandige Stauchmoräne zeichnet sich durch das Vorkommen von Waldsteppen und Trockenrasen aus. Das Naturschutzgebiet ist von Kiefern, Traubeneichen, Stieleichen und einzelnen Winterlinden bestanden. Auf den Trockenrasen wachsen Wiesenkuhschelle, Bergziest, Blutroter Storchschnabel, Ähriger Ehrenpreis, Kammwachtel-weizen und andere Trockenheit und Wärme liebende Pflanzenarten.

Ganz im Osten des Havelländischen Luchs, an der Grenze des Naturparks, liegt der kleine Ort ➡ **Möthlow** ⑪. Hier gibt es ein Bienenmuseum, in dem über 700 Exponate zur Imkerei ausgestellt sind.

Von seltenen Großtrappen und Kampfläufern

Das **Havelländische Luch** ⑫ ist eines der wenigen Gebiete in Deutschland, wo die seltenen, vom Aussterben bedrohten Großtrappen vorkommen, die zu den größten flugunfähigen Vögeln der Welt gehören. Mit ihrem Schutz befassen sich die Mitarbeiter der Staatlichen Vogelschutzwarte in Buckow (Dorfstr. 34). Von den Beobachtungstürmen bei **Buckow** ⑬ und **Garlitz** ⑭ kann man besonders gut im März und Mai das beeindruckende Balzverhalten der Männchen sehen.

Das ➡ **Naturschutzgebiet Untere Havel Nord** ⑮ mit seinen weitläufigen überfluteten Flächen der Großen Grabenniederung liegt im Westen südlich von Gülpe und ist eines der wichtigsten Rastgebiete für Wasservögel in ganz Brandenburg, die von einem Turm aus (erreichbar von Parey auf einem Plattenweg Richtung Wolsier, nach 1 km links Richtung Gülpe abbiegen und am linken Rand des Grabens entlang) beobachtet werden können.

In **Nennhausen** ⑯ sind Barockschloss und Landschaftspark denkmalgerecht wiederhergestellt worden. Der Park ist öffentlich zugänglich, das Schloss anlässlich von Konzert-

> **KAMPFLÄUFER** *(Philomachus pugnax)*
>
> Der Brutvogel ist Wappentier des Naturparks und ernährt sich von Kleintieren – im Wasser wie am Boden. Sein Lebensraum sind Nasswiesen und Moore, aber auch Uferregionen. Das Nest baut er am Boden versteckt in der Vegetation. Die Männchen sind wesentlich größer als die rotschenkligen Weibchen; auffällig sind beim Kampfläufer der kurze Schnabel und die aufrechte Haltung. Männliche Kampfläufer können im Federkleid sehr unterschiedlich gefärbt sein, vor allem Halskrause und Haube können grau, braun, gelb, weiß oder gescheckt sein. Bei der Balz mit echten Kämpfen und Turniergefechten spielen Halskrause und Perücke eine wichtige Rolle. Die Wahl treffen die Weibchen, die nach der Paarung im Mai/Juni vier graue bis olivgrüne Eier legen. Das Weibchen brütet allein 20–23 Tage und führt auch die Jungvögel allein aus, die nach etwa vier Wochen flügge sind.

veranstaltungen geöffnet (Termine unter Tel. 033878/602 36 oder unter www.schloss-nennhausen.de). **Milow** ⑰ liegt im Südwesten des Naturparks an der Mündung der Stremme in die Havel. Westlich des heutigen Orts hat das Inlandeis der Weichselkaltzeit bei seinem Rückzug eine drei Kilometer lange Stauchendmoräne zurückgelassen, die am Milower Berg (71 m) beginnt und über den Vieritzer Berg (86 m) bis zum Bützer Berg (69 m) reicht. Am Vieritzer Berg gibt es einen Naturlehrpfad mit Informationstafeln zur Tier- und Pflanzenwelt, und in Milow befindet sich ein Besucherzentrum des Naturparks Westhavelland.

Eingebettet in eine malerische Fluss- und Seenlandschaft liegt vor den Toren der Stadt Brandenburg der **Beetzsee** ⑱, im Sommer ein Tummelplatz für Schwimmer, Segler und Angler. Um den See führt der »Storchenweg« (31 km), auf dem man bequem die Natur genießen kann.

Im Fouqué-Schloss in Nennhausen finden in stilvoller Umgebung klassische Konzerte statt.

37 Naturpark Barnim
Reizvolles Mosaik aus Feldern, Seen und Kiefernwäldern – von Alleen durchzogen

ANFAHRT
Auf der A 11 bis Bernau-Nord oder Bernau-Süd und weiter nach Bernau; mit der Bahn bis Bernau

LAGE
In den nördlichen Berliner Bezirken Pankow und Reinickendorf und dem angrenzenden Teil von Brandenburg zwischen Bernau, Bad Freienwalde, Eberswalde, Liebenwalde und Oranienburg

GRÖSSE
750 km²

HÖCHSTE ERHEBUNG
bei Sommerfelde (90 m, östlich von Eberswalde)

GRÜNDUNG
1998

INFORMATION
Naturparkverwaltung Barnim, Wandlitzer Chaussee 55, 16321 Bernau

TELEFON
03338/751 76-0

INTERNET
www.np-barnim.de

Die Hochfläche des Barnim fällt im Osten steil zum Tal der Oder ab; im Westen klingt sie dagegen sanft in der weiten Havelniederung aus. Die Talsandterrassen des Eberswalder Urstromtals sowie die großen Sanderflächen des Naturparks sind vor allem von Kiefernwäldern bestanden. Dazwischen erstrecken sich Felder, die weite Flächen der Landschaft im Frühjahr mit den leuchtend gelben Blüten des Rapses in ein Farbenmeer verwandeln. Stellenweise gibt es noch naturnahe Wälder, vor allem die herrlichen Buchenwälder am Liepnitzsee oder die Erlenbrüche im Briesetal. Im Biesenthaler Becken, dem Quellgebiet der Finow, wechseln auf engstem Raum Bäche mit Erlenbruchwäldern, Schilfröhrichte und feuchte Wiesen mit Trockenrasen sowie kleinen Kiefernwäldern; auf Sandböden entwickelten sich regional Heideflächen. Zahlreiche Greifvögel schweben über dem Naturpark, von denen der Mäusebussard am häufigsten ist. Auch Rot- und Schwarzmilan, Habicht, Sperber, Eulen und Falken lassen sich hier beobachten.

Am schönsten im Spätsommer, wenn die Heide blüht Bernau ❶ ist eine hübsche Kleinstadt mit gut erhaltener Stadtmauer; als ihr Wahrzeichen gilt das Steintor aus dem 15. Jahrhundert. Hier ist auch ein sehenswertes Museum (Berliner Straße) untergebracht, das über die Stadtgeschichte informiert. Mit dem Beinamen »Hussitenstadt« wird an die erfolgreiche Abwehr der Hussiten im Jahr 1432 erinnert, und jährlich finden am zweiten Juni-Wochenende die »Hussitenspiele« statt.

Ein Maler der Romantik hätte keine stimmungsvollere Komposition schaffen können: der Wandlitzsee am Abend.

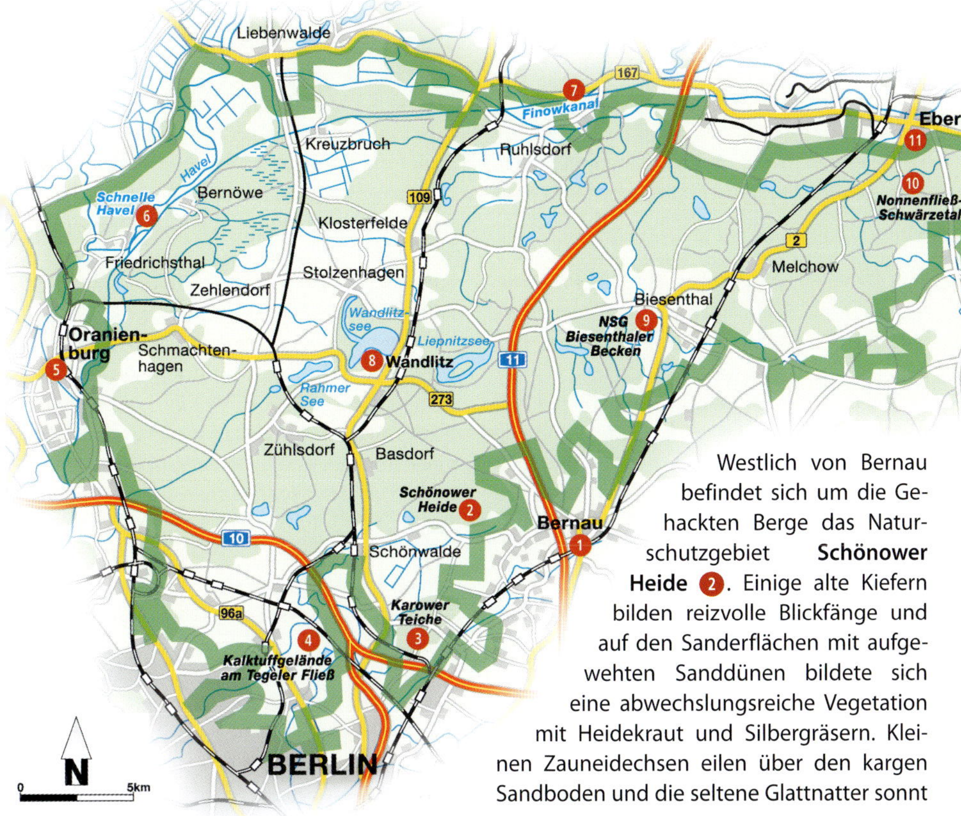

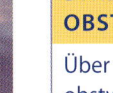

Westlich von Bernau befindet sich um die Gehackten Berge das Naturschutzgebiet **Schönower Heide** ❷. Einige alte Kiefern bilden reizvolle Blickfänge und auf den Sanderflächen mit aufgewehten Sanddünen bildete sich eine abwechslungsreiche Vegetation mit Heidekraut und Silbergräsern. Kleinen Zauneidechsen eilen über den kargen Sandboden und die seltene Glattnatter sonnt

STREUOBSTWIESEN UND OBSTBAUMALLEEN

Über Jahrhunderte gehörten die Streuobstwiesen zum Bild einer Kulturlandschaft. Die nur extensiv genutzten Obstbäume standen nicht nur in den Gärten, sondern auch auf kleineren Äckern und Wiesen oder gar am Straßenrand. Wer im Mai im Naturpark unterwegs ist, trifft heute noch am Rand vieler Dörfer auf ein prächtiges weißes Blütenmeer. Sehenswerte Streuobstwiesen mit verschiedenartigen Obstbäumen findet man vor allem um Schönwalde, Stolzenhagen und Zehlendorf. Ein schönes Beispiel für Obstbaumalleen ist die von Apfelbäumen (s. Bild) gesäumte Straße von Hohenfinow über Gersdorf nach Kruge im Osten des Naturparks.

sich auf freien Plätzen; Roter Milan, Habicht und Bussard kreisen über dieser Landschaft. Im Spätsommer zur Heideblüte wimmelt es von Insekten, dicke Hummeln und fleißige Wildbienen laben sich am Nektar der Blüten, und schöne Tagfalterarten schweben von Blüte zu Blüte. Der Tiefblaue Silberfleckenbläuling bevorzugt Gräser, doch seine Raupen sind auf das Heidekraut als Futterpflanze angewiesen. Reichlich sind auch Singvögel vertreten, von denen hier u. a. Brachpieper, Heidelerche, Neuntöter, Schwarzkehlchen, Steinschmätzer, Wiedehopf und Ziegenmelker vorkommen.

Kleinod der Natur am Stadtrand Vom S-Bahnhof Buch gelangt man auf dem Pankeweg zum Naturschutzgebiet ➡ **Karower Teiche** ❸, einem 130 Hektar großen Areal. Nähert man sich im Frühjahr dieser Oase, dringen aus der Ferne seltsame Töne ins Ohr, die dem Wiehern eines Pferdes ähneln. Es ist der Rothalstaucher, der seine Balzspiele vollführt. Auch der Zwergtaucher ist jetzt mit der Balz beschäftigt und trillert lauthals. Was sich wie das Quietschen von Schweinchen anhört, sind die Laute der Wasserralle. Auch Bläs- und Teichralle haben hier ihr Refugium und ziehen ihre Jungen im Schilfgürtel auf. Die umgestürzten Bäume am Uferrand dienen dem Eisvogel als Rastplatz, wenn er nicht gerade schnell über die Wasserfläche fliegt und im Sturzflug seine Nahrung aus dem Wasser holt. Sind die Teiche zugefroren, zieht sich dieser wunderschöne Vogel an eisfreie Gewässer, wie z. B. die Panke, zurück.

Südlich von Zühlsdorf beginnt der Bachlauf des Tegeler Fließtals, wo das Naturschutzgebiet ➡ **Kalktuffgelände am Tegeler Fließ** ❹ Beachtung verdient. Es liegt im Norden von Berlin bei Hermsdorf und wurde 1929 unter Schutz gestellt. Der Bachlauf hat sich zehn Meter tief in das Barnimplateau eingeschnitten und wartet mit »wachsenden Steinen« auf. Am Talrand treten mehrere kalkhaltige Quellen aus, die die Vegetation mit einem Kalkfilm überziehen, der nach dem Absterben der Pflanzen als Kruste zurückbleibt. Dort siedeln sich kleine Krebse, Wasserskorpione und Insektenlarven an und leben wie in einem Korallenstock. Die klaren Wasser im Tegeler Fließ und in seinen Nebenarmen bieten Lebensräume für Seltenheiten wie Stichling und Flussbarsch. Auf den feuchten Wiesen gedeihen u. a. verschiedene Orchideen, die Steifblättrige Kuckucksblume, die Trollblume und die Prachtnelke.

Bäche, Fließe und Kanäle Zwischen **Oranienburg** ❺ und Zehdenick sucht sich die ➡ **Schnelle Havel** ❻ ihren Lauf. Dieser naturnahe Tieflandfluss mit seinen Altarmen und Stillwasserzonen bietet zahlreichen seltenen gewordenen Pflanzen Lebensraum. Gelbe Teichrosen, auch Mummel genannt, gedeihen hier gemeinsam mit Krebsscheren; im Schlick wachsen Schwanenblumen, die auf bis zu 1,50 Meter hohen Stängeln große rötlich-weiße Blütendolden tragen. In den Altarmen leben zahlreiche Amphibien, zu denen auch die Rotbauchunke gehört, das Wappentier des Naturparks. Ein wesentliches Merkmal

ROTBAUCHUNKE *(Bombina bombina)*

Sie ziert das Logo des Naturparks Barnim, der mit seinen vielen kleinen Wasserflächen (Sölle) ein idealer Lebensraum für die vom Aussterben bedrohte Amphibienart ist. Da die Tiere sich

mindestens während der gesamten Laichzeit im Wasser aufhalten, sind sie auf stehende oder schwach fließende Gewässer angewiesen. Mit den ersten warmen Sonnenstrahlen im März beginnt das Konzert der etwa 4 cm großen Amphibienart, die mit ihren orangefarbenen Flecken auf dem Bauch einzigartig ist. Die eigentümlichen, glockenartigen Rufe veranlassten die Menschen früher, sie in ihre Mythen und Legenden einzubeziehen.

des Naturparks sind zahlreiche Bäche, die von der Hochfläche des Barnim herabfließen. An der Wasserscheide von Nordsee und Ostsee strömen die Fließe entweder über die Oder in die Ostsee oder über die Havel in die Nordsee. Der ⇒ **Finowkanal** ❼ (Eröffnung 1620) ist eine der ältesten künstlichen Wasserstraßen Deutschlands und hatte als Transportweg zwischen Oder und Havel große Bedeutung. Als er um die Wende vom 19. zum 20. Jahrhundert dem wachsenden Verkehr nicht mehr gewachsen war, begann man 1906 mit dem Bau des Oder-Havel-Kanals.

Wandlitz ❽ ist vor allem als Wohnstätte der DDR-Führung bekannt. Die historische Ortsmitte liegt jedoch am Südufer des Wandlitzsees, wo auch ein schönes Freibad zum Besuch einlädt. Mehrere Lindenalleen führen zum Zentrum mit der schönen Feldsteinkirche, und ganz in der Nähe lohnt der Besuch des Agrarmuseums. Die 2000 Quadratmeter große Ausstellungsfläche präsentiert die Entwicklung der Landwirtschaft in Brandenburg in den letzten 200 Jahren. Arbeitsgeräte, Gebrauchsgegenstände sowie zahlreiche technische Gerätschaften von landwirtschaftlichen Maschinen bis Traktoren informieren über die Entwicklung im 20. Jahrhundert (geöffnet ganzjährig Di–Fr 9–16.30 Uhr, April–Okt. auch Sa, So 10–17 Uhr).

Herrliche Buchenmischwälder und reizvolle Seen Die Gegend zwischen Wandlitz und Biesenthal ist ein ideales Wandergebiet und reich an Badeseen wie Liepnitz-, Ober- und Wukensee. Abwechslungsreich präsentiert sich das Naturschutzgebiet **Biesenthaler Becken** ❾ südlich von Biesenthal, das Ursprungsgebiet der Finow. Der Fluss entsteht aus dem Zusammenfluss von Hellmühler und Rüdnitzer Fließ. Seen, Fließe, Moore sowie aufragende Sandrücken, Kames genannt, prägen hier das Bild. Zu den botanischen Besonderheiten gehören die Trollblumen mit ihren hellgelben Blütenbällchen; größere Bestände bilden Wiesenknöterich und Kuckucksblume. Die Bäche sind Lebensraum für Eisvogel und Gebirgsstelze, und auf den trockenen Hügeln leben Braunkehlchen.

Fährt man von Biesenthal auf der B 2 nach Norden, führt der Weg vor Eberswalde in Spechthausen am Naturschutzgebiet **Nonnenfließ-Schwärzetal** ❿ vorbei. Dieses Gewässersystem aus Nonnenfließ und Schwärze ist ökologisch sehr wertvoll. Insekten wie die Zweigestreifte Quelljungfer, aber auch Fischarten wie Bachforelle, Westgroppe und Steinbeißer leben im kühlen Wasser, gelegentlich sind Waldwasserläufer und Gebirgsbachstelze zu beobachten. Zum Abschluss lohnt sich ein Besuch des Forstbotanischen Gartens (Schwappachweg) in **Eberswalde** ⓫, der Bestandteil des Landschaftsschutzgebiets »Unteres Schwärzetal« ist. Auf mannigfaltigen Boden- und Reliefunterschieden gedeihen etwa 1100 Pflanzensippen aus heimischer und fremder Flora.

Im Naturschutzgebiet am Tegeler Fließ findet man noch ursprüngliche Lebensräume seltener Tiere und Pflanzen.

38 Naturpark Märkische Schweiz
Von romantischen Schluchten, schönen Aussichtspunkten und einer Fischtreppe

ANFAHRT
Auf der A 10 (Berliner Ring) bis Berlin-Hellersdorf und weiter auf der B 1 über Rüdersdorf nach Müncheberg (Mark); mit der Bahn ab Berlin bis Müncheberg (Mark)

LAGE
Im Landkreis Märkisch-Oderland zwischen den Orten Strausberg, Müncheberg und Neuhardenberg

GRÖSSE
205 km²

HÖCHSTE ERHEBUNG
Krugberg (129 m)

GRÜNDUNG
1990

INFORMATION
Naturpark Märkische Schweiz, Lindenstr. 33, 15377 Buckow

TELEFON
033433/158 41

INTERNET
www.grossschutzgebiete.brandenburg.de

Quer durch den Naturpark führt die Buckower Rinne, ein Schmelzwassertal der letzten Eiszeit, das vor 12 000 Jahren ausgewaschen wurde. Hier reihen sich Seen aneinander, die durch Wasserläufe miteinander verbunden sind. Als zentrales Fließgewässer durchquert der Stobber den Buckower Kessel von Südwesten nach Nordosten. Reste von Auwäldern, dazu Feuchtwiesen und Quellgebiete säumen seinen naturnahen Lauf. Wo Toteisblöcke nach dem Rückzug der Gletscher liegen blieben, entstanden Seen wie Buckowsee, Großer und Kleiner Däbersee, Großer und Kleiner Klobichsee sowie Großer und Kleiner Tornowsee. Größtes Gewässer im Naturpark ist der Schermützelsee, den im Nordwesten Endmoränenhügel umgeben. Sehr reizvoll ist der Blick von der Bollersdorfer Höhe über den See nach Buckow. Eine Besonderheit des Naturparks sind die Kehlen, tiefe Schmelzwasserschluchten mit so klangvollen Namen wie Silberkehle, Buchenkehle oder Wolfsschlucht, die zum Erkunden einladen.

Eine Reise durch hübsche Städtchen und Naturschutzgebiete Als Tor zum Naturpark Märkische Schweiz gilt das märkische Ackerbürgerstädtchen ➡ **Müncheberg** ❶. Sehenswert ist die fast vollständig erhaltene Stadtmauer, die 1319 angelegt und vorwiegend aus Feldsteinen erbaut wurde.
Jahrhundertelang war **Waldsieversdorf** ❷ ein wüster Siedlungsfleck an den Däberseen. Erst der Sozialreformer Ferdinand Kindermann gründete 1895 Waldsieversdorf neu und ließ auf einem Höhenzug Villen und das »Märkische Sanatorium« bauen. Nun avancierte der Ort zu einem beliebten Ausflugs- und Luftkurort. Wahrzeichen des staatlich anerkannten Erholungsorts ist der denkmalgeschützte Wasserturm.
Im Zentrum der Buckower Rinne liegt das ➡ **Naturschutzgebiet Klobichsee** ❸ mit dem Großen Klobichsee, weiteren kleinen Gewässern sowie Quell- und Trockenhängen. Neben verschiedenen Knabenkräutern wachsen hier auch Waldhyazinthe, Großes Zweiblatt, Weißes Waldvöglein und Sumpfsitter. Am See leben Fischotter und Europäische Sumpfschildkröte, auf den Feuchtwiesen kann man häufig Kraniche beobachten. Im See tummeln sich Barsche, Hechte, Karpfen, Schleien und Weißfische in großer Zahl.

Wo einst Rosen für Berlin wuchsen Am Ostufer des Großen Klobichsees bietet sich von einer Steilkante eine herrliche Aussicht auf den See hat. Am besten erreicht man diesen Ausblick von **Münchehofe** ❹ aus, einem Dorf mit kleiner Feldsteinkirche aus dem 14. Jahrhundert. Beim Erholungsheim »Schau ins Land« öffnet sich ein weiter Rundblick über den

Die intakte Landschaft der Altfriedländer Teiche ist Zufluchtsort für viele vom Aussterben bedrohte Tierarten.

FLEDERMAUSMUSEUM

In dem kleinen Ort Julianenhof in der Nähe von Pritzhagen (nördlich von ➓) gibt es einen historischen Eiskeller – und acht Fledermausarten (im Bild eine Myotis bechsteini). Die Fledermäuse nutzten den Eiskeller schon lange als Winterquartier, bevor die Idee geboren wurde, hier ein internationales Fledermausmuseum einzurichten. Nun werden Ausstellungen zum Thema gezeigt, Informationen über die Ansiedlung der Tiere gegeben sowie interessante Sammelobjekte rund um die Fledermaus vorgestellt. Bei dieser Gelegenheit wurde der Eiskeller saniert, und man kann sich über das Thema »Eisgewinnung und Eiseinlagerung« sowie die Entwicklung der Kühltechnik vom Natureis bis zum Kühlschrank informieren.

buchtenreichen Großen Klobichsee und eine bewaldete Hügelkette. Als in der Nacheiszeit Sand auf einen bereits vorhandenen Hügel aufgeweht wurde, entstand bei Münchehofe eine Düne, die man zum Bodendenkmal erklärte. In der Nähe gefundenes Gerät aus Feuerstein deutet darauf hin, dass sich hier vor etwa 10 000 Jahren ein Rastplatz steinzeitlicher Jäger befand.

Der Ort **Buckow** ➎ verdankt seine Berühmtheit vor allem dem Dichter Bertolt Brecht und seiner Frau Helene Weigel, die in einem Jugendstilhaus ihren Sommersitz hatten. Heute befindet sich hier die Brecht-Weigel-Gedenkstätte (Bertolt-Brecht-Str. 30). Der magere Sandboden eignete sich schlecht für Ackerbau, aber gut für Hopfen, weshalb unter dem Einfluss der Lebuser Mönche aus Müncheberg das bis zum Ende des 17. Jahrhunderts bedeutendste märkische Hopfenanbaugebiet entstand. Das Buckower Bier verhalf dem Ort bald zu Wohlstand und Wachstum. Nach dem Siebenjährigen Krieg blühte hier auch die Rosenzucht auf, und sogar königliche Höfe sollen mit Rosen aus Buckow beliefert worden sein. Traditionsgemäß finden jährlich im Juni die »Buckower Rosentage« statt. Über die vielseitige Natur informiert das Naturpark-Besucherzentrum Schweizer Haus (Lindenstr. 23) mit Ausstellungen; dort erhält man auch Kartenmaterial zum Wander- und Radwegenetz.

Östlich von Buckow befindet sich das Naturschutzgebiet ➡ **Ruhlsdorfer Bruch** ➏, das durch wertvolle Trocken- und Halbtrockenrasen gekennzeichnet ist. Bemerkenswert ist hier die Vielfalt an Orchideen, und auch Prachtnelke sowie Sumpfherzblatt zählen zur reichen Flora. Als charakteristische Brutvögel des Gebiets sind Bekassine, Braunkehlchen und Rohrammer vertreten. Beutelmeise, Teichrohrsänger und Wasserralle haben in den Weidenbeständen an Gewässern ihr Brutrevier, im Schilf nisten Haubentaucher, Stockenten und Blessrallen. Auch Kraniche, Fischadler und Tüpfelrallen rasten hier und suchen nach Nahrung.

Treppe für Fische, Paradies für Libellen In eine reizvolle Hügellandschaft eingebettet, bildet der 146 Hektar große und 40 Meter tiefe **Schermützelsee** ➐ bei Buckow das Herz des Naturparks. Er wird vom Stobber durchflossen, der auf einer Länge von 13 Kilometern unter Naturschutz steht. Folgt man seinem Lauf durch das **Stobbertal** ➑ nach Süden, breitet sich bald das **Rote Luch** ➒ aus. Es besteht großflächig aus Niedermoor und nassen Wiesen, aber auch Niederungs- und

Naturpark Märkische Schweiz **139**

> **GEMEINE KEILJUNGFER** *(Gomphus vulgatissimus)*
>
> Diese Libellenart wird oft auch als Flussjungfer bezeichnet und lebt in intakten Fließgewässern Europas und Kleinasiens. Sie wird 45–50 mm lang und hat eine Flügelspannweite von 6–7 cm. Ihre beiden Flügelpaare sind netzartig reich geädert, der Hinterleib ist lang, stabförmig und gelb-schwarz gestreift. Die großen Komplexaugen haben einen außerordentlich weiten Blickwinkel, der mit dem von Fischen vergleichbar ist. Sie bestehen aus 10 000–30 000 wabenartig zusammengesetzten Einzelaugen und sind weit voneinander getrennt am Kopf angeordnet.

Hangtrockenwälder sowie Trockenrasen bestimmen das Mosaik in diesem Lebensraum. Wertvoll für Tier- und Pflanzenwelt ist hier das Naturschutzgebiet »Tiergarten« mit seinem naturnahen Altholzbestand. Im Roten Luch, dem größten zusammenhängenden Niedermoorgebiet des Naturparks, befindet sich die Talwasserscheide Nordsee–Ostsee und das Quellgebiet des Stobber.

Inmitten einer anmutigen Hügellandschaft leuchten wie kleine Augen Kleiner und Großer **Tornowsee** ❿. Auf einer Strecke von etwa 25 Kilometern im Naturpark verliert der Flusslauf 43 Meter an Höhe. Verschwunden sind die Mühlräder am Fluss, geblieben sind die Stauwehre. Da sie für die flussauf wandernden Fische unüberwindbar sind, wurden im Naturpark acht Stauwehre zu treppenförmigen Wasserkaskaden umgebaut. Auf diese Weise können die Tiere den Höhenunterschied etappenweise überwinden, und die Zahl der neu hinzugekommenen Fische steigt immer noch. Seltene Arten wie Döbel, Bitterling, Schlammpeitzger, Steinbeißer und Gründling leben hier. An den Ufern des Stobber finden Eisvogel, Gebirgsstelze und Fischadler Lebensraum. Von 75 in Deutschland lebenden Libellenarten konnten im Naturpark Märkische Schweiz 55 nachgewiesen werden. Am Stobber kommt auch die Gemeine Keiljungfer vor, eine Libellenart, die vielerorts vom Aussterben bedroht ist und das Logo des Naturparks ziert.

Teich an Teich – ein Vogelparadies von Format Zur Schatzkammer des »Europäischen Vogelschutzgebiets Märkische Schweiz« gehört das 250 Hektar große Areal der ➡ **Altfriedländer Teiche** ⓫. Bis zu 40 000 Saat- und Blessgänsen geben sich hier im Oktober und im November ein Stelldichein, Schwarz- und Weißstörche finden auf den feuchten Wiesen reichlich Nahrung, und auch See- und Fischadler haben hier einen Lebensraum. Von Altfriedland führt ein ausgeschilderter Wanderweg in zehn Minuten zum Turm an den Fischteichen, von dem aus man die 200 Hektar große Teichlandschaft mit Brutkolonien von Flussseeschwalben und Lachmöwen beobachten kann. Ein weiterer Aussichtsturm steht an den **Karlsdorfer Teichen** ⓬ bei Karlsdorf, nordwestlich von Neuhardenberg. Hier sind verschiedene Entenarten, daneben Graugänse sowie Silber-, Grau- und Fischreiher, ferner Seeadler zu sehen. Da die Teiche im Oktober abgelassen werden, ist die Zeit von April bis Oktober zur Vogelbeobachtung am besten.

Etwas außerhalb des Naturparks liegt ➡ **Neuhardenberg** ⓭. Das Schloss, 1763 als Herrenhaus im Charakter eines spätbarocken Landschlösschens errichtet, gelangte 1814 in den Besitz des Staatskanzlers Karl August von Hardenberg und erhielt durch Karl Friedrich Schinkel eine klassizistische Fassade. Der barocke Schlosspark wurde 1821 nach Plänen von Joseph Peter Lenné unter Mitwirkung Fürst Pücklers in einen Landschaftspark verwandelt. Die Kirche von Neuhardenberg trägt wie das Schloss die Handschrift von Karl Friedrich Schinkel, der das nach einem Brand zerstörte Gotteshaus 1816/17 restaurierte.

> **DER POETENSTEIG**
>
> Ein besonders schöner Wanderweg im Naturpark Märkische Schweiz ist der Poetensteig. Er beginnt nördlich von Buckow ❺ am Sophienfließ und führt in die Mischwälder um den Dachsberg mit seinem schönen Aussichtspunkt sowie in die reizvolle Schlucht der Silberkehle.

REGISTER

A
Ahlbeck 46 f
Ahlhorner Teiche 60
Alt Placht 116
Altfriedländer Teiche 140
Althüttendorf 122
Altkünkedorf 124
Altruppin 112
Altwarp 120
Amrum 12
Ankershagen 106 f
Arche Warder 22
Aschberg 19
Aukrug 24

B
Baabe 44
Bansin 48
Bargerveen 57
Barhöfer Kliff 34 f
Barkhausen 66 f
Barnim 134
Basedow 100
Bernau 134
Bessin 37
Bexaddetal 71
Biesenthaler Becken 134, 137
Bippener Maiburg 64
Bleckede 88
Blumberger Mühle 124
Boek 106
Boitzenburg 115 f
Boltenmühle 113
Bolzenburg 84
Bordesholm 23
Borkum 50
Bosau 30 f
Bretziner Heide 84
Brodowin 124
Buchhorst 92
Buckow 132, 138 f
Buckower Rinne 138
Bungsberg 27
Bünzer Feldmark 25
Burg Schlitz 98, 100
Büsüm 15
Butterstein 66

C
Carwitz 118 f
Choriner Endmoräne 122, 124 f
Cuxhaven 54

D
Dahmen 100 f
Dammer Berge 70
Dannauer See 26
Dannenberger Marsch 89
Dargun 100 f
Darß 32 f
Darßer Ort 32
Dessau 91
Devener Holz 98
Diebelsee 123
Dobbertin 97
Dörenther Klippen 68 f
Dorfrepublik Rüterberg 85
Dörnitz 84 f
Dossebruch 130
Dötlingen 61
Drawehn 86 f
Drömling 92 f
Duhner Watt 53
Dümmer 70

E
Eberswalde 137
Einfelder See 23
Elbe 84, 86, 88
Emmen 56
Ernst-Moritz-Arndt-Sicht 41
Eschede 75
Eutin 28

F
Federow 104
Feldberg 118
Festungsinsel Wilhelmstein 73
Föhr 13
Fouqué-Schloss 133
Freilichtmuseum Molfsee 21
Fürstenberg 112
Fürstenwerder 114

G
Gandenitz 116
Garlitz 132
Gartow 86
Gartz 126, 128
Gartzer Schrey 128
Gattberg 65 f
Geesower Hügel 127
Glaner Braut 61 f
Glasau 30
Gnitz 49
Göhrde 87
Göhren 44 f
Goldenstedter Moor 59, 63
Golm 46
Granitz 44
Greetsiel 51
Groß Görnow 95
Groß Raden 95
Groß Zicker 45
Großderschau 130
Großer Stechlinsee 110
Gut Rantzau 26

H
Hagenburg 72
Haithabu bei Haddeby 16
Hallig Hooge 14 f
Hannibals Grab 78
Haren 57
Havelländische Luch 130, 132
Havelquelle 107
Haverbeeke 78 f
Heidenopfertisch 62
Heilige Hallen 118
Hellbachtal 80
Heringsdorf 48
Hermannsweg 64, 68
Hiddensee 7, 32, 35 ff
Himmelpfort 117
Hitzacker 87, 89
Höhbeck 86
Hohe Düne Pramort 34
Hohe Lieth 54
Hullerbusch 119

I
Insel Vilm 43

J
Jadebusen 52
Jasmund 38
Joachimsthal 122
Juist 50

K
Käflingsberge 106
Käflingsbergturm 106
Kalkberg 31
Karlsdorfer Teiche 140
Karower Teiche 136
Kellinghusen 25
Klappholttal 11
Klepelshagen 121
Kleßen 130
Kloster 37
Kloster Chorin 125
Königshafen 10
Königsstuhl 40
Koserow 49
Krakow am See 96
Krakower Obersee 96
Kreuzfeld 29
Krumbeck 119
Kummerower See 98
Kunsterspring 110, 113

L
Lancken-Granitz 43
Land Wursten 53

Langeoog 51
Lassahn 82
Lauterbach 43
Lengerich 69
Lenzen 90
Lieper Winkel 46
Limberg 67
Lindow 113
Linstow 96
Listland 11
Lohme 40
Lüneburger Heide 76
Lychen 116

M

Magdeburg 91
Malchin 98 f, 101
Malchow 101
Malente-Gremsmühlen 28
Mardorf 73
Meerbruch 73
Megalithanlagen 61 ff, 78
Megalithkultur 58, 62
Menz 112
Mescherin 127
Middelhagen 45
Mieste 92
Milow 133
Mölln 80 f
Morsum-Kliff 12 f
Möthlow 132
Müden an der Örtze 74
Müncheberg 138
Münchehofe 138
Müritz 102, 105, 108 f, 131
Müritzhof 102 ff
Museumspark Varusschlacht 65

N

Nemitzer Heide 86
Nennhausen 132 f
Neu Wendischthun 88
Neuendorf 36
Neuglobsow 112
Neuhardenberg 140
Neustadt (Dosse) 130

Neustrelitz 108 f
Neuwerk 55
Nieblum 13
Niederoderbruch 124
Nonnenstein 67
Norderney 50
Nord-Ostsee-Kanal 18 f

O

Oder 126
Oderbruch 128
Oebisfelde 92
Oranienburg 136

P

Pestruper Gräberfeld 63
Pietzmoor 79
Plön 30
Porta Westfalica 64, 67
Prerow 32
Putbus 42

R

Rammsee 19
Rathenow 132
Rathjensdorf 29
Ratzeburg 80
Reesholm 17
Remplin 101
Reservat am Lüßberg 75
Rheinsberg 110
Rhinluch 130
Rhinow 130 f
Rothenmühl 120
Rügen 6, 32, 35, 37 f, 40 f
Ruhlsdorfer Bruch 139
Rühstädt 90

S

Sahlenburger Watt 55
Salemer Moor 80
Sassnitz 41
Schaale 84
Schaalsee 82
Scharhörn 55
Schleswig 16

Schloss Basedow 99
Schloss Emkendorf 21
Schloss Neuhardenberg 140
Schmale Aue 78
Schmaler Luzin 118 f
Schmarbecker Wacholder-
   weg 75
Schmollensee 48
Schönower Heide 135
Schönwolder Moor 83
Schwansener See 17
Schwedt 128
Schwentine 27
Schwimmende Wiesen 73
Seedorfer Werder 80
Seevetal 76
Sehestedter Außendeichs-
   moor 53
Serrahn 102, 109
Sorgwohlder Binnendünen 18
Speck 106
Spiekeroog 52
St. Peter-Ording 14
Steinhude 72
Steinhuder Meer 72
Sternberg 94
Sternweder Berge 71
Stettiner Haff 120 f
Stixer Wanderdüne 89
Stocksee 30
Stollberg 14
Stolpe 129
Stralsund 36
Stresower Tannen 44
Strodehne 131
Stubnitz 38
Stützkow 129
Sudeniederung 84
Süntelstein 66
Sylt 10

A

Tangersdorf 116
Taube Elbe 86
Tecklenburg 69
Templin 116

Teterow 100
Teufelsberg 132
Töpsheide 76
Totengrund 77

U

Ueckermünde 120
Ulrichshusen 100
Ummanz 34
Urwald Baumweg 60
Usedom 46, 121

V

Victoriasicht 40
Viertshöhe 25
Visbeker Brautzug 62

W

Waldsieversdorf 138
Walmsburg 88
Wandlitz 137
Wangerooge 52
Warbende 114
Waren 102
Warnker See 102
Warnow 94
Warnow-Mildenitz-Durch-
   bruchstal 95
Weseler Heide 76
Westensee 20 f
Wietzer Berg 74
Wildeshauser Geest 58
Wildeshausen 58
Wildpark Eekholt 22
Wilsede 79
Wilseder Berg 77
Wissower Klinken 38, 41
Wittekindsburg 64, 68
Wörlitzer Park 91

Z

Zarrentin 82
Zechower Berge 112
Zehdenick 117, 136
Zickersche Alpen 45
Zingst 32

IMPRESSUM

Unser komplettes Programm:
www.bruckmann.de

Produktmanagement: Claudia Hohdorf
Lektorat: Anette Späth, Breisach
Layout: BUCHFLINK Rüdiger Wagner, Nördlingen
Repro: Cromika s.a.s., Verona
Kartografie: Heidi Schmalfuß, München
Herstellung: Thomas Fischer
Printed in Italy by Printer Trento S.r.l.

Alle Angaben dieses Werkes wurden von den Autoren sorgfältig recherchiert und auf den aktuellen Stand gebracht sowie vom Verlag geprüft. Für die Richtigkeit der Angaben kann jedoch keine Haftung übernommen werden.
Für Hinweise und Anregungen sind wir jederzeit dankbar. Bitte richten Sie diese an:
Bruckmann Verlag
Postfach 40 02 09
D-80702 München
E-Mail: lektorat@verlagshaus.de

Bildnachweis:
Alle Fotos im Innenteil stammen von Melitta Kolberg, mit Ausnahme von: Dinosaurierpark Münchehagen, S. 73li.; dpa, S. 71, 100, 113u., 140; Emsland Touristik, S. 56; Feldhoff&Martin, S. 4, 33, 34 (2), 35, 38, 39, 40, 102, 103, 104 (2), 105o., 106 (2), 107, 108o., 109, 123, 126, 127, 128 (2), 129; Förderverein- und Landschaftspflege Biosphärenreservat Mittlere Elbe/Archiv, S. 89; Joe-Bodemann-Zentrum, S. 75; R. Kiedrowski, S. 65; laif/Jonkmanns, S. 53; laif/Martin Kirchner, S. 120, 121o.; Sönke Morsch, S. 105u.; Nationalpark Schleswig-Holsteinisches Wattenmeer, S. 14; Reinhard Tierfoto, S. 30, 55, 61o., 66u., 93o., 121u., 125o., 133o., 136, 139; Ekkehart Sachse, S. 25o.; Tierpark Kunsterspring, S. 110; Tourismus Schönhagen/Infozentrum Redderhus, S. 19; Sabine Vielmo/Arche Warder, S. 22o.; Tassilo Wengel, S. 2, 6, 7, 8/9, 16, 17, 31, 36, 37, 41, 42, 94, 97, 108u.; Wild- und Freizeitpark Ostrittrum, S. 61u.; Wildpark Eekholt, S. 22u.

Umschlagvorderseite: groß: die Havel bei Bützer (M. Kolberg); klein (v.l.n.r.): Leuchtturm Westerheversand (M. Kolberg) , Nordseeinsel Juist (laif/Jonkmanns), Storchennest in Dechow (M. Kolberg)
Umschlagrückseite: Kap Arkona auf Rügen (T. Wengel)
S. 2: Dünenheide auf Hiddensee

Die Deutsche Nationalbibliothek – CIP-Einheitsaufnahme
Ein Titeldatensatz für diese Publikation ist bei der Deutschen Nationalbibliothek erhältlich.

© 2009 Bruckmann Verlag GmbH, München
ISBN 978-3-7654-5322-9